遗产保护译丛

主编 伍江

修复理论

TEORIA DEL RESTAURO

Cesare Brandi

[意] 切萨雷 · 布兰迪 著

陆地 编译

同濟大學出版社
TONGJI UNIVERSITY PRESS

总序

伍江

对于历史文化遗产的珍惜与主动保护是20世纪人类文化自觉与文明进步的重要标志。在历史文化遗产保护越来越成为人类广泛道德准则的今天，历史文化遗产保护在当今中国也获得了越来越多的社会共识。

中国数千年连续不断的文明史为我们留下了极为丰富而灿烂的历史文化遗产。然而，在今日快速城市化进程中，大规模的城市建设活动使大量建筑文化遗产遭到毁灭性破坏。幸存的建筑文化遗产也面临着极为严峻的危险。全力保护好已经弥足珍贵的历史文化遗产是我们这一代人刻不容缓的历史责任。为此，我们不仅需要全社会的呼号与抗争，更需要专业界的研究与实践。相对其他学术领域，在建筑历史文化遗产保护领域，目前在中国还比较缺乏较为深入的学术理论研究和方法研究。因此在社会亟需的工作实践中就往往显得力不从心。

在这样的背景下，同济大学出版社组织专家对一批在当今世界文化遗产保护领域具有一定学术影响的理论研究著作进行翻译，以“遗产保护译丛”的名义集中出版。这一具有远见卓识和颇具魄力的计划对于我国历史文化遗产保护工作无疑是雪中送炭，实在是功德无量。相信译丛的出版对于我国历史文化遗产保护的理论研究、专业教育和工作实践一定会起到积极的推动作用。衷心希望译丛能够尽可能多而全地翻译出版世界各国在遗产保护领域中最有影响的学术成果，使之成为我国历史文化遗产保护工作的重要思想理论源泉。更衷心希望由此能够推动我国专业界的理论研究和方法研究，从而产生更多的具有中国特色的研究成果。毕竟，历史文化遗产具有很强的地域文化特征，历史文化遗产的保护不仅需要普适性的理论，更需要更具地域针对性的方法。

2012 年 12 月

目 录

写在前面

中译者序

一、《修复理论》对于中国读者的意义

为了翻译布兰迪的《修复理论》，译者曾托研究生钟燕在意大利查找一些资料，包括1963年版的《修复理论》。由于时间久远，这个初版即便在意大利也很难找到了，能从图书馆里“挖出来”的确是件不容易的事。她回来告诉我，当她穿梭于各个图书馆找资料时，不少意大利同学和老师惊讶地问，为什么还找那么古老的东西。

对这种反应译者并不感到惊讶。正如意大利中央修复研究院前院长瓦尔萨西纳（Caterina Bon Valsassina）在本书序言中所言，这当然并不意味着布兰迪的《修复理论》老了，过时了，只是因为他在《修复理论》里锻造出来的种种原则已彻底融入了意大利的保护理论与实践，事实上变成了意大利保护文化乃至保护伦理的基因与血液，以至于人们在学习或保护处理时，即便读到或自然地用到那些原则，也没有意识到那些原则事实上是半个多世纪之前由布兰迪奠定的，已经成为一种不言而喻、无需多言的“常识”。

但也正如瓦尔萨西纳在序言中引述的布兰迪的学生埃尔马内（Théo Antoine Hermanès）的话，由于缺乏翻译，布兰迪的这些“常识”只在意大利是“常识”，即便在其他欧洲国家也难以称得上是“常识”。[1] 事实上，英国著名文物保护专家乔纳森·阿什利－史密斯博士坦言，直到盖蒂保护研究所1996年将《修复理论》摘译成英文之后，他才知道布兰迪的名字及其保护理论，而且他认为自己“不是当时唯一仍那么无知的人”，从历史上看，各种原创性保护思想通常几十年后才真正起效。[2] 译者应该补充强调的是，更不用说像中国这样系统接触西方保护理论并不太久、总体上仍经验地处理保护对象的国家了。

布兰迪这部“老旧”的《修复理论》对中国读者来说到底“新”在哪里？我们为何要读这部《修复理论》？译者认为，一言以蔽之，这部《修复理论》

对中国物质文化遗产保护界意味着对一种受到广泛认可的现代保护与修复理论的“寻根之旅”。

诚然，在物质文化遗产保护领域有许多国际公约、宪章、指南类规范性文件，它们构成了国际保护界的理念与实践基础；而且，这些文件几乎都已译成中文，可以说不仅广为人知，而且也已或多或少融入我国的各种规范性文件。但是，这些文件里的原则更像是一条条没有给出证明过程的干巴巴公式，因此，人们在应用时就有普遍的不理解，乃至抵触情绪。更糟的是，由于不了解证明过程，人们甚至曲解这些国际文件里的概念与原则。比如，“真实性”常被我们理解为在修复或重建中，仅仅基于“原形制、原结构、原材料、原工艺”，甚至原来的风格或意向而进行的原模原样、一模一样重制；“完整性”常被我们理解为保护对象曾有过的完整状态，于是经常不惜拆掉后来的各种变迁而将其恢复到“完整状态”。这就像人们知道勾股定理，却不知道其证明过程那样。对一门学科及其从业者而言，真的可以只知道现成的定理，却不了解其证明过程，不了解其原理？如果这样，当我们面对复杂的现实情况时，如何能信任与坚持那些“定理”？如何能知道这种“定理”在何种情况下，应该调整什么参数才是适用的？如何能理解各种参数之间的逻辑关系？甚至如何能确保在不断发展的新领域里有理有据地推导出其他“定理”，使我们的保护学科真正取得有价值的原创性发展？

就此而言，布兰迪的《修复理论》恰恰是一部“证明之作”，一部“原理书”，而不是枯燥的、似乎强加于人的“定理集”。对于那些已经很清楚这种证明过程与原理的人来说，这部著作的确是“老的”；但对于那些还不清楚像《威尼斯宪章》这样的国际保护文件中的种种概念和原则是怎么来的，究竟意味着什么的人来说，尤其对中国的物质文化遗产保护界来说，这部《修复理论》又的确是非常、非常“新的”。译者认为，这正是我们引进、翻译并推广这部著作最重要的意义所在。

当然，布兰迪的《修复理论》不可能解决所有理论和实践问题。译者认为，史实、艺术、社会这三个维度就像三足那样，鼎立起了当代的物质文化遗产保护。布兰迪虽然是位活跃的社会活动分子，但毕竟不是社会学家，连约翰·拉斯金那样“天真的”社会学家也称不上。他主要思考并解决的是史实和艺术维度的问题，是本体保护问题，而近二三十年来国际文化遗产保护界更关注的是社会维度的问题，尤其对于有着强大社会属性与功能的建筑遗产是如此。

随着20世纪70年代中期以来文化遗产保护的大爆发式发展，各种与之相关的社会问题也日益突出，强烈冲击着该领域的本体保护，比如为谁保护、谁去保护、传统应以何种方式合理传承、士绅化、文化遗产“生”与“死”的界限等理论问题越来越突出。尤其是随着后现代、后殖民思想的崛起，普世性和地方性理解之间，即自然法和历史主义思路之间的权重差异与矛盾越来越突出，不同社会发展阶段之间文化诉求的矛盾越来越突出。文化遗产保护的确面临着文明的冲突、文化的冲突，而伴随这个过程迅速崛起的文化产业也使得这些问题更纠缠不清、更紧张。就此而言，我们难以从他的保护理论里得到明确答案。但我们同时也应清醒地认识到，不首先解决史实和艺术这两个维度，不解决本体保护问题，社会维度的问题就会像镜中花、水中月那样，难以谈得上获得合理解答。19世纪的“风格性修复”，乃至19世纪末20世纪初的“家园（Heimat）保护运动”就很好地说明了这一点，它们带来的只是畸形的文化繁荣、文化生态和自明性（identity），事实上也抹杀着文化遗产的多样性。正因如此，布兰迪是如此关注本体保护；正因如此，让我们通过这部《修复理论》首先回归“本体”有着重要的现实意义。

二、《修复理论》的翻译

近年来，随着奠定建筑遗产现代保护理念，并在广泛的物质文化遗产领域仍发挥着巨大影响的《威尼斯宪章》[3]颁布50周年之际，世界各地掀起了一轮纪念并讨论《威尼斯宪章》的热潮，而且仍在持续升温。而保护界公认的是，这个划时代文件的思想基础很大程度上正是以布兰迪的保护思想为核心的“评论性修复”理论。因此，此时推出《修复理论》的中文版无疑具有极为特殊的意义。

译者多年来一直从事建筑遗产保护历史与理论的教学研究工作，早在十多年前就有幸在盖蒂保护研究所编著的《文化遗产保护的历史与哲学问题》中读到《修复理论》的部分英译，2005 年又有幸第一时间读到英文版的《修复理论》。而事实上，早在 2006 年，田时纲与詹长法就已经将这部《修复理论》直接从意大利语译成中文，并由意大利非洲和东方研究院出版。但遗憾的是，由于种种原因，这个中文版并没有在国内发行；而且，也缺少 2005 年英文版收录的、对于理解布兰迪本人及其《修复理论》至关重要的一些序言和介绍性文章。

近年来，同济大学建筑与城市规划学院和意大利帕维亚大学展开了硕士研究生的联合培养，一批批同济学子赴意大利学习建筑遗产保护，而英文版的《修复理论》恰恰是意大利方面指定的教材之一，这使我们意识到应立即着手将《修复理论》译成中文并引进国内，使国内学习、研究、从事物质文化遗产保护的读者更便利地读到这部里程碑式的著作。

然而译者在翻译过程中却发现 2005 年的英文版有漏译之处，甚至是整段整段的漏译，比如，附文 3《古迹的修复原则》整整缺了最后三段。这使得译者不得不逐字逐句比对英文版和意大利语原文，进而又发现，正如人们一致公认的那样，布兰迪的原文十分文雅、绕口、艰深，有些词甚至在一般的词典里也难以查到。可能是为了便于阅读的缘故，为了使更广泛的读者相对容易地理解布兰迪的思想，英文版对原文进行了一定程度的简化；例如，将原文中的“干预”(intervento) 这个保护界一般都理解并广泛使用的专业术语几乎都译为了更通俗的“处理”(treatment)；此外还将一些具有特殊含义，却难以翻译的术语译为了普通意义的术语，例如将带有现代评论意义的“解释学”(ermeneutica) 译为“解读”(interpretation)，将“金刚不破的三段论”(sillogismo catafratto) 译为“复合三段论”(complex syllogism)，将“一般性享乐意义”(generico edonismo) 译为“一般价值”(generic value)。此外，可能由于人工输入的原因，英文版还存在少许笔误，例如将《切萨雷·布兰迪的艺术创造现象学》的引用来源“Arcanes de l'art”错标为“Archives de l'art”，将布兰迪的名著之一“Arcadio o della scultura”错标为“Arcadia o della scultura”，虽然其中只拼错了一个字母。当然，尽管如此，2005 年的英文版对于更顺畅地理解布兰迪的原文无疑仍有巨大的参考价值。

为了更准确把握布兰迪的原意，更全面体现其思想和成就，此次的中文版，可以说，是在比对 1963 年、1977 年的原文，以及 2005 年英文版、2006 年中文版，乃至 1988 年西班牙语版的基础上，参考各种译本的综译本。这种综译性还体现在如今呈现在读者面前的，可能是目前最全面的一个译本，既弥补了 2005 年英文版的漏译，也收录了其中没有收录的一些部分，比如布兰迪为 1977 年意文版所作的“再版说明”。此外，为了帮助读者理解，这个中文版还添加了许多“译者注”，既包括国人可能不熟悉的人名、地名等，也包括不同领域的专业术语，以及译者在长期研究和翻译中对原文的个人理解。

将这部《修复理论》译成中文无疑是极为困难的，这不仅在于语言上的巨大差异，更在于正如瓦尔萨西纳所言，许多意大利人也难以理解这部《修复理论》，“在这部《修复理论》如此复杂的文本中，充满了陷阱和暗藏的困难，充满了可能的误解以及曲解每个词的可能性”。这使得译者不得不大量查阅相关研究文献，比对各种译本，努力搞清每个词的确切含义。尽管如此，译者仍不时感到“翻译即背叛”这句名言的力量，正如英文版的译者所言，有时，原文中的一个词可能对应多种翻译选项，但由于语言差异，很难把其中的“弦外之音”用另一种语言表达出来。比如原文中不时出现的“punto di vista”，表面上看，译为“观点”（perspective）似乎可以捕捉到布兰迪从艺术作品角度审视保护对象的感觉，但从语境上看，显得并不够有力，因为这个词在相当多的语境里有着法理角度的“诉求”（claim）意味。无论怎么翻译，都没有一个词“能完全令人满意地表达布兰迪对各种无声艺术作品的辩护，几乎就像他在一个超出了我们理解的最高法院里正在为它们辩护那样”（英文版译者注）。

译者这里的解释，当然并不是试图为中文版里可能存在的种种不足乃至误解辩解，恰恰相反，是为了以布兰迪的修复思想提请读者注意：这里的中文版，作为翻译，作为“思想摆渡”的工具，作为某种“修复”乃至“重构”，只是原作的某种“回声”。此外，为了使读者更准确地理解本书中的重点概念，本书中的部分术语或句子采用了多语对照的方式，比如“潜在一体性（unità potenziale [potential oneness]）”，[ ] 内为英文版中的译文，() 内的其余部分为意大利语、拉丁语或法语原文。如果英文版没有译出原文，或与原文不符，则只在 () 内给出原文，例如本书中有一处“色调（tono）”，在英文版中被译成“colour”，明显与原文不符，故而只标出原文。

最后必须感谢译者的研究生钟燕，在本书的翻译过程中，她恰好在帕维亚大学学习保护，找到了《修复理论》的各种原始版本，阿尔甘所写的《创建中央修复研究院》原文，以及其他解读文章，使得不同版本的比对、核查有了可能，使得译者能更深入地理解布兰迪的思想及这部《修复理论》的历史意义。在此也必须感谢布兰迪的忠实弟子、布兰迪《修复理论》最伟大的阐释者[4]、国际文化资产保护与修复研究中心前总干事保罗·菲利波（Paul Philippot）亲自为我们寄来了法文版的《切萨雷·布兰迪的艺术创造现象学》，然而他却未能看到本书问世，于今年 1 月 15 日过世了；感谢帕维亚大学的众位老师，通过不断的邮件联系，澄清了原文中的许多术语、人名、地名、书名、建筑名，以及古拉丁文的确切含义；感谢同济大学建筑与城市规划学院王骏教授，同济大学国际交流与合作处张向荣老师，以及许多热心人士，帮助译者解读、核实了《修复理论》里的部分法语。

在此还必须感谢同济大学出版社的罗璇女士，她对所有译文逐字逐句地仔细校核，可以说在每个词背后都有一段译者和校者不同的“刨根之旅”。她不断纠正译文中的不确之处，和我讨论每个词、每段话可能的译法，这也是这部《修复理论》的中文版姗姗来迟的重要原因之一，但也使得经过三年多漫长而艰辛的翻译之后，我们最终还是有信心将这个中文版呈现给读者。

陆地

2016 年 6 月于同济大学

[1] 正如亚历山德拉·梅卢科·瓦卡罗（Alessandra Melucco Vaccaro）所言，直到20世纪50年代，才形成了把物质文化遗产保护当成一个专业化和独立研究领域的想法，此时，现代保护理念的各种构成要素才首次得到讨论和验证。尽管各国的保护者以前乃至如今，也可能在不了解布兰迪及其思想的情况下，从不同角度得出并应用着类似的保护概念与原则，但布兰迪的思考无疑是最系统、最深入的，真正起到了原则的澄明与奠定作用。参见：N. Stanley-Price，M. K. Talley，A. Melucco Vaccaro（编），《文化遗产保护的历史与哲学问题：保护阅读文献》（*Historical and Philosophical Issues in the Conservation of Cultural Heritage: Readings in Conservation*），盖蒂保护研究所，洛杉矶（1996），202-211页。

[2] 乔纳森·阿什利-史密斯（Jonathan Ashley-Smith），《保护伦理的基础》（The Basis of Conservation Ethics），载于Alison Richmond，Alison Bracker（编），《保护：原则、困境与不舒服的真相》（*Conservation: Principles, Dilemmas and Uncomfortable Truths*），Butterworth–Heinemann，Oxford（2009），17-18页。

[3] 需要说明的是，《威尼斯宪章》所阐述的原则不仅仅适用于建筑遗产保护领域，总体上也适用于其他物质文化遗产保护领域，各领域的专家学者事实上都在广泛引用与讨论《威尼斯宪章》。而且，其他物质文化遗产保护领域的保护原则也同样总体上适用于建筑遗产保护领域。参见《保护：原则、困境与不舒服的真相》一书中的广泛讨论。

[4] 参见亚历山德拉·梅卢科·瓦卡罗对菲利波的评价，《文化遗产保护的历史与哲学问题：保护阅读文献》，见前引书，205页。

2005年英文版“序一”

通过推广这个“美丽的国度”[1]最伟大的文化、城市及经济资源之一，即“历史 - 艺术”遗产，而输出“意大利制造”品牌，一直以来就是意大利文化遗产与活动部（Ministry for Cultural Heritage and Activities）计划的关键点之一。

众所周知，这种遗产的丰富性不仅在于意大利的各种古迹、博物馆、画作和考古遗址，也在于为了对这种文化“资产”和所有类型的遗产作品进行最佳的研究、防护和保护，而在多个世纪形成并层积起来、由知识构成的广博的“技术”文化。

在所有这些专长中，国际上最需要的无疑就是我们在保护与修复领域所能提供的历史经验以及技术与科学方面的支援，无论在意大利还是全世界，都日复一日证明着这一点。

多年以来，意大利文化遗产与活动部事实上已日益成为修复与保护领域的一种特有资源。在实践层面上，这一部门有赖于各种久负盛名的研究中心，例如罗马的中央修复研究院[2]，佛罗伦萨的硬石工场[3]，罗马的中央古籍病理研究院（Istituto Centrale per la patologia del libro）。这些机构都隶属于文化遗产与活动部新成立的、由朱塞佩·普罗耶蒂（Giuseppe Proietti）教授领导的“研究、创新与组织部”（Department for Research, Innovation and Organisation）。这些机构近年来也为意大利赢得了联合国教科文组织和世界范围的广泛认可，使意大利在总体协调支援那些历史与文化遗产遭到战争与自然灾害破坏的国家的所有努力中，扮演着某种文化“蓝盔部队”[4]输出国的角色。

因此，我非常荣幸接受中央修复研究院院长的邀请，为切萨雷·布兰迪的《修复理论》英文版作序，因为这更广泛认可了那些至今仍支撑意大利诀窍的理念和原则。而在这一领域，我们令人羡慕地持续收到各方要求协助和建议的请求。

尽我们的最大努力满足越来越多的类似请求，既是我们的责任，也是我们的坚定承诺。

朱利亚诺 · 乌尔巴尼
意大利文化遗产与活动部部长
Giuliano Urbani ,
Minister of Cultural Heritage and Activities

[1] "美丽的国度"(Bel Paese):对意大利某种诗化的古典表达方式,蕴含着对意大利自然、文化与历史景观的赞美之情。——译者注

[2] 中央修复研究院（Istituto Centrale per il Restauro，ICR）：1939 年成立时名为"皇家中央修复研究院"（Regio Istituto Centrale del Restauro），随着 1946 年意大利废除君主制，更名为"中央修复研究院"，自 2007 年起更名为"保护与修复高级研究院"（Istituto superiore per la conservazione ed il restauro，ISCR）。——译者注

[3] 硬石工场(Opificio delle Pietre Dure):意大利语字面意思是"半珍贵石材工场"(Workshop of Semi-precious Stones)，成立于 1588 年，原本是意大利文艺复兴时期专门制作珠宝饰品的著名艺术工坊之一。自 19 世纪末以来，开始从工艺品制造转向修复。起初专长硬宝石雕刻品，是该领域的世界级权威机构，后来扩展到其他相关领域（石雕、青铜器、陶瓷等等）。该机构的第二个分支（修复实验室）创建于 1932 年,不仅是意大利,也是全世界首个现代修复实验室，比中央修复研究院还早 7 年。1975 年，在意大利文化遗产部的主导下，原来的硬石实验室和修复实验室，以及佛罗伦萨的其他小型实验室合并，形成如今的"硬石工场"。该机构目前是全球最著名的艺术作品保护与修复机构之一，包括"挂毯和地毯""青铜器和古代兵器""木雕""壁画""图纸和印刷品""石制品""马赛克镶嵌品""珠宝首饰""架上画""陶器和瓷器""纺织品"等部门，并附有专业的图书与档案馆、博物馆，以及从事研究与诊断并提供预防性保护服务的各种实验室。该机构同时也是意大利两所国立保护学院之一（另一所即中央修复研究院的附属学院），开展艺术作品保护与修复方面的教学。——译者注

[4] "蓝盔部队"：即联合国维持和平部队。——译者注

2005 年英文版“序二”

本人很荣幸有机会为切萨雷·布兰迪开创性的《修复理论》首次全文译为英文版写下这篇序言。罗马的中央修复学院通过使英语读者也能读到这部著作，为促进更多的人理解文化遗产保护做出了特殊贡献。此外，鉴于切萨雷·布兰迪曾是该院的创始人和领导者，中央修复研究院发起此次翻译工作也理所应当。

《修复理论》的翻译

以英文出版这部著作为何是如此重要的一个里程碑？这些文章自 1963 年以意文首次结集出版以来，为何 40 多年后才被译成英文？

人们不得不多方面寻求答案，而这些方面本身就构成了“保护 - 修复史”的一部分。人们常常给出的原因之一是，布兰迪在表述自己对修复本质的思考时用了艰深的语言。的确如此——即便对于以意大利语为母语的人来说，他的表述方式和精微论证也令人倍受挑战。但语言上的复杂性却并没有阻碍人们将其他公认开创性的哲学著作译成英文。

另一个原因可能在于这部著作本身的缘起。这部《修复理论》，与其说是对某一理论精心构想的阐述，还不如说是一部文集，里面既有布兰迪曾发表过的一些文章，也有中央修复研究院成立后的前 20 年里，以他的学生讲义为基础整理而成的文章。读者必须自行判断如何更好地阅读这部著作。

无论原因为何，这部著作只是最近若干年才译成其他语言。事实上，尽管《修复理论》早在 1971 年就已经被译成西班牙语，但直到 2001 年才被译成法语（其他译本还有 1996 年的罗马尼亚语版，2000 年的波希米亚语版，2001 年的希腊语版，2004 年的葡萄牙语版）。事实上，归功于保罗·菲利波在各种讲座和著述里的解读 [1]，布兰迪对艺术史和修复的思考很久以前就已经介绍给法语读者。对于布鲁塞尔自由大学（Université Libre de Bruxelles）和国际文化资产保护与修复研究中心 [2] 的那几届学生而言，由于菲利波曾在前者任教，在后者先后任副总干事和总干事（1959—1971 年），他们有幸听到了菲利波对布兰迪思想的解读，了解了布兰迪对艺术史和修复理论的根本性贡献。

早在 1966 年，英语读者已经可以读到《世界艺术大百科全书》对布兰迪修复理论的长篇介绍[3]。也许是由于那篇介绍文章更多地被视作，为艺术史学家（或非专业公众），而不是为保护者提供的一种资源，因此保护类文献很少引用那篇文章。直到 30 年后，在盖蒂保护研究所（Getty Conservation Institute）的倡导下，中央修复研究院的亚历山德拉·梅卢科（Alessandra Melucco）才将《修复理论》的部分文本译成英文[4]，从而使英语读者广泛意识到这部著作的开创性贡献。

如今，随着整部著作英文版的发行，英语读者就能充分领略归功于布兰迪的当代保护与修复理论了。由于英语目前是全球保护教学与实践活动的主导性语言，因此，相对其他语言译本而言，英译本是尤为重要的补充。除了众多以英语为母语的读者外，英译本也服务于那些以英语为第二或第三语言的读者（从全球范围来看，这些读者如今已经超过了以英语为母语的读者）。

布兰迪《修复理论》的重要性

这个英译本如今对于促进文化遗产保护为何尤为重要？我认为主要有三方面的原因，其一与思想史有关，其二与修复史有关，其三与当下对文化多样性的种种关注有关。

就思想史而言，其重要性在于使我们重新意识到，布兰迪发展出来的修复理论源于他作为艺术评论家的哲学研究。尤其是，源于其哲学评论体验，他强调需要一种评论性的修复取径。反过来，意大利近来出版的哲学著作也认识到布兰迪的美学著述对哲学的贡献。

就修复史而言，我们会发现，《修复理论》所讨论的如此众多的概念在如今的保护争论中依然散发着魅力：如处理的可逆性原则，残缺的整合，尊重时光对保护对象的影响，古锈（patina）的思想，伪造的概念，不完整艺术作品的重建范围，等等。

人们在各种后续讨论中并非完全接受布兰迪的思想——例如，有些评论家认为，布兰迪对美学的着重强调，似乎为保护者和修复师的个人品味或审美偏好赋予了过度的重要性。尽管如此，毫无疑问，只有通过像《修复理论》此类著述的传播，一门学科才可能发展出核心的理论主体，才能最终考虑对各种专业实践规范的要求。当然，人们必须不断重新审视、重新评论这一理论里的各种概念，但这个过程在任何一门学科的成长中是再正常不过的。

无论这些思想以后的接受程度如何，不可否认的是，保护领域许多当前难题的知性源泉都可追溯到布兰迪的构想，（我相信）这就像维特根斯坦（Wittgenstein）断言，西方哲学史可以认为是对柏拉图的一系列脚注那样。虽然这可能引起不必要的刺激，但通过这种类比盛赞布兰迪的贡献仍有助于激发讨论。

至于其文化影响，我们必须要问的是，布兰迪的修复理论在何种程度上适用于全球范围？如今，全世界越来越认识到文化多样性的重要，而这种赞赏则影响着文化遗产保护的方法，那么就此而言，意大利在 20 世纪 50 年代发展出的这一修复理论的重要性和相关度又如何呢？

这个问题正是中央修复研究院 2003 年举办的一次会议的主题——这也是意大利近年来讨论切萨雷·布兰迪遗产的三次会议之一，恰恰证明人们再度燃起了对其著作及其影响的兴趣。这次会议发表的各种论文为我们提供了丰富的材料，从而可用于评估源于《修复理论》各种原则的意大利保护做法在其他文化中的应用问题。

对于像意大利这样一个将保护对象所包含的信息视为要连同它的物质表达一起保护下来的国家来说，各国当前对无形价值的关注并不令人感到惊讶。日本恰恰也被认为是这样的国家之一，在非常类似西方国家的一种保护哲学中，推行着将各种有形与无形价值整合起来的保护政策。事实上，人们正在讨论将《修复理论》译成日语。

与此同时，在非洲，1999 年在贝宁成立的“非洲遗产学院”（École du Patrimoine Africain）正服务于撒哈拉以南非洲所有操法语和葡萄牙语的国家，以促进非洲文化遗产的保护。2004 年 9 月，这个学院将其信息中心更名为“切萨雷·布兰迪文献中心”（Le Centre de Documentation Cesare Brandi）。

将切萨雷·布兰迪的这部保护与修复的开创性著作译成英文的确是个里程碑。我们衷心感谢中央修复研究院的倡导使之成为可能，也向承担这项艰巨任务的译者所取得的成就表示由衷的敬意。祝愿这部译著能够启发和激励所有勇于迎接挑战的人们，使他们能以文化遗产所有的多样性而理解并保护文化遗产。[5]

尼古拉斯·斯坦利-普赖斯
国际文化资产保护与修复研究中心总干事
Nicholas Stanley-Price，
Director-General of ICCROM

[1] 保罗·菲利波，《洞悉艺术，修复作品：一位人文主义者的愿景—— 一种文集形式的致敬》（*Pénétrer l'art, restaurer l'oeuvre: une vision humaniste. Hommage en forme de florilège*），C. Périer-D'Ieteren、B. D'Hainaut-Zveny（编），科特赖克（比利时）：Groeninghe EDS 出版社（1990）。

[2] 国际文化资产保护与修复研究中心（International Centre for the Study of the Preservation and Restoration of Cultural Property，ICCROM）成立于 1959 年，总部位于罗马，是隶属于联合国教科文组织的一个政府间组织，目前有 133 个成员国，其目标是通过培训、研究、沟通、合作和倡导，致力于全球的文化遗产保护与修复。——译者注

[3] 切萨雷·布兰迪，《修复与保护：普遍性问题》（Restoration and conservation: general problems），载于《世界艺术大百科全书》（*Encyclopaedia of World Art*），第 12 卷，McGraw-Hill 出版社，纽约，多伦多，伦敦（1966），179-184 页。

[4] N. Stanley-Price，M. K. Talley，A. Melucco Vaccaro（编），《文化遗产保护的历史与哲学问题：保护阅读文献》（*Historical and Philosophical Issues in the Conservation of Cultural Heritage: Readings in Conservation*），盖蒂保护研究所，洛杉矶（1996）。

[5] 衷心感谢我的同事罗萨莉娅·瓦罗利·皮亚扎（Rosalia Varoli Piazza）和瓦莱丽·马加尔（Valerie Magar）对这篇序言初稿的有益评论。

2005 年英文版“序三”

切萨雷·布兰迪《修复理论》的完整英文版姗姗来迟，中央修复研究院是有责任的——这样的要求并不过分，本院不仅有责任在国际范围内传播其创始人的理论思想，而且还有责任使尽可能多的读者了解《修复理论》所阐述的原则（并加以利用）。

我在这方面亏欠朱塞佩·巴西莱（Giuseppe Basile）良多。他是布兰迪的学生之一，也是本院 20 多年来一名“好战的”老兵。他不断敦促我们把英文版作为将《修复理论》译成各种文字的系统计划的一部分；尤其是近几年来，他一直是该计划不知疲倦的促成者和推动者。

国际文化资产保护与修复研究中心总干事尼古拉斯·斯坦利 - 普赖斯已经在前面介绍了这部著作最初出现过的部分英译（1966，1996）。现在，我的任务是勾勒出当前这个译本的政治与文化意义。

借用艺术史学家和方法论家乔治·库布勒[1]针对某个既定历史进程“有利访问”的概念，我们当然可以肯定地说，这个英文版所提供的“历史访问”时机都不可能比当前更好了。

我们不妨看看以下事实。在过去十年里，保护界希望中央修复研究院到国外协助工作的请求成倍增加，涉及科学建议、直接干预、保护与修复人员培训等诸多方面。与此同时，意大利自己国内的类似支援请求却在萎缩。这意味着什么？这当然并不像某种表面解读可能暗示的那样，意味着布兰迪的《修复理论》老了，过时了，等等。恰恰相反，这意味着阿尔甘[2]和布兰迪成功实现了他们的文化工程——这项工程在 1939 年促成了本院及其附属高级修复学院的创立，在 1963 年促成了《修复理论》的出版。的确，人们可以自信地宣称，布兰迪所奠定的修复文化和对保护问题的关注如今已被代谢吸收掉了，已化为意大利保护做法的部分基因——不仅融入了意大利文化遗产与活动部的各分支机构（意大利保护领域的大多数建筑师、艺术史学家、考古学家、保护与修复人员服务于它的各种管理机构和博物馆），而且也融入了各地区相应的分支机构、各地方机构乃至教会组织[3]的保护做法基因里。这种广泛传播和不断增长的意识在1939年是难以想象的，恰恰说明布兰迪在六十多年前播下的“种子”已生根发芽并不断开花结果。

与此同时，本院的活动范围也已经扩展到全世界：从中国到阿根廷，从埃及到伊拉克，从葡萄牙到德国，从印度到阿富汗，从马耳他到科索沃。无论本院的技术团队何时在国外开展工作，其首要的关键问题就在于找到接近宗主国文化的取径，并基于当地文化和保护与培训涉及的问题，以所有适当的方式传播布兰迪在《修复理论》里锻造出来的概念与原则。

正因如此，《修复理论》的英文版连同西班牙语版[4]、法语版[5]和最近几年出版的葡萄牙语版[6]都非常重要，有助于在世界各主要地缘政治区域传播意大利在修复领域的理论基础和诀窍。

当然，布兰迪高度文雅的意大利语，对哲学、文学和认识论的密集引用（甚至连许多意大利人也难以理解），将其译成任何一种语言都是巨大的挑战，尤其是将其译成在结构上与意大利语如此不同的英语更是如此。在《修复理论》这部如此复杂的文本中，充满了陷阱和暗藏的困难，充满了可能的误解以及曲解每个词的可能性。这一因素过去或许是将其译成其他语言的主要障碍：跨越这一障碍既需要译者的勇气，也需要不断增长的需求压力。在我看来，后一个因素帮助我们打破了僵局，赋予我们迎难而上的精神，去抓住一个特别有利的历史时机。

然而，即便没有《修复理论》的英译本，曾任本院院长的布兰迪和他的继任者们，也不可能使本院置身于国际保护事务之外。只要想想大英博物馆曾对帕提农神庙的大理石构件，以及伦敦国家美术馆曾对某些画作进行的积极清洗而引发的那场臭名昭著的清洗争论就足够了。或是看看布兰迪的中国、印度和波斯游记，我们就可以勾画出一位充满好奇心的人的肖像——对生活充满了好奇，对世界充满了好奇，他是思想开放的人，是世界主义者。泰奥·安托万·埃尔马内（Théo Antoine Hermanès），一名想在意大利学习修复的瑞士人，本院的第一个外国留学生，也许比任何人都更深刻地体会到这一点。他在入学面试时问，是否能用法语回答问题，布兰迪同意了，就像这是再正常不过的那样。让我以埃尔马内的一段告勉结束本段：“我认为……切萨雷·布兰迪的诸位学生以及所有对其研究感兴趣的意大利人的任务，就是尽其所能，促成他的著述译成外语，使其思想传播到意大利以外。尽管修复问题在这里实际上是个日常话题，但在欧洲其他地方却并非如此。”[7] 而且，人们或许还能再加上一句：在世界其他地方也并非如此。

本译本的目的之一是满足全球范围内不断增长的保护与修复争论需要。该译本增加了朱塞佩·德·卢卡旗下出版社1963年出版的首个意文版本里的插图，而埃诺迪出版社（Einaudi）1977年的口袋书版本则没有收录这些插图。此外，还增加了其他介绍文章，大大丰富了该译本的内容。

总之，我要感谢促成该译本的所有人，无论他们是中央修复研究院“大家庭”的一员，还是研究院之外的人：尼古拉斯·斯坦利-普赖斯和保罗·菲利波为本书贡献了序言；纳尔迪尼出版社（Nardini Editore publishing house）的安德烈亚·加莱亚齐（Andrea Galeazzi）自始至终协助我们推进着这项复杂的事业及其法律问题的解决；感谢罗萨莉娅·瓦罗利·皮亚扎为本书提供的建议和帮助；感谢尤卡·尤基莱托（Jukka Jokilehto）；感谢维托里奥·鲁比乌（Vittorio Rubiu）的所有道义和物质支持。最后要感谢辛西娅·罗克韦尔（Cynthia Rockwell）和多萝西·贝尔（Dorothy Bell），她们分别负责翻译和校审，是“掌握不同语言差别秘密的大师”[8]。她们的功绩在于设法将布兰迪的思想“摆渡”到世界上最广泛传播的语言。

卡泰丽娜·博恩·瓦尔萨西纳

中央修复研究院院长

Caterina Bon Valsassina,

Director of the Istituto Centrale per il Restauro

[1] 乔治·库布勒（George Kubler），《时间的形状：对事物史的评论》（*The Shape of Time: Remarks on the History of Things*），耶鲁大学出版社（1979），14 页。

[2] 朱利奥·卡洛·阿尔甘（Giulio Carlo Argan，1909—1992）：意大利 20 世纪最著名的艺术评论家和艺术史学家之一；同时也是艺术教育家，创办了多个艺术教育机构与杂志。他于 1968 年出版的《意大利艺术史》（*Storia dell'Arte Italiana*）在 20 多年的时间里是意大利最普及的教科书。此外，他也是政治家、意大利文化遗产保护与管理的领导者之一，1976—1979 年任罗马市市长。他和布兰迪等人共同创立了影响至今的"评论性修复"（restauro critico [critical restoration]）流派，并利用其官员身份为"评论性修复"思想的实施铺平了道路。——译者注

[3] 众所周知，西方大量的有形文化遗产，尤其是那些最具历史文化价值的遗产属于教会，并由教会实际管理。因此，教会是否理解并支持合理的保护思想对于此类遗产的保护至关重要。事实上，最初推动将布兰迪的各种文章以《修复理论》为名结集出版的意大利历史与文学出版社社长朱塞佩·德·卢卡（Giuseppe De Luca）本人就是一位神父。——译者注

[4] 切萨雷·布兰迪，《修复理论》（*Teoria de la restauración*），Maria Angeles Toajas Roger（译），马德里（1988）；马德里（1999）。

[5] 切萨雷·布兰迪，《修复理论》（*Théorie de la resturation*），Colette Déroche（译），法国国家古迹中心出版社（Centre des Monuments Nationaux），巴黎（2001）。

[6] 切萨雷·布兰迪，《修复理论》（*Teoria da Restauração*），Beatriz Mugayar Kuhl（译），乔瓦尼·卡尔博纳拉（Giovanni Carbonara）（序），Renana Maria Parreira Cordeiro（校），巴西（2004）。《修复理论》的其他译本还有罗马尼亚语版（1996），波希米亚语版（2000）和希腊语版（2001）。

[7] 泰奥·安托万·埃尔马内，《在切萨雷·布兰迪的教学和现实实践之间》（Tra insegnamento e realtà pratica, in Cesare Brandi），原载于《艺术理论与体验》（*Teoria ed esperienza dell'arte*），会议论文集，1998 年 11 月 12-14 日，米兰（2001），29-32 页，尤其是 32 页。

[8] 这句话出自莫里斯·布朗修（Maurice Blanchot）（《翻译》（*Tradurre*），1971），引自韦努蒂（L. Venuti），《译者的隐身》（*L'invisibilità del traduttore*），Marina Guglielmi（译），罗马（1999），387 页。

2005 年英文版“编者按”

本英文版的编辑意图是重新恢复《修复理论》的最初版本，即罗马的历史与文学出版社（Edizioni di storia e letteratura）1963 年出版的那个版本。这当然并非出于对文献学的抽象热爱，而是我们坚信，不应为本书的英文读者提供一种“被历史化”的版本，更不用说是一种被截肢过的工具。而这正是 1977 年埃诺迪版本的问题所在（而且这也是这个版本之后，迄今为止的其他语言版本的问题所在）。

第一版里的 61 张图片对于布兰迪的论述至关重要，《修复理论》的字里行间也遍布对这些图片的精心引用。因此，必须重新收录这些图片。

在恢复原版的过程中，我们也恢复了作者的“生平简介”。尽管不完整，但这是迄今为止布兰迪唯一公布的自传性信息。

该译本和第一版唯一的不同之处是“文献目录”。尽管第一版的“文献目录”是完整的，但是从本书的经济性出发显得太冗长了，因此英文版将其压缩到了最小限度。[1]

此外，我们认为在本版中加入另一些文章是合适的，其唯一目的是增进读者对本书的理解。因为有些读者或许会发现，接触布兰迪的其他著作即便不是不可能的，也是相当困难的，尤其是布兰迪那些还没有译成英文的美学著作。其中的一些文章，尤其是菲利波的那篇文章，有助于转达布兰迪在艺术性创造方面的思想。众所周知，这些思想也是对布兰迪修复概念的必要补充和完善。

尽管这位比利时学者，国际文化资产保护与修复研究中心的前总干事，只剖析了布兰迪最复杂、最具挑战性的著作《评论的总体理论》（*Teoria generale della critica*）所涉及的各种问题的两个方面，但在我看来，至少出于三方面的因素，这里所收录的那篇文章仍非常有用。首先，布兰迪从未打算在《修复理论》里详细介绍他的美学思想，因为这与该书的目的关系不大；其次，这部《修复理论》

是在20世纪40年代末和50年代初发展出来，并在1961年最终成稿的，远远早于1974年出版的《评论的总体理论》；最后，众所周知的是，布兰迪的思想具有适应各种新刺激因素的非凡能力——它变化着、丰富着，然而却和他各种早期理论著作，尤其是《和卡尔米内论绘画》以及《和切尔索论诗》[2]发展出的立场保持着实质上的连贯性。

另外两篇文章，一篇是阿尔甘为筹建中央修复研究院而写的文章，另一篇是布兰迪讨论修复学院里的文化教学的文章，也非常有用，有着显著的，同时也很特殊的特征：反映了各种理论选项和实践要求之间连续的功能性互动，其额外益处在于将这种互动结果反馈到保护教学里。换而言之，它们在理论、实践和教学之间铺设了一条连贯的环路，从而使中央修复研究院取得了该领域迄今为止最先进的经验，而且不仅仅限于意大利。事实上，中央修复研究院当之无愧地称得上“1850—1950年欧洲创造性组织”（共13个，这也是《情感与规则》（*L'emozione e la regola*，Bari，1989）一书的副标题）。一同获得这一殊荣的还有巴黎巴斯德研究所（Institut Pasteur of Paris）、布卢姆斯伯里团体（Bloomsbury Group）、维也纳工作室（Wiener Werkstaette）、法兰克福社会研究所、剑桥生物学院，以及洛斯阿拉莫斯的“曼哈顿工程”等等。

[1] 为了使读者完整了解布兰迪的活动领域和成果，本次中文版完整收录了1963年意文版的文献目录，并在各种研究文献的基础上进行了扩充。——译者注

[2] 从1945年到1957年，布兰迪写下了讨论各种艺术形式的四部曲式著作，总称为“赫利孔山对话录”（Dialoghi di Elicona），分别是《和卡尔米内论绘画》（*Carmine o della pittura*，*1945*）、《和阿卡迪奥论雕塑；和伊莱阿奈特论建筑（合订本）》（*Arcadio o della scultura. Eliante o dell'architettura*，1956）、《和切尔索论诗》（*Celso o della poesia*，1957）。赫利孔山（Elicona [Helicon]），又译作“艾利孔山”，是执掌艺术的众缪斯女神所居之地；卡尔米内（Carmine）、阿卡迪奥（Arcadio）、伊莱阿奈特（Eliante）、切尔索（Celso）则是理想艺术圈中的人物。——译者注

布兰迪生平简介

切萨雷·布兰迪，1906 年 4 月 8 日生于锡耶纳；1927 年，获锡耶纳大学法学学士学位；1928 年，获佛罗伦萨大学第二文学学士学位；自 1934 年起，任罗马大学中世纪和现代艺术史“客座讲师”[1]；1961 年 1 月，任巴勒莫大学中世纪和现代艺术史教授。

1930 年，他进入锡耶纳古迹与美术馆管理局（Soprintendenza ai Monumenti e Gallerie di Siena），开始了管理文物与艺术作品的职业生涯。他在那里的任务是对锡耶纳美术学院（Accademia di Belle Arti di Siena）在布翁西尼奥里宫（Palazzo Buonsignori）新址里的绘画藏品进行重整、编目和布置，该处当时被命名为锡耶纳皇家美术馆（Regia Pinacoteca）[2]。1933 年，意大利国立印务局[3]出版了他耗时 3 年编撰的馆藏图录。

同样在 1933 年，他竞得文物与艺术作品管理局（Amministrazione delle Antichità e Belle Arti）督察（Ispettore [Inspector]）一职，于是被派往博洛尼亚古迹管理局（Soprintendenza ai Monumenti di Bologna）工作。在那里的 3 年里，他建起了第一个修复实验室，并在 1935 年组织举办了“里米尼 14 世纪画展”。[4]

1936 年，他被召回罗马，任文物与艺术作品管理局督察，随后接受了乌迪内[5]教育局长的任命；1937 年，他被调往位于罗德岛的意大利爱琴海诸岛督政府，被赋予管理与监管的双重任务（任政府主任）。

1938 年，作为二级警司（Soprintendente [Superintendent]），他被召回意大利本土，转至古迹与博物馆部门任职，专门负责筹建中央修复研究院，并在 1939 年被任命为该院院长。他担任这个职位直到如今，事实上，为了避免和德国人合作，他从 1943 年 9 月 8 日到 1944 年 6 月 4 日曾一度不再担任中央修复研究院院长，直到盟军到来之后才又重新担任院长一职。

1953 年，他升任一级警司，进入文物与艺术作品管理局的管理层。

作为中世纪与现代艺术史领域的客座讲师，他曾在以下地方授课。在罗马大学讲授研究生艺术史课程："13 世纪托斯卡纳绘画"（1937—1938 学年）；"15 世纪早期锡耶纳绘画"（1945—1946 学年）；"修复理论与历史"（1955—1956 学年，1957—1958 学年，1959—1960 学年）。在罗马国家考古与艺术史研究院（Istituto Nazionale di Archeologia e Storia dell'Arte a Roma）开设系列讲座"修复理论与实践"（1952—1953 年，1953—1954 年，1954—1955 年，1955—1956 年，1956—1957 年）。

和 G. C. 阿尔甘一同成为《艺术》（*Le Arti*）杂志的秘书后，他在 1947 年创办了艺术评论与文学杂志《形象》（*L'immagine*），并任该刊主编直到 1950 年。随后，他创办了《中央修复研究院通报》，一直任该刊主编至 1960 年。

自 1948 年起，布兰迪开始广泛参与各种国际活动，应联合国教科文组织和各国邀请参加各种国际会议，担任国际顾问，接受派遣任务。[6]

1959 年 6 月，因艺术评论领域的贡献，他和 G. C. 阿尔甘教授一同被林琴国家科学院（Accademia Nazionale dei Lincei）授予"费尔特里内利奖"（Feltrinelli）。

他还曾获得以下荣誉称号：1954 年，意大利，"共和国最高荣誉勋章"（Commendatore dell'Ordine al Merito della Repubblica）；1958 年，比利时，"利奥波德二世最高荣誉勋章"（Commendatore dell'Ordine di Leopoldo II）；1950 年 3 月，被法国大使馆任命为促进意法文化交流的学院院士；1960 年 8 月，意大利，"文化恩人"（Benemeriti della Cultura）金奖。

（以下为 2005 年英文版补充部分）

1967 年，他任罗马大学现代艺术史教授，在那里一直任教至法定退休年龄。他在罗马创办了《罗马大学艺术史研究所年鉴》（*Yearbook of the Institute of Art History of the University of Rome*），并在 1973—1976 年任这份年鉴的主编。1958—1986 年，他一直为意大利最重要的报纸《晚邮报》（*Corriere della Sera*）的文化版撰稿。1971 年，他因《慢步》（*A passo d'uomo*）一书入围"埃斯腾斯奖"（Estense Prize）；1977 年，他因《当代艺术文集》（*Scritti sull'arte contemporanea*）荣获“维亚雷焦奖”（Viareggio Prize）；1980 年，他再次因艺术评论领域的贡献荣获林琴国家科学院的“费尔特里内利奖”。

他还是“我们的意大利协会”（Italia Nostra）[7] 副主席，国家文化遗产委员会艺术与历史遗产理事会主席。1988 年 1 月 19 日，他于锡耶纳维尼亚诺的家中去世。

[1] 客座讲师（Libero Docente）：布兰迪长期从事管理和科研工作，直到 1961 年（55 岁）才开始在大学全职任教，但在此之前，他已经应邀在各大学不定期授课。这里的“客座讲师”相当于外聘教授，因此，英文版将“客座讲师”译为教授（professor）。——译者注

[2] 即现在的锡耶纳国立美术馆的一部分，1932 年正式开放。——译者注

[3] 意大利国立印务局（Poligrafico dello Stato）成立于 1928 年，1978 年更名为国立印务与铸币局（Istituto Poligrafico e Zecca dello Stato）。——译者注

[4] 里米尼（Rimini）：意大利东北部港口城市。——译者注

[5] 乌迪内（Udine）：意大利东北部城市。——译者注

[6] 他应邀参加过以下地方举办的国际会议：1948 年，比利时（布鲁塞尔），瑞士（巴塞尔和伯尔尼），法国（里昂、斯特拉斯堡、巴黎），英格兰（伦敦）；1949 年，葡萄牙（里斯本）；1951 年，奥地利（维也纳）；1952 年，西班牙（马德里和巴塞罗那）；1953 年，希腊（雅典）；1959 年，法国（巴黎）；1960 年，爱尔兰（都柏林），英格兰（伦敦）；1962 年，利比亚（的黎波里），突尼斯（突尼斯）。

他应邀在以下地方担任国际顾问：1950 年 11 月，比利时（布鲁塞尔），“神秘的羔羊”（Agneau Mystique [Mystic Lamb]）国际修复委员会；1951 年 4 月，奥地利（维也纳），修复圣弗洛里安修道院（St Florian）收藏的阿尔特多费尔（Altdorfer）的画作；1952 年，法国（巴黎），修复马蒂亚 · 普雷蒂（Mattia Preti）所绘壁画以及卡拉瓦乔（Caravaggio）所绘“被斩首的施洗者约翰”（Decollazione del S. Giovanni Battista [Beheading of St John Baptist]）；1953 年 6 月，土耳其（博阿兹柯伊（Bogatköy）、葛勒梅（Göreme）、安纳托利亚、卡拉提普（Karatepe）、伊斯坦布尔）；1953 年 12 月—1954 年 1 月，美国（纽约大都会博物馆）；1955 年 6 月，法国（巴黎卢浮宫），修复卢伊尼（Luini）所绘三幅湿壁画；1956 年，黎巴嫩（贝鲁特），修复中世纪岩画；1956 年，利比亚（塞卜拉泰和大莱普提斯遗址（Sabrata e Leptis Magna），意大利驻外使团代表；1957 年 4 月，法国（巴黎卢浮宫），修复萨塞塔（Sassetta）所绘三联画）；1959 年和 1960 年，比利时（安特卫普大教堂），修复鲁本斯所绘“基督落架图”（Deposizione della Croce [Descent from the Cross]）。

布兰迪承担的联合国教科文组织任务有：1951 年 12 月，南斯拉夫，重建位于奥赫里德（Ochrida）的圣索菲亚教堂（Chiesa di Santa Sofia [Church of St Sophia]）；10 月 27—31 日，葡萄牙（里斯本），国际博物馆协会（ICOM）画作处理委员会；1956 年，巴勒斯坦，叙利亚，约旦，修复耶路撒冷岩顶清真寺或称奥马尔清真寺的马赛克镶嵌画；1957 年 9 月 19—24 日，荷兰（阿姆斯特丹国立博物馆），国际博物馆协会画作处理委员会；1958 年 10 月，埃及，阿布 - 胡达（Abu Hoda）的岩画和卢克索的纳菲尔塔莉（Nefertari）陵；1960 年，马耳他，修复古罗马马赛克镶嵌画；1960 年 4 月，昔兰尼加（Cirenaica），修复利比亚堡（Gars el Lebia）的马赛克镶嵌画；1960 年 8 月，捷克斯洛伐克（布拉格），修复中世纪壁画；1962 年 1 月，埃及，修复阿布辛贝神庙的岩画。

[7] 这是一个旨在捍卫和保护意大利文化遗产（各种艺术作品、古迹、历史中心、景观与环境）的志愿者组织。

关于切萨雷·布兰迪这位大师的一些话

切萨雷·布兰迪个性中最重要的一面就是他对各种艺术活动不懈的好奇心。

布兰迪深信，各种形式的艺术是人类创造性的最高体现——事实上人们可以说，他将一生都奉献给了艺术，并在年少时就培养出了特别敏锐的艺术敏感性。

他少年时就开始作画。事实上，他儿时的朋友，伟大的考古学家拉努乔·比安基·班迪内利（Ranuccio Bianchi Bandinelli）回忆起，看着他背着画架徒步穿梭于锡耶纳附近的丛山中，寻找可以捕捉到特定发光效果的那一抹湖水。

他也写过很多抒情诗[1]，并得到那个时代一些著名意大利诗人的赞赏，尤其是埃乌杰尼奥·蒙塔莱（Eugenio Montale）。而布兰迪对他也极为敬重，两人结下了深厚的友情。

然而，在生命中的某一刻，他意识到必须牺牲一些艺术活动，将精力集中到另一些活动上，尤其是必须将自己的事业缩小到对客观上面临更大风险的各种艺术创造产物——那些在具有相同构成材料的艺术创造产物（通常被称为具象艺术制品）中已达到千百年来种种最高成就的艺术造物——的鉴识、研究，以及防卫和保护的任务上。[2]

他以这种方式，一方面成功地确保自己有机会继续利用他那无与伦比的艺术体验；另一方面，尽管在他看来，关心人类文明的命运对任何人来说都是一项庄严的职责，但他希望以一种具体的方式对之作出贡献。

事实上，他深信，文明的生活离不开对艺术作品的鲜活体验，其必要性不亚于其他文化表现形式，以及广义的精神表现形式。因此，人们必须尽一切可能，确保每个人及其子孙后代有权获得一种独特的、完全个人化的、无法传导给他人的体验，即和艺术作品的直接接触。

在布兰迪看来，这种体验的真正有效性是任何代用品，即那种只有纯粹文献记录或史实价值的人造物都无法描述、讲述或传述的。

例如，在西方文明的发展中，尽管"九九乘法表"和所有艺术产物一样重要，但为了发挥它的作用，却无需将它有形化为特定的物质对象。人们在罗塞塔石碑（Rosetta Stone）上也可以看到这一点，其无与伦比的价值在于它是理解埃及文明的工具：鉴于在一个副本，尤其是一个虚拟的副本中就能更有效地研究其铭文，人们当然没必要亲自跑到伦敦去看这块石碑。

反之，即便马塞尔·普鲁斯特（Marcel Proust）的文字描述也无法取代我们对弗美尔（Vermeer）所绘《代尔夫特之景》（*View of Delft*）的直接体验。因为任何副本（无论是图像的、机械的还是虚拟的）都无法赋予原作给我们的个人感受。例如列奥纳多在《最后的晚餐》基督背后所绘的景色中，那种淡蓝色天空下天青色群山带给我们的个人感受。

即便是同一个人，对一件艺术作品的体验也不是一劳永逸的。事实上，恰恰相反，由于人们可以无限多次体验同一件艺术作品，因此总会产生一种新的不同体验。

因此，布兰迪认为，只有在采取了一件作品所要求的、将其真实材料本质保护下来的一切措施之后，才谈得上对作品的认可；也只有这样才能最佳地确保对其形式价值的保护。也就是说，保护一件艺术作品特有的、将其从日常生活使用的所有其他类型对象区分开的那些价值。[3]

在布兰迪看来，我们不能抽象地定义这些价值，例如将一件人工制品属于某种**风格**、某个**流派**、某个历史时期、某种艺术理念，甚至出自同一人之手，作为将其认可为艺术作品的依据 。[4] 这些价值必须从作品本身推导出来，这自然要用到艺术史这门学科所完善出来的方法工具与理解工具，而这在布兰迪那个时代，无论在意大利还是在欧洲，已经具有了坚实的传统。

几乎没必要再多说，在他受教育期间所盛行的文化氛围里，不进行各种价值判断是难以想象的。但这并不意味着他的价值判断依靠的是某种"移情"[5]：如果在反对艺术努力的"自发性"（spontaneity）观念（隐含在当时最有影响力的哲学家贝内代托·克罗齐（Benedetto Croce）的美学理论中，曾风行意大利）之后，布兰迪还坚持认为艺术体验照字面意思只在于每个人的领悟，那就无疑有违他的思考。

就像艺术作品的制造过程，对艺术作品的认可也需要长期的过程。仅仅在某种理想意义上，而非在现象的和实际的意义上，艺术作品才在某个“瞬间”像“一道闪电”那样向意识揭示出它本身是艺术作品。

从**对象的建构**（constitution of the object）到**形象的表达**（formulation of the image）（参见本书中菲利波的文章）的过程如此复杂，而且常常是非线性的，只要想想绘画里的各种“悔笔”[6]，或是诗歌、音乐和建筑里的各种变体（variants）就可以理解了。同样，将一件人类活动的产物认可为艺术作品的过程也是复杂的，甚至可能是矛盾的。对此当然不乏各种实例——只要想想人们只是在不到半个世纪之前，才充分认识到皮耶罗·德拉·弗兰切斯卡[7]的伟大。

尽管的确没人能超越自身的时代局限性，超越某个时代特有的敏感性和文化，但是不利用所有可能的工具，对一件作品的方方面面进行恰当研究，同样令人无法接受。没有坚实的知识基础，人们就不能假装可以对任何艺术作品的安全打包票，确保其既作为物质性的人工制品，又作为精神产物的双重本质。这就是人们为何要进行各种研究与测试，鉴定保护对象的构成材料及其保存状况（包括此前曾做过哪些处理），也是为何要从文化角度进行研究，以便更好地鉴识作品的原因。[8]

然而，这一切不能、也不应让我们忘记，其终极目的是鉴识作品的各种形式特征——就此而言，我的意思是凭作品的个性，超越任何时代、地域或文化决定性，使之凸现出来那些东西。当然，这并不是说作品的时代、地域或文化信息无关紧要，而是因为这些信息并没有说明令艺术作品独一无二、不可重复的本体。

如果我们发现乔托能从当时光学研究（正如我们在罗杰·培根（Roger Bacon）、约翰·佩克姆（John Peckam）以及维泰洛（Witelo）的著作中所读到的那样）的最新进展中直接获益，并将其转化为已接近“透视”的革命性空间处理方法，应用于他在帕多瓦[9]斯科洛文尼小礼拜堂(Scrovegni Chapel)所绘的连环壁画(cycle)里，这无疑会使我们更钦佩他的卓越才智。然而，即便人们证明乔托——尽管这更有可能——不得不通过某种“文化中介”，即某些能阅读并理解那些学术著作的人将所获信息有效传递给他那种以今天的眼光来看不特别“有文化”的人，他才能发明出那些革命性的空间处理方法，其艺术成就的重要性当然也丝毫不会减少。

因此，艺术史的主要目的就是鉴识作品的形式价值，然而，我们却将艺术史的主要目的理解成了一种对各种特定艺术现实评头论足的活动：[10]事实上，我们应该进行一种在时间和空间上可能无限的持续鉴识，鉴识艺术创造性在如此受限的条件下是如何表现出来的。[11]

此外，这也是布兰迪的各种游记最深刻的意义所在，从而使这些游记完全不同于这一丰富文学分支的任何其他产物。

从他的第一本游记《穿越古希腊之旅》(*Viaggio nella Grecia antica*,1954)开始，我们就清楚地看到，不断驱使他写下那些游记的根本动力，是一种对艺术有机会实现其自身的各种情形的探索：无论在德尔斐[12]还是在唐代壁画里[13]，无论在桂离宫还是在帕尔米拉、卡纳克（Karnak)、阿切伦扎（Acerenza，即意大利现在的普利亚大区（Puglia)),无论在莫缇亚（Mothya）还是在大莱普提斯[14]、西安、耶路撒冷、君士坦丁堡,无论在诺夫哥罗德（Novogorod）还是在里斯本,都是如此。

对布兰迪来说，正是在这种意义上，艺术是普世性的；也正是就这种意义而言,艺术属于全人类——不分种族、语言、宗教信仰、政治派别或其他任何东西。

这就是为什么每当他感到人们对艺术作品的态度与它们理应受到的尊重和关怀不相称时，都会义愤不已，无论这些艺术作品是伦敦大英博物馆馆藏的帕提农神庙大理石构件,还是其出生地锡耶纳的圣多梅尼科（San Domenico）教堂。

因此，艺术作品除了属于那个真正“拥有”其物质形式的个体之外，还属于每个人。也因此，布兰迪反复强调，保护艺术作品是每个人的任务。当然，并非每个人都能以同样的方式承担这项任务，这取决于每个人自身的角色和社会责任。[15]

布兰迪相信，尽一切努力普及对艺术作品的欣赏与关注，是有教养的人的基本责任。他认为达成这一目的首要的基本工具是认识，甚至应该将其置于更具体和众所周知的保护与修复处理之前。这种认识一方面体现为专业化的活动，旨在鉴识、研究与描述作品（无论它们鲜为人知、默默无闻还是赫赫有名）；另一方面在于提升非专业人士的意识，努力为他们提供各种工具，从而使他们与艺术作品建立起更亲密的关系。

就这点来说，人们只需记住，中央修复研究院刚刚成立一年之后就发起了首次公共活动，展出了修复后的艺术作品（安东内洛·达·梅西纳绘画展（Mostra dei dipinti di Antonello da Messina），罗马，1942 年）。这次展览的部分目的当然是为了表明，尽管有着战时的种种典型困难，这个新机构已经能运转了；但也是为了表明真正的修复处理应该是什么，即应该是在充分尊重作品真实性基础上的处理，而非“调整”（adjust）、补全（complete）或美化（beautify）的技能，后一种方式常常将作品变成了其自身的赝品。

这次展览的一个根本创新之处在于公开所用的原则、方法和技术，而当时的普遍做法是将这一切秘而不宣。在过去，人们所用的各种处理程序和产品只是生意秘诀（当时最重要的意大利修复师毛罗·佩利乔利（Mauro Pelliccioli）就对这此讳言莫深，但也因此在几年后丢掉了修复斯科洛文尼小礼拜堂（Scrovegni Chapel）的工作）。

这种安排并非偶然的选择，而是下述事实所证明的一种根深蒂固的信念。甚至早在中央修复研究院筹建之时，他就设想要有一个展示艺术作品逐步修复过程的空间，并计划发行一份介绍中央修复研究院活动的期刊。[16]

然而，正如众所周知的那样，中央修复研究院之所以诞生，是为了在实践层面上以最具决定性的方式真正有效地回应看护艺术作品和古迹的需要。

事实上，意大利教育部这两名非常年轻的雇员——布兰迪和阿尔甘非常清楚，如果不通过适当的立法措施确保艺术作品和艺术性古迹幸存下来的话，旨在使人们更关注这些作品的所有工作就毫无意义。此外，他们也清醒地意识到，如果不设法避免保护处理中的风险，单有立法措施也是远远不够的。因为很多作品的肌体保护处理采用的仍是经验性且常常工匠式的方法，而且更糟的是，缺乏对作品所包含的各种复杂价值（史实价值，尤其是形式价值）的尊重。

这种立场源于对幸存至今的艺术创造产物近乎神圣的考虑。为了指出艺术作品保护所需的态度，布兰迪绝非偶然地诉诸康德的“道德祈使”[17]概念。也就是说，这虽然是自由承担的义务，但同时是不能也不应逃避的义务，否则就把自己排除在了任何文明话语之外。此外，这也是一种“公正无私的”（disinterested）义务，就此而言，它不受任何其他因素的影响，但是对这项义务的履行事实上将完全补偿我们的付出。

为了文明生活的目的而保护过去的艺术作品（包括具有艺术价值的建筑），这样一种升华了的观念（我认为，不可避免地）产生了一种伟大的公民责任感。一项饱含布兰迪毕生信念的举动最有力地说明了这种责任感：他将自己位于锡耶纳城门外维尼亚诺（Vignano）的别墅遗赠给了国家，包括里面的所有画作、图纸、照片、雕塑、书籍和陈设。

尽管这一轶事很重要，但他为艺术作品的公众享用做出的奉献绝不止于此，而是体现在他的所有活动中，尤其是他在担任“文物与艺术作品高级委员会”（Consiglio Superiore di Antichità e Belle Arti）[18]委员期间所做的一切。这种奉献也体现在他不知疲倦地鼓动媒体，抗议可能损害艺术作品尊严，甚至常常是损害艺术作品肌体完整性的任何事。

尽管他认为艺术作品的私人持有是“不道德的”（毫无疑问，他必定一直思索着某些特定情形，即面对日益增长的接触需求，不少收藏品却被莫名其妙藏了起来），但是更让他愤慨的是人们对艺术作品、古迹、历史中心、（充斥着违章建筑的）海岸线越来越多的破坏，是对博物馆和考古遗址物品的秘密交易，是土地使用不当造成的环境灾害。多年以来，他在许多言辞尖刻的文章里表达着自己的观点，这些文章最近（2001 年）收录在《受威胁的遗产：景观和艺术保护文集》（*Il patrimonio insidiato: Scritti sulla tutela del paesaggio e dell'arte*）；他在“我们的意大利协会”所进行的毕生战斗也很好地说明了他的观点。

事实上，布兰迪并非没有注意到一种根深蒂固的联系，即在一个像意大利这样的国家里，人们至今几乎总是与生俱来地将人类活动的各种表现形式联系在一起，以至于到了这样一种程度：习惯于将某个景观说得像一件艺术作品那样，即便这只是隐喻性的。[19]

这种特征并非意大利独有；事实上，在整个欧洲旧大陆（Old Continent）都能发现它的踪迹，而在许多文明古国则更普遍（至少那些没有在实体、政治、宗教或其他元素上被外在打断过的文明古国是如此）。然而，在意大利，由于许多无法在这里展开讨论的原因，这种人格化的自然和各种人工产物[20]的相互渗透比其他地方更紧密，而且至少到19世纪末、20世纪初仍是如此，并未发生实质性的改变。

不同艺术活动产物之间的这种内在联系并没有逃过布兰迪的眼睛。只是近年来，本质上出于商业考虑，这些产物才被细分、归类为纪念建筑（monumental buildings）和次要建筑（minor buildings），大艺术（major arts）和工业艺术（industrial arts），或是根据它们以前就有的历史意义或边际意义对它们进行划分。然而在这种情况下，人们对它们的赞赏更多地源于对其市场价值的估量，而非出于它们的史实-文献价值或美学价值。

由于布兰迪不可能同时做所有的事，因此他不得不把重点放在具有特殊意义的作品领域。他选择了那些境地最危险，而且美学价值与历史层理（stratification）结合程度可能最高的那些作品，即那些被公认为“杰作”、通常是画作或雕塑的作品。当然，他也明白，如果他把焦点放在某件举世闻名的作品上，例如，乔托在阿西西（Assisi）所绘的圣方济各连环壁画（Francescan cycle），就会加强媒体的影响，但这和以下目的相比其实是次要的。也就是说，他希望表明，在一个各色修复“巫师”（sorcerers）普遍既不尊重**美学要求**，也不尊重**史实要求**的时期，人们怎么通过尊重这两方面的要求，才能最大限度获得无与伦比的效果。

布兰迪确信，这才是艺术作品修复的正确途径，因为这种途径响应了艺术作品的内在结构：显然，如果没有美学有效性，作品就不可能成为艺术作品；但同样，过去流传下来的作品也不可能脱离历史而存在，因为曾经的一切**都是**历史——即便那件作品如今看起来如此接近过去的样子，以至于看上去好像没有历史。

事实上，布兰迪认为，恰在艺术家认定完成艺术作品的那一环节，那件作品就进入了历史。此后它开始了某种旅程，或充满传奇，或平淡无奇，但无论怎样都沉浸在时光之中，即便只是构成那件作品的材料经历了一定程度的劣化或物质糟朽（至少在熵增原理（principle of entropy）还未被推翻以前是这样）。

这种途径的正当性源于它彻底的**逻辑思辩性**（而不是像一些反复出现的平庸观点认为的那样，因为它采取了介于拉斯金（Ruskin）和维奥莱-勒-迪克（Viollet-le-Duc)所代表的两种极端之间的中间立场）。布兰迪的方法甚至在连他自己都不曾预见的情形下所表现出的适用性也证实了这一点（例如，在处理像来自远东的壁画或青铜雕塑这样明显不同于欧洲传统的艺术对象的修复时所展现出的适用性）。

布兰迪自己也充分意识到在他任中央修复研究院院长期间所发展出来的各种特殊文化机制的潜力，这些机制应对着以战争破坏为代表的各种不可重复情形，以及与此相关的、常常必须在短时间里解决突然涌现出来许多问题的需要（例如，对维泰博[21]圣母玛利亚真理修道院马扎托斯塔小礼拜堂（Cappella Mazzatosta in S. Maria della Verità）中被炸毁湿壁画的残缺整合，见本书 91页图 4）。

我们可以从某些至关重要的方面证明这一点：他专门为外国留学生预留了一定比例的名额（除各种奖学金获得者之外，15 名学生中要有 5 名外国留学生）；他不知疲倦地在海外授课，传播中央修复研究院的工作成果；他和中央修复研究院的科技人员在国外（以及意大利国内）承担着从咨询到修复实施的各种任务。[22]

而这一切的背后是一种信念，即对于像艺术作品保护这样一种有价值且无以逃避的活动来说，必须遵循一条铁的规则：知道最多的那些人，有责任为世界任何角落里需要他们的知识和经验的人提供服务。此外，也正是源于这种内心信念（也许还带有某种初生牛犊的极度热忱），使他自己卷入了那场与伦敦国家美术馆的著名论战：他无法理解，为什么“人身攻击和固执己见”居然能压倒旨在作品福祉的合作需要。对比而言，他自己当年就曾在若干场合对其他历史悠久的国外实验室表示，希望它们能支援羽翼未丰的中央修复研究院。例如，就人造树脂的使用方面而言，他毫不掩饰地表达了对福格艺术博物馆（Fogg Art Museum）实验室的感激之情。[23]

显然，这种态度恰恰与人们可能认为的、我在字里行间（或多或少间接）暗示的那种“民族优越感”（ethnocentricity）相反。其实，布兰迪的态度只能用“世界主义”来形容，而且体现的是这个词的最高意义。而这种“世界主义”远远不同于“全球化”的含义，后者正日益呈现为相对稳定但不可逆转的均质化趋向，从而也不可避免地导致了原有特异性的丧失。

事实上，布兰迪认为，真正的艺术体验以及随之而来的防护行动的秘密在于知道如何“聆听”作品，如何阅读作品，理解其最内在的、最特征化的特色，从而才能尊重与保护它们。[24] 如果这些特色是精妙的形式，那么就对作品有百利而无一害，因为它们强烈有助于防止作品遭受各种外在考虑的影响，而那些外在考虑无非出于宗教、政治或意识形态，正日益频繁地呈现出负面作用。就此而言，巴米扬大佛就是个最新例证。

本文的目的并非提供切萨雷·布兰迪的生平简介，更不用说是为他立传，因为即便仅从篇幅角度考虑，对于20世纪欧洲最杰出知识分子中的一员，本人也不敢妄图在此概括他的一生。

本文的目的是和菲利波在本书中的文章《艺术创造现象学》一起，使人们尤其是不懂意大利语的读者更好地理解这部《修复理论》。而后一篇文章对那些不愿意或无法直接阅读布兰迪著述的人来说，对那些研究布兰迪所说的艺术性创造究竟意味着什么的美学专家来说，是这部（迄今为止无与伦比的）《修复理论》不可或缺的一篇导论。

本文的目的尤其在于展示艺术在布兰迪的生活中所扮演的角色，而人们只有在这个维度上，才可能将他的活动视为一个连贯的整体。

他的活动是多样的，高度复杂的，（至少从表面上看）有时甚至毫无关联。然而，如果人们从他将艺术活动视为人类创造性的最高表现形式，从他将艺术体验视为对这种表现形式的必要补充来看，恰恰就能发现这些活动的交汇点与联系处了。作为一名艺术史领域的学者，作为一位大学教授，作为一位游记作家，作为对各种广义作品或艺术事件进行高度提炼的解读者，作为对艺术创造展现出的所有表现形式不知疲倦的研究者，他所有活动的力量和决心都源于对艺术活动及其体验的这种理解。这同样也使我们理解了他作为技术性公务员，在意大利文化遗产管理部门所做的工作；作为文化遗产权利毫不妥协的代言人，毫不客气地使用知识分子所能利用的一切工具；作为横向思考者，他对在实践应用中可能有助于支持某种直觉或理论推演的任何事物是非常开放的（例如，著名的残缺整合理论的发现过程）。他毕生的奋斗目标就是：通过艺术，将存在的丰满（fullness of being）从实存的消极（negativity of existence）中释放出来。

朱塞佩 · 巴西莱

[1] 《诗集》(*Poesie*)，1935 年；《唯有声音》(*Voce sola*)，1939 年；《悲歌集》(*Elegie*)，1942 年。

[2] 与此同时，他清晰地、尽管也是充满遗憾地察觉到自己在创造性活动方面所获成就的不足。

[3] 众所周知，布兰迪并不将“实用性”视为艺术作品的一种内在属性，尽管这并不意味着某些艺术作品无法拥有这样一种价值：只是因为它们不需要“修复”，而只需要整修、再完善或简单的保护。

[4] 应当指出，布兰迪认为，“艺术”的本质和定义问题是无解的。因此，这个问题至少对于艺术作品的体验和保护目的来说并不重要。

[5] 移情（empathy / empathetic）：即根据自己和所审视艺术作品的情感共鸣判断作品的价值，并进行相应处理。这种倾向和方式是“风格性修复”的代表人物、法国人维奥莱-勒-迪克（Eugène Emmanuel Viollet-le-Duc）推崇的方式，即“试着把自己放到原来建筑师的位置上，试着去想象，如果他复活了，并且必须完成我们现在面临的同样工程，他会怎么做”。（*The Foundations of Architecture: Selections from Dictionnaire raisonné de l'architecture française du XIe au XVIe siècle*，New York：George Braziller, Inc.，1990：233）。——译者注

[6] 悔笔（pentimento，复数 pentimenti），也常译为“原画再现”：一个西方绘画术语，指的是由于有些颜料随着时间的推移变得透明，从而显露出画面下方的另一些画。这往往表明画家在绘画过程中曾改变过意图，试图用覆盖的方式调整、遮盖以前画过的部分。——译者注

[7] 皮耶罗·德拉·弗兰切斯卡（Piero della Francesca，约 1415—1492）：意大利文艺复兴早期画家，将透视看成绘画的基础，著有《论绘画中的透视》（*De Prospectiva Pingendi*，1482）。人们长期以来更多地将他视为数学家和几何学家，忽视了其艺术成就。其画作特点是将人物置于严格的几何形式和透视中，有着庄严静穆的人文主义精神。——译者注

[8] 我们需注意以下事实：布兰迪很早就发现修复领域需要跨学科合作，但与此同时却仍预留了“艺术史学家”（某个艺术作品所属领域的专家，例如考古学家、建筑师、档案学家、民族志学者（ethnographer）等等）的领导地位。

[9] 帕多瓦（Padua）：意大利北部城市。——译者注

[10] 毫无疑问，布兰迪是位重要的艺术史学家，但他反对从各种外在因素解读艺术作品的艺术价值，也就是说从作品的时代性、地域性、流派、风格、当时的政治倾向，甚至作者的历史地位理解艺术作品的艺术价值，并把艺术价值等同为这些外在因素。在他看来，这一切都是当下“文化 - 政治”的主观评论，会随时代波动而波动，是与作品本体的艺术价值无关的东西。在他看来，艺术史的真正目的之一是从现象学角度研究形式本身如何具有艺术性，如何具有某种超越了各种外在局限条件而打动我们的能力，这也是布兰迪之所以注重艺术形式本身的缘故。当然，这并不是说布兰迪不注重外在因素的研究，而是他认为这只是艺术史的外围研究。——译者注

[11] 这就是布兰迪所说的“形象的具象历史”（figurative story of the image）。众所周知，他以极大的努力并且——就我所知——史无前例地试图鉴识出各种艺术表现形式（诗歌、舞蹈、绘画、雕塑、建筑、电影、音乐等等）所特有的形式阅读与解读的内在关键点。此外，尤其致力于鉴识哪些作品以某种新方式应用了这些关键参数。也就是说，哪些作品由于发生了质的飞跃从而比其他作品更重要，而其他作品未受益于旨在创新的直觉，或是这种直觉并未在作品中成功固化为新的艺术现实。

[12] 德尔斐（Delphi）：古希腊宗教圣地。——译者注

[13] 布兰迪曾以修复专家的身份应邀访问中国，并著有《中国日记》（*Diario Cinese*, Einaudi, Torino, 1982）。他在这本游记里详细记载了对永泰公主墓壁画的独特艺术感受。——译者注

[14] 大莱普提斯（Leptis Magna）：位于利比亚首都的黎波里以东 120 公里，占地 2.5 平方公里，是北非保存最好的古罗马遗迹。——译者注

[15] 对此我还会再加一句，这也取决于人们所受的专业训练。这是因为，尽管跨学科合作的确必将统帅修复领域，但是每个专业在这个群体里的确也起着无法互换的作用。我们必须以最完整、最先进的方式培养专业人员，尤其当——以修复师为例——他们肩负着处理保护对象的最大责任时。而在中央修复研究院成立之前，我们却缺乏坚实的培养传统。

[16] 中央修复研究院成立伊始就建立并使用了这种作为实验性多用途空间而配备的房间，这在当时是一种创举。由于战争和战后时期种种可以理解的障碍，《中央修复研究院通报》（*Bollettino dell'Istituto centrale del restauro*）的刊行则花了更长的时间，直到1950 年才问世。此后它定期发行，一直持续到布兰迪不再担任院长一职（1960）以后的一段时间（1967 年停刊；第二个系列的《通报》在几年前重新刊行）。

[17] 关于“道德祈使”（moral imperative），参见本书 78 页注释 10。——译者注

[18] 尽管这是个只有咨询作用的国立机构，但在当时很有影响力。意大利政府要求国内最著名的学者——无论他们是各个大学的学者，还是艺术作品管理部门的专家——都参加这个机构。他们的任务是针对和“历史 - 艺术性”艺术作品及古迹相关的、各种最重要的技术与管理问题提出意见（例如壁画的揭取、古迹的异地保护或归安、杰作的修复、为了在意大利国内外展出而出借艺术作品等等）。

[19] 应当指出的是，人们此处所说的艺术作品当然不是布兰迪所想的那种艺术作品。

[20] 在前工业时代，“艺术的”这个词可能被用来形容各种具有如下特定特征的产物类型，即那些并非总是用来满足初级需要（primary needs），而是用来满足社会生活基本要求（basic requirements）的产物。（这些产物通常是非生活必需品，即便是生活必需品，也带有社会精神文化生活必然要求的特殊处理。例如一个饭碗，既可能是只出于实用要求、不带任何附加处理的纯粹实用器，也可能是为了满足特定社会要求而附加各种处理的器物，后者通常就被认为是“艺术的”。——译者注）

[21] 维泰博（Viterbo）：意大利中部拉齐奥大区的一个城市，维泰博省首府所在地。——译者注

[22] 至少还必须提到以下诸位：莉齐娅·弗拉德·博雷利（Licia Vlad Borrelli）、米凯兰杰洛·卡贾诺·德·阿泽维多（Michelangelo Cagiano De Azevedo）、保罗·莫拉和劳拉·莫拉（Paolo and Laura Mora）。

[23] 《罗马中央修复研究院》（L'Institut central de restauration à Rome），载于《对艺术的热爱》（*L'amour de l'art*），第八卷（1946），236 页。

[24] 就这点而言，《意大利绘画设计》（*Disegno della pittura italiana*，1980）和《意大利建筑设计》（*Disegno dell'architettura italiana*，1985）跻身于他最重要的（且最权威的）著作行列绝非偶然：（我敢说）它们是“阅读”意大利最具代表性的古迹和绘画艺术作品无与伦比的著作。

切萨雷·布兰迪的艺术创造现象学 [1]

如今的历史学家和哲学家一样，倾向于认为艺术的特异性（spécificité [specificity]）问题已变得无关紧要了。这种非常普遍的潮流意味着，康德以来的美学所主张的对某种特异性的区分，会使艺术和人完全疏远开来，从而也令艺术和它本应从属的文化、社会、经济与心理背景疏远开来。在尼采和弗洛伊德的启发下，某些哲学与评论流派更倾向于将艺术作品视为永无止境创造性的表现形式，把这种创造性等同为“欲望”，作为一种终极手段，起着精神宣泄作用。而从艺术史学家的角度来看，则很容易将艺术作品认可为艺术作品的环节，视为一种先入为主的假定（présupposé [given]），只是没有明说罢了（或许是因为暗暗担心这种主观性会污染对方法论而言必不可少的客观性）。这无疑助长了社会学、心理学、图像学 [2] 及经济学方面研究的压倒性发展，这些研究更多地旨在将作品融入它们的背景里，而不是理解作品如何从为之供给养料，但却不会湮没作品或与之混淆的腐殖质 [3] 中凸显出来。于是，品质问题被轻易地抛到一边，取而代之的是一种为确保客观性而最终将研究对象消解于无形的方法，而且这种方法本身事实上不只是体现在选择出什么样的作品和艺术家以供研究。

虽然人们更频繁地使用艺术这个概念，使其语义无疑不断扩展，现在却没人乐意追问艺术是什么，承认艺术有着无法定义的特征（无论是出于便利或策略的缘故，还是在更深层的意义上，出于这种追问“固有的广义本质”）。这与美学自 18 世纪诞生以来人们的种种努力形成了鲜明对比，而在美学发展的不同阶段，康德、黑格尔、菲德勒（Fiedler）、克罗齐都曾为这种努力做出了决定性贡献，从多方面奠定了将西方艺术史视为某种形式分析的基础。艺术无法定义的这种思潮也呼应着一种新的艺术体验，即，相对于以往的各个时期，艺术家自身开始意识到他们的方法有着其自身与众不同的终极目的（finalité [finality]），导致他们开始自我反思，从而使艺术本身变成了艺术的题材。人们可以在浪漫主义的反讽，即“诗的诗”（poésie-de-la-poésie），以及之后各种形式的纯粹主义中看到这一点。到 20 世纪初，这一切导致各种艺术的关注点纲领性地聚焦在那些被视为艺术自身表现手段的东西上。这是一种不断发展为当代艺术，变得越来越不加掩饰自我指涉（autoréférentiel [self-referential]）的思潮。自浪漫主义以来，这种思潮也意味着一种全新的现代诉求，艺术家将艺术等同为他们的完全存在，人们在其中甚至可以察觉到，在艺术本身中蕴含着某种宗教维度的主张（荷尔德林（Hölderlin）、诺瓦利斯（Novalis）、布莱克（Blake）、C. D. 弗里德里希（C. D. Friedrich），以及马列维奇（Malevitch）、蒙德里安或巴尼特·纽曼（Barnett Newman））。在 20 世纪大众社会伴生的宗教意识危机中，这种思潮自身扮演着某种替代性角色，就公众而言，导致了利奥波德·弗拉姆所说的“现代人的艺术宗教”的暧昧境况。[4]

近来，随着后现代思潮的崛起，以及艺术史目前非史实化的复兴，艺术的这种自我指涉趋势变得更突出了。从那以后，人们会问自己：对于理解艺术家的方法而言，如今难道比以往都不再需要对其特异性的追问？为了避免将不同思想区域的各种问题投射到艺术本身，艺术领域所用的整套哲学方法难道不应接受这些问题的评论检验？确实如此，即便正如或确如海德格尔所认为的那样，艺术如今最有可能是令我们最接近存在体验（expérience de l'être [experience of Being]）的人类活动，也就是说，艺术是人类意识所能获得的最深刻、最全面的体验。

另一方面，从艺术史学家所持的史实角度来看，艺术作品具有一种为艺术史论说赋予不同于其他人文学科明显独特性的突出特征。事实上，无论艺术作品是在哪个时期创造出来的，它都在绝对当下（présent [present]）的感知中，将其自身**此时此地**提供给我们。直到被意识认可之前，艺术作品都缺乏其自身的现实性。而且这种认可并非源于某种分析得出的判断结果，而是源于感知自身对某种特异性的确认（identification [identification]），这种确认同时也是历史学家研究的出发点。因此，如果艺术史是可能的，它也不同于其他历史学科，它旨在研究的不是某个属于记忆的、过往事件的史实，而是一种呈现在意识里的现实的史实。[5] 就这种意义而言，艺术史与评论密不可分，而评论就此而言的目的就在于描述这种独特在场（présence [presence]）的本质。

人们对艺术作品的现实感知从来不会等同于那个被感知对象的物理现实，艺术作品这种独特本质显然就是那个著名的、根本性的美学难题的症结所在，也就是说：仅仅参照艺术作品并不能定义艺术，因为这种经验性方法意味着对作品的选择已经存在某种标准，因此也就预设了艺术的概念；另一方面，也不可能在缺乏艺术体验的情况下先天地定义艺术，而这种体验又只可能是对个别艺术作品的体验。正如切萨雷·布兰迪表明的那样，这种窘困源于人们不可能采用和“现存现实”（réalité existante [existing reality]）同样的方式而使艺术概念化。[6] 因此，不可能存在一种基于自然科学模式的艺术科学。朱利奥·卡洛·阿尔甘进一步指出：

> 现代文化所得出的整个艺术现象学观念，事实上已经使艺术的概念变得空洞而无效了。因此，作为诗学史而理解的艺术史，是对艺术进行科学研究唯一可能的形式，此后将取代美学。[7]

于是，无论这种艺术史所包含的严谨思维多么微不足道，都提出了一系列具有明显现实性的哲学问题。就此而言，切萨雷·布兰迪的反思是颇为重要的。作为艺术史学家和诗人，他再次提出了艺术的特异性问题，通过在当代艺术和哲学不断演进的背景中深入发掘这个问题，使之具有了现实意义。1945 年到 1957 年，他基于对艺术创造的现象学分析，为艺术史贡献了各种评论工具。由于基于各种哲学基础，这些工具都非常宝贵，通过与结构主义和符号学的长期对话，实现了语言学和美学、结构主义和现象学的集成。

由于缺乏翻译，布兰迪的思想在意大利以外鲜为人知。[8] 我们在这里将总结其思想历程第一阶段的要点。对这位艺术史学家而言，这些教诲是如此丰富，也为将来的各种发展打下了如此重要的基础，以至于受篇幅所限，本文事实上无法充分说明。但我们仍希望以此向这位最近过世的、意大利文化界已深深感到其重大影响的大师致敬，并向国际社会介绍这位值得得到更广泛认可的原创性思想家。

布兰迪在20世纪30年代开启其职业生涯时，发现贝内代托·克罗齐的思想在艺术史、文学和哲学领域，尤其在美学和史学领域对意大利文化产生了广泛影响。然而，与此同时，虽然年轻一代深受克罗齐的影响，但也越来越多地对其思想展开了批判。克罗齐的核心观点是：艺术是一种抒情性的直觉，直觉等同于表现，都显现为唯心主义[9]的终极实现。这些观点为植入一种精神态度里的艺术特异性思想赋予了权威性，并从中获得了力量。在这种精神态度里，艺术自身呈现为原初的、直觉的认知（connaissance）环节，而将这种认知通过概念的扩展提升到抽象层次则取决于知性。然而，如此设想出来的直觉由于被置于了知性对外部世界的思考之前，于是也就被置于了真实和想象的任何区别之前，这样一来无从检验从对象（objet [object]）到形象（image [image]）的发生路径。关于对什么的直觉这个问题？克罗齐的回答是：对感觉的直觉。这是一种抒情性情感，实际生活在其中作为感觉而被沉思、再现，并被转化为形象。于是，形象就确保了某种统一性，即艺术作品特有的总合性（totalité [totality]）特征。但是，这种直觉和表现统一的观念使得对这种升华的任何分析都变得不可能了。此外，如果人们考虑到克罗齐在20世纪初对各种先锋派运动的极端批判态度，就不难理解年轻一代反抗这种思想的需要。

在这种背景下，切萨雷·布兰迪对之进行批判性反思的主要根源，一方面在于他对莫兰迪[10]作品的亲密体验，[11]另一方面在于他对胡塞尔现象学，尤其是其《笛卡尔式的沉思》（*Méditations cartésiennes*）的深入体会。这导致他在1945年写出了一本研究艺术创造现象学，名为《和卡尔米内论绘画》的著作。[12]他的出发点不再是克罗齐的唯心精神，而是意识及其意向性，以及意识的关联物："世界"[13]。他疏通了克罗齐理论里的死胡同，重新发现了对艺术家和世界之间的关系进行分析的手段，发现了从对象到形象的路径，找到了将克罗齐的直觉与表现的统一分解开的途径，即分解为创造性过程的两个构成环节。

显然，艺术家的形象表达并非模仿，并非对外部对象的复制。相反，布兰迪认为，这种表达仅仅是某种本质上符号性的、被布兰迪称为"对象的建构"[14]

的内化阶段的外化结果。这种对象的建构表现为独特的集成处理；艺术家的心境，他们在痛苦与欢乐、回忆与期望中体验到的内在性，作为难以名状的总合，通过符号的投入，在一个只凭其纯粹外貌（apparence [appearance]）而考虑它的对象中凝结起来。并且这种建构只保留了对对象的某些感知，排除了其他感知，与此同时将对象从其实际背景及其连续的实存进程（flux vécu de l'existence [course of its existence]）中隔离了出来。无法还原为单纯因果关系的意识的单方面行为将这种内在对象作为符号竖立了起来。被如此建构出来的内在对象仅仅通过将实存置于“括号”[15]中，保持着它与实存的参照关系。而这种特殊的**“悬置”**（épochè [epoché]），就是凭形象的纯粹再现品质，即它的纯粹“再现性”（représentativité [representivity]），将意识符号化地确认为形象的条件本身。于是，在作为形象而被内化出来的对象的肯定性（positivité [positivity]）和其否定性（négativité [negativity]）之间，或是说，在对象从感知中保留下来的部分和它与实存进程的断裂之间就产生了某种辩证张力。为了辩证地解决这种张力，就产生了第三阶段的需要：将这种一直起伏不定且难以捕捉的心理形象表达出来，随着它的外化将其固定下来。于是，形象的表达就成了艺术家意识里唯一的且最为紧迫的目标。随着形象被固定在某个对象中，并通过它返回世界，在艺术家的眼里，其意识的总合才作为某种形象得以实现。也就是说，通过形象的再现性行为，即符号性投入，将形象作为纯粹具象性（figurativité [figurativeness]）保留下来，这种行为本身才清晰起来，并化为形式，终止了这种处理，实现了宣泄。

虽然通过这种符号性投入，对象与外部世界的参照被悬停起来，但还是在形象中作为形象的认知内容（substance cognitive [cognitive substance]）被保留了下来：只要意识试图通过形象指向它所再现的东西，这种参照总是可以被重新激活，并重获某种语义功能。反之，如果意识指向具象性，则意味着将这种语义功能还原为形象的认知内容功能。[16]

此外，由于对象的建构并非模仿，这就意味着形象的形式，作为具象性，既不是对它所再现之物的构象[17]，也不是对作为它的体现工具而被创建出来的那个对象的构象，无论这种体现工具是一幅画、一座雕塑、一块浮雕还是一个建筑性构筑物，都是如此。它的本体存在于同实存的断裂，在于“否定性”。同样，基于这种建构性的“否定性”，它提议的在场是一种绝对特殊的在场类型，完全不同于现存物（choses existantes [the existing]）的在场。早期，为了定义这种特殊的在场，布兰迪使用了“纯粹现实”（réalité pure [pure reality]）一词，意味着不带实存的现实，以区别于实存性现实（réalité existentielle [existential reality]）。后来，[18] 他提出了“光临”这个术语，该词或许可译为法语“astance”，表示与特指现存对象在场的“现行”对立的状态。[19]

当然，不通过时间与空间这样的形式条件，人们就无法构造出对现实的感知。这条法则也统御着从对象的建构而得出的心理形象。尽管这种心理形象已不再从属于外部世界，“尽管这里涉及的是一种没有物理范围的空间，一种没有实际性的时间，和实存性现实相比，处于一种悬停状态。”[20] 另一方面，

> 必须共同作用以表明形象纯粹现实的空间和时间，并非实存性的空间和时间，而是直觉的形式条件。实存性的空间和时间仅仅作为对于对象的认知核定（détermination [determination]）才能保留在形象中，不再进一步参照——被取入形象认知内容中的——对象本身的具体实存。但是理想的空间和时间必定是形象表达的根本所在，是形式在理想空间与时间框架内将其自身组装成纯粹现实的这种形式变调（inflexion [inflection]）本身的条件。

空间和时间在形式中的这种集成性联合就是节奏，是所有艺术之所以成为可能的基础。在各种所谓的时间艺术里，节奏将作为时间的空间化得以实现。在这里，“形象的时间被分为了各个部分，这些部分趋向于通过阻滞以前的瞬间并延展随后的瞬间而将这一瞬间的核心固定下来”。而在各种所谓的空间艺术里，节奏将作为空间的时间化得以实现，在那里，“形象的空间，可以说，必须在形象于空间的展开中得到解读，其结果，也就是说其空间节奏，就是空间的时间节奏”。[21]

布兰迪的结论是（由于这段结论非常重要，我们不得不全文引述）：

> 对于将构象与形式、艺术作品与现存对象分开而言，完全没有别的可说了。任何试图超越意识的边界而进一步洞悉的企图注定失败。同样，任何从形象推导出形式的企图也有着内在的矛盾性，因为这等于将形象当成了形式的内容，并且在逻辑上需要先假设一种没有内容的形式：这种形式只能是一种从艺术作品后续推导出来的“构架”[22]。事实上，假如这种没有内容的形式是可以设想出来的——并不是说它存在，它也必定是一种原型（archétype [archetype]），一种母体（matrice [matrix]）。人们对这种东西的认知，并不属于逻辑范畴，而属于具象的直觉，应该源于超感觉的直觉，且永远无法表现为直觉的某种形式条件。但是我对这种超感觉性一无所知，这超出了我的世俗生活。这种世俗生活并非一种“入定”（extase [ecstasy]），或是“神秘的销魂”（ravissement mystique [mystical rapture]），而是对世界自由且负责的核定。
>
> 因此，艺术作品是人类为了超越自身的短暂存在所能做出的最大努力，通过契合永恒中的不变性，而使人类自身从时间中超脱出来。然而，这种努力一旦成形，作品本身就脱离了创造者的掌控，被封装起来，成为了完成时态，从“生成”[23]中解放了出来，然而却被不断拉入接收它的意识的现在时态之中。作为无以言喻的符号，作为内在的、隐秘的驱使的符号而诞生的作品本身，在世界中不再表现为参照某个本体的一种符号，一种被遮蔽的真相，而是表现为缺乏实存的纯粹现实。它在各种最不同的对象中，作为个体的最高愿望跳跃出来，对它的认可无需逻辑证明。它以这种法则的绝对性、概念的普世性、天然的神圣性向意识表明其自身。从诞生的那一刻起，它就被其所蕴含的最多样化的、最搅动人心的各种情绪反应的内在劳作滋养着，作为对所有人类情感的一种崇高净化，作为人的一种精神宣泄，作为命运的一种宣泄，跳跃了出来。[24]

因此，我们的基本任务就是评论，因为评论有责任辨识出艺术作品的纯粹现实，确保获得这种纯粹现实，并将其传导到文化。但是，假如评论不涉及幻象（mirage [mirage]），这种评论将不包括从形式追溯艺术家种种天性上的且通常难以察觉的冲动，因为这将使形式沦为仅仅是对创造者内心传记性现实的某种披露，而不是将意识在形式中所展开的自由活动认识为对其最初所获体验的超越，从而创建出形式的纯粹现实，并由此锻造出它的命运与历史。相反，评论的任务在于建立起形象的具象化历史，探究对象的建构及其表达的细节。[25]

这种分析可以使我们发现创造性处理中所有潜在的失败之处。例如，由于节奏的连贯性（cohérence [coherence]）源于对象的建构本身，那么，任何并非根植于初始的集成活动，而是从外在的作品仓库中“麻木地”[26]获得表达手段的诉求，随后都将证明是一种冗余的操作，是对作品的一种内在割裂，威胁着作品的有机统一性，并引发一种无缘无故的感受。这种情况尤见于所有的风格复兴和各种形式的折衷主义。人们只要想想托勒密王朝的埃及雕塑就行了，那些雕塑将希腊雕塑的表达方式生搬硬套到法老传统里拥挤紧凑的神圣风格（hiératique [hieratic]）模式之上；或是想想古罗马共和制末期出现的那些半身雕像就行了，它们有着时髦的发型，却被怪诞地放在从古希腊英雄或天神借来的理想化躯干之上。这种形象内在的不连贯也可能体现在色彩上。列奥纳多·达·芬奇的伦巴第信徒们践行着这位大师的柔和晕涂法，却将它用在了明暗对照法为了界定体量所描绘的暗部阴影中。[27]如果和柯勒乔[28]画作中两种元素柔和而湿润的融合相比，甚至巴罗奇[29]富有声望的设色看起来也是叠加在晕涂法基础之上的。

当然，这种评论并不仅限于各种专题研究。为了构造出某个艺术发展阶段或是某个阶段里的某种潮流，和各种风格有关的概念总是旨在对各种作品和艺术家进行分组，但这种分组和其他文化领域的因果关系并不能证明这种分组本身是合理的。相反，就像对文化中其他特定发展的分组那样，无论它们是宗教、哲学还是文学领域的，如果这种分组是合理的，是因为这种分组源于其中的“在世存在”（être-dans-le-monde [being-in-the-world]）方式与对象的建构位于其中的“在世存在”方式是相同的。

将这种探究延伸到建筑和诗歌领域，[30]则意味着面对各种新问题，致使我们需要进一步检视布兰迪的各种原始论点，即，在他首次遇到结构语言学后在文学评论里起到重要作用而开启那个新阶段的种种思想。为了在建筑和诗歌中找到创造性过程的两个阶段：即对象的建构和形象的表达；对于建筑这样一门回应某种实际需要，并不基于直接或间接感知外部对象的艺术而言，说明这两个阶段是怎样发生的，的确非常重要。而对于诗歌而言，则有必要从本质上澄清诗歌同思想及语言的特殊关系。

对于这两种艺术类型，布兰迪利用了康德提出的“前概念构架”[31]概念澄清这些问题，以便说明意识在形象与概念、直觉与范畴[32]这些异质元素之间建立起来的调解机制。但是和康德将这种构架与时间关联起来不同，布兰迪基于自己对形象的分析，表明这种构架同时既是空间性的又是时间性的，进而将它和语言的形成机制联系了起来：

> 如果人们考虑到形象的双重本质，即它既包含了再现性，又包含了认知内容，就可以消除难以将知性放置在这种构架产生过程中的根源。也就是说，再现性和认知内容既密不可分，又是可逆的，这仅仅取决于意识的意向性将形象转变为一种含义，而不是另一种。因此，尽管形象对概念而言是异质的，但它一方面对现象开放，另一方面又对概念开放：形象的“可知性”确保了这种转换。因此，就再现性而言，形象是艺术不可避免的条件；就认知内容而言，它却使逻辑化的认知成为可能。……但是，作为一种认知内容，形象成了各种范畴操作的开放场所，知性在这里实施着原初的选择与原初的集成：在直觉的协助下，这种选择与集成提供着可知的再现性艺术形象；而对艺术而言，只要形象是再现的，就必然是可知的。这就是对象的前概念构架如何被创建出来的方式。事实上，这种构架并非基于某个独一无二对象的形象，而是基于各种各样大量对象的形象，从而推导出某种恒定的结构。……就在这一环节，出现了对一个词的需要，以使我能指派这种认知的核心，这种核心就像事物的一具心智骨架那样，被我分离并固定了出来。现在，这个词浮现了出来，并见证着这种作为构架的精神性行为。因此，这种构架就是词的结构。[33]

表意性书写，即象形文字这一所有书写形式的基础，尽管缓慢地、并不总是完全地脱离了这种前概念构架，变为了语音，但也记录了这种构架的存在。这使得布兰迪在1957年，在德里达的《论文字学》[34]之前，确认了下述思考：

> 从形象中推衍而来的构架于是包含着再现性的遗迹，而且这种遗迹仍和被选择出来的元素休戚与共，只不过被缩减为了如此缺少成分的概廓（traits [tracts]），以至于恰恰变得构架化起来。而这正是由于构架是形象和概念的中介。因此，与其说构架是形象或概念的缩写（monogramme [monogram]），还不如说，它是作为认知内容的形象的意符（idéogramme [ideogram]）。于是，再现性的各种残骸，被构架拖拽着前行，不再起着它们原本的再现作用，而是起着能指（signifiants [signifier]）作用。在这种构架里，意识将拥有某种原始的书写符号。[35]

知性对直觉的材料，即形象，进行原初的加工，从中诞生了构架。构架因此形成了一个原初平台，在此基础上，知性进一步的抽象工作将产生概念。但是，由于构架的中介地位，取决于把握构架的意识的意向性，它对产生它的形象，以及它所倾向的概念都仍是开放的。

回过头来讨论建筑。显然，从建筑师的角度来看，产生建筑的实际需要被当成了某种前概念构架，也构成了建筑形象将成为什么样的认知内容。[36] 这种构架从构造 [37] 或建造中获得了具体形式，[38] 但只有对构件所做的工作，随着将构件及其实用功能提升为形式，才使得对之进行升华成为可能。[39] 这种处理——由于缺乏更好的术语，布兰迪将之称为一种装饰（ornement [adornment]），但不是那种表面叠加性的装饰，以及超载的或是没来由的冗余装饰——举例而言就是，为了满足最初的支撑功能而设计出一个柱子的形状，插入将柱子同柱顶过梁衔接起来的柱顶板，对柱头进行造型，为了使柱身获得节奏而雕凿出柱槽，为了创造支撑与荷载的对话而塑造出柱身的卷杀曲线。如此多样的处理方式，无论其背后受到何种类比的驱动，都旨在使支柱摆脱其构造功能的粗俗性。建筑师从构架出发，通过形式的具形化创造出节奏，这种工作方向可以说与画家的工作方向背道而驰。相比之下，画家为了合成出明晰的节奏，对无限多样的感知进行着精简。

然而，这种形式工作显然不是针对各个孤立元素的操作，它影响着作为某种整体的整个建筑。建筑形式的独特之处在于，它暗示着内部与外部 [40] 的共存和相互渗透，这里的内部和外部并不是作为物理现实，而是作为真正意义上各种维度相互渗透的形式构思出来的。[41] 就这种意义而言，外部总是在其形式的结构层面上暗示着内部，内部反过来也暗示着外部。此外，主导性空间主题的选择也展示着各个历史时期的特征，使之在建筑史中能被区分出来。古希腊建筑出类拔萃地发展了外部主题，并在前柱廊式、两端柱廊式、列柱围廊式神庙等各种形制及其变体中解决着内部性，但与此同时，其内殿的室内几乎没什么演变。相反，古罗马建筑以其对墙体体量和拱顶的加工，宣告着内部主题的突出地位，此后也对查士丁尼（Justinien [Justinian]）时期宏伟的拜占庭建筑产生了决定性影响。与罗马风建筑封闭的内部不同，哥特建筑重新强调了外部，这种外部借由从巨大彩色玻璃窗倾泻而下的光瀑闯入内部，与此同时，其外部形体在各种山墙、尖顶、小尖塔或栏柱的助力下似乎挣脱着飞向天际。通过伯鲁涅列斯基的努力，文艺复兴建筑的反应是将建筑安置在透视的视觉金字塔中，从而重新确立了内部主题的主导地位。传统上，意大利建筑的确倾向于强调内部主题，这也说明了它接受哥特建筑的犹豫性。就此而言，米开朗琪罗的原创性在于，他反对那种将建筑视为对某种理论性空间概念进行视觉化的观念，提倡在内部与外部这两种基本维度之间建立一种对立，使这两种基本维度在内部与外部相互挤压的戏剧性对比中表现出来。最突出的例子之一就是劳伦提安图书馆（Bibliothèque Laurencienne [Laurentian Library]）前厅里那些双柱，它们被挤进了各个突出壁板之间的壁龛里面。尽管巴洛克建筑减弱了这种对比，但其内部与外部相互渗透的动态性仍基于这种对比。新古典主义降低了这种张力，将建筑简化为各种严谨的几何类型，导致了一种影响整个 19 世纪的“客观化”建筑学。而种种古典复兴并没有对空间主题进行更新，只是将从历史上拿来的林林总总的外来形式套用在构架上，建筑其实成了外部空间里的某种对象，仅仅像戏剧布景那样换来换去。直到弗兰克·劳埃德·莱特（Frank Lloyd Wright）受到日本建筑的启发，各种理性主义者（格罗皮乌斯（Gropius），密斯·凡·德·罗（Mies van der Rohe），勒·柯布西耶（Le Corbusier））受到立体派空间解构的启发，重新建立起内部空间的首要地位，才使现代建筑真正飞速发展起来。

至于布兰迪对诗歌的讨论，则一方面回应了克罗齐的观念，另一方面回应了现代语言学。克罗齐更新了某种浪漫观念，重申了语言的诗性起源，并将诗歌视为纯粹的直觉。他认为诗歌是认知的原初形式，以“单数形式”（au singulier [in the singular]）仍和感官世界联系在一起，并构成了推理不可或缺的前提。因此，人们在诗歌中认识到的那种普世性，也就是黑格尔在对象和思想的重合中看到的那种普世性，又以环宇特征（caractère cosmique [cosmic character]）的形式，或者说艺术表现的总合性形式出现在克罗齐的思想中。

> 如果诗歌是知识的话，人们就不可能领会到底是什么东西构成了它的这种普世性。但是，如果诗歌不是一种获知行为，而是一种现实，那么它就不再是不可领会的了，因为这样一来，由诗歌所展现出的那种普世性构成的普世，并非适用于少数特权人士或具有理解天赋的选民，而是所有人。因此，这种普世性和概念的普世性没有任何共同之处，绝不会将一个人与所有人或理念连接起来，甚至通过暗示也不行。这是一种完全且自治的现实，永远存在着，然而每次又有所不同。但是在这种极端的个体性与单一性（singularité [singularity]）中，作为纯粹现实，它却是普世的：这是一种人类意识为其本身创造出来的现实。[42]

尽管与知识如此不同，诗歌同样也通过各种具体关系和语言休戚相关。对这些关系的澄清显然意味着必须就语言学的若干基本问题采取某种立场。布兰迪的立场可简要归纳如下：与语言诗性起源的论点相反，他提出了语言的实践性起源。从交流的观点来看，这种起源当然不是出于惯例（convention [convention]），而是出于便利（convenance [convenience]），最近出现的很多新词尤其证明了这一点。[43]

布兰迪于是利用上述从康德思想基础上发展而来的前概念构架理论，说明了词的形成：对形象的原初分析产生了前概念构架（其中保留了形象的一整套稳定元素），而通过将这种前概念构架与一组可能将其固定下来的声音联系起来，就形成了词。词通过在交流中反复出现，被社会接受流通起来，从而成为语言。

但是必须记住，由词固定下来的构架源于形象，通过与形象的联系，构架构成了知性的一种原初操作，即一种基本的、前语言性的认知结构，在构架越来越抽象的常规发展中，倾向于变成概念。词在语言层面上被常规使用时，词，即一组指示对于某物认知的声音，就是一种符号；其所指（signifié [signified]），在构架的各种解析性材料中实现着某种原初集成，将不再位于词中，而是位于意识中。根据言者的不同意向，在将直觉的认知传达给概念的轴线上，所指占据着某种可变的层面。[44]

接下来必须进行两方面的观察。首先，正如费迪南·德·索绪尔（Ferdinand De Saussure）已经注意到的那样，一组语音与它固定出来的构架的联盟是意识单方面的任意行为（事实上，如果不是这样的话，就无法解释语言的多样性）。其次，从认知对形象施加的原初行为中产生的构架仍保留着某些再现元素，构架对再现仍是开放的。接下来，如果意识有相应的意向，意识就会将常规的语言流动，即认知交流的流向逆转，迫使语言不是去指示（signifier [signify]），而是去再现（représenter [represent]），构架就放弃了其语义功能，复活它所源起的形象以及形象的具象性。为了达到这种目的，诗人掌握着一系列可用的处理手段。然而，最常见且最富揭示性的手段就是隐喻，传统上将其定义为在“合适”的词的地方放上“不合适”的词。事实上，正如布兰迪表明的那样，通过两种前概念构架的相互影响，才可能用“不合适”的词替换掉“合适”的词。然而，

> 这个被传置的词携带着它所有的包袱，因此，即便这个词的构架的概廓和它嫁接的那个新构架不一致，它也不会放弃这些概廓，更不用说放弃那种——其概廓，正如我们所见，就是意符的——形象。假如不发生这种情况，人们就看不出隐喻，就只有一个带有其本身构架的词，而这种构架的概廓不会和该词指派的事物形成对比。但隐喻的实现，恰恰在于被转置的词携带着它所有的包袱显现，以其坚不可摧的结构施加影响，而且，由于人们发现自己面对的构架偏离了那个之前的构架，促使意识唤醒了那个词或表达方式所参照的形象，从而释放出那些必然引发比较，并由此使转置成为可能的概廓。[45]

对诗人来说，对象建构的优势在于通过语言进行表达，无需借助外部物理元素，“因此，对象的建构和表达之间的距离看起来能缩减到几乎无法察觉、甚至可忽略不计的程度。”[46] 这就是克罗齐为何将直觉和表现等同起来的原因。[47] 但通过诗人意识里的符号化确认建构出来的，以及诗人希望表达的内在对象，“和词并不一模一样。词，正如我们所见，并不包括形象，而是源于形象”。[48] 于是，布兰迪不仅拒绝了克罗齐，而且也拒绝了雅各布森提出的语言的诗性功能观点。[49] 布兰迪认为，这种对象的建构是前语言性的，而为形象表达提供手段的语言，为此将不得不通过逆转其常规进程而得到加工，这样，语言才能再现，而非指示。这意味着将语言符号的语义功能还原为形象的认知内容角色。这样，诗性表达的根源，即它和实存的关系，才能在作品中得以升华；而作品的表达，即节奏在“空间-时间”结构中的投射，就成了艺术家意识里最高且唯一的目标。就像在绘画中那样，这就是对象建构的辩证法在诗歌中组织起来的方式。

> 这种心理形象——作为意识向自身展现自身的一种方式——领先于符号的个性化（individuation [individuation]）行为而显现，一同显现的还有保持在人类现实组织中的各种对象关系——或者说形象性的对象认知——以及在那个产生这种形象的人的个人人格中已经形成的那些情感纽带。而只有通过符号的个性化行为，这种形象才能粉碎它的种种纽带与关系，而且其“否定性”恰恰寓于这种断裂。而形象的“肯定性”在于它再现的内容，在于它通过符号性建构确定或固定出来的内容。因此，对象的建构是辩证的，而且正因如此，必须在第三个阶段，明确而言就是被表达的形象中加以解决，即形式创造的内部行为在被表达的形象中平息并终结了。[50]

同样的过程以不同的方式发生在各种艺术门类里，因此，布兰迪后来将他的分析延伸到了戏剧、电影和音乐。[51] 如果对创造性过程的启动来说，这种与实存的关系是基础性的，它事实上被置于了各种括号里，受到符号性确认引发的悬而未决的**悬置**的冲击，并被它还原为形象的认知内容。在由此产生的辩证张力的驱使下，艺术家在表达时，他的意识除了作品本身，不再有别的目的。

这种意识在其自身对作品的处理中认可着其本身，并将作品置于世界之中。

作为纯粹现实，非现存的现实，或是作为他后来所说的“非现象之现象”(phénomène-qui-n'est-pas-phénomène [a phenomenon-that-is-not-a-phenomenon])，[52]作品才永远在意识中得以实现。因此，作品不同于那个作为它进入世界的工具的物质对象。“将艺术作品作为艺术作品而接收意味着，在艺术作品和接收它的意识之间存在着一种心心相印”[53]，因此，是意识的一种特定行为。由于作品相较于其他现象的实存性综合体，产生于某种**悬置**，因此对作品的接收“既不会导致，也不会要求创造性行为中的作者和接收中的接收者的内在意向性的任何一致性”。(这解释了我们为何无须分享其作者或时代的世界观，就可以感受到作品的艺术现实)。布兰迪还认为：

> 对作者而言，对象建构的符号性行为发生于并竭尽于形象的表达；但对接收者而言，除了艺术作品被意向为艺术作品的基本意向性之外，他没有其他意向性的获知权了。接收者对作品所进行的新的符号性投入仅对他本人有效，对作品本身并不产生影响。在这个过程中，作品降至现象层面，人们从中强调、分离或提取着某些特定方面，以使之适应某个短暂的意向性。像这样将艺术作品降到现象层面始终是可能的，但是，如果人们试图将接收者个人的符号性投入变成艺术作品固有的构成特征，那就绝对是不正当的。[54]

作品的表达导致了对其本身的不断认同，于是作品呈现出双重史实性(historicité [historicity])：因为作品在艺术家的意识里初次实现之后，只要意识再次将它认可为艺术作品，它还会经历种种“显灵”(épiphanies [epiphanies])。然而，每一次这样的认可都是一种在不同的史实与心理状态里实现的“方言化”(dialectisation [dialectisation])，因而有必要将能被意识接收的艺术作品同它在具体史实接收中的各种经验性变体区分开。另一方面，艺术作品在随后的各种“显灵”中作为“某种永恒的当下”而反复发生的事实，绝不会同某个决定性背景——社会、时代、地区等等——和某个决定性意识中诞生而来的艺术作品的史实特征相矛盾。因此，艺术作品也是一种史实性古迹[55]，合法要求将其作为史实性古迹而考虑与检验。然而，一旦这么做，无论是否视其为理所当然，接收者就避开了使艺术作品成为艺术作品的那些东西，即它的非实存性在场，而是将它重新融入了历史的连续肌理中，并最终将它视为别的什么东西的符号，例如作者本人，各种史实的、社会经济的背景，等等。

布兰迪在《两条道路》中回溯了这个问题的根源，通过对结构主义和符号学的深入梳理，进一步发展了他对符号和形象的区分，说明了意识看待现实的两种基本方式，而这恰恰取决于意识是将现实建构为在场，还是符号，即**代替某物的某物**（aliquid pro aliquo）。作为在场，现实将以两种方式呈现出来：现存的在场或“现行”，以及艺术作品纯粹的、不带实存的在场。于是他进一步检验了形象和前概念构架、在场和指代过程（sémiose [semiosis]）的关系，导致他在最后一部理论著作，即《评论的总体理论》中，形成了新的**指称对象**（référent [referent]）理论，并基于艺术和语言的单一起源说，提出了美学和语言学关系的新概念。

在这种新理论里，指称对象不再是外在的、超语言的对象，而是必须被视为语言中的一种结构——否则虽然确保了语言学的自治（autonomie [autonomy]），却使语言和这种对象、语言学和语义学的关系出现了很多问题。布兰迪发现：

> 符号的机制看上去在于对感知（perçu [perceived]）的取样，将其竖立为符号，但这并不直接发生在感知上。也就是说，如果在从感知到符号的转变中，符号机制对“现行”的分离环节不是一个必要的阶段，源于将“现行”吸收进符号的取样就不会发生。但确切地说，在这一转变过程中发生了某种分裂：源于外在对象的感知分裂并变成**指称对象**。也就是说，在“现行”本身中，从正在发生的体验连续体（continuum [continuum]）中提取而来的感知，似乎变得更遥远了，且恰恰在这种原初提取中发生了中性化（neutralisation [neutralisation]），即首次非现实化，感知借此成了相对于前概念构架而言的指称对象。因此，在这里的首次分离本身就已经是任意的，也就是说，驱动它的仅仅是“有限范围内”带有某些特定特征的感知，就此而言，这种感知是以某种特定方式并非作为客观对象而被意向出来的。这就是不同语言的各

种语义领域如何建立起来的方式。……因此，发生在感知和指称对象之间的这种（伴随着引发感知的刺激而来的）分裂并非毫无用处的特技或阻碍，而是“在慢动作中”重建出了从外部世界到语言符号路径，这是一条不仅对语言学，而且对现象学和本体论而言真正关键的路径。事实上，被这样理解的指称对象只不过是胡塞尔现象学里的**意向内容**[56]罢了。德里达很好地解释了这种意向内容：“我在森林里看见了一棵树；我对这棵树的审视也可能只存在于我的想象中、记忆中，等等。……无论这些**画面**（visées [visuals]）和纯粹理性行为（actes noétiques [noetic acts]）是何种类型（只要它们源于**我思**（cogito）），我所说的这棵树的意义单位仍在。这种意义单位既不是事实上可能并不存在的那棵树本身，也不是意识的某一环节[57]（就真正的内含物（inclusion [inclusion]）而言）。假如不存在像**意向内容**这样的东西，也就是说，假如没有对某种表观的这种感觉，而这种表观既不存在于自然的或超验的现实中，就某种真正的内含物而言，也不存在于意识中，那么就不可能有客观性，也不可能有意向性与认知。”就上述含义而言，这种指称对象是现代语言学的一种创新，因为迄今为止人们总是将它直接等同为现存对象。[58]

布兰迪在《评论的总体理论》里发展的第二个基本主题，也就是费迪南·德·索绪尔提出的符号的所指和能指关系所具有的基本任意性特征，布兰迪将这一特征扩展为了语言和艺术的共同基础。受到叶姆斯列夫（Hjelmslev）符号学说式语言学的启发，布兰迪写道：“需要坚持的事实是，符号的功能在于它是表现活动本身的工具，人们不能仅仅通过相似性或临近关系而解释符号的功能，而要通过下述事实解释这种功能，即，**无需理性动机地**将一种事物假定为另一种事物，而两者曾属于不同的、非同构的（non isomorphes [non-isomorphic]）领域。”[59]意识的这种基本结构并非强加某种能指——即便这是意识的主要活动，而在于对表现方式的单方面选择，就像选择“某种授权代理”（un mandataire pour un mandat [an agent for a mandate]）那样。我们可以在说明意识两极性特征的两根轴线上再次发现这种基本任意性，这取决于这种授权究竟是旨在指示，

还是表现。如果语言是前者的优先形式，那么艺术就是后者的优先形式。事实上，

在对象的建构中，我们将一个对象从发现它的那个通常背景中，从它在这种背景中被赋予的特定用途或功能中扯了出来。就像在莫兰迪的画里，一个落满尘埃的空瓶子被隔离了出来，并放在了另一个背景里，它在这个背景里是闲置的，甚至脱离了实用功能：画家考虑的只是各种色彩、光线和造型关系。这个瓶子仍是瓶子，正如在一个拼贴册里，一张电车票仍是电车票；但这个瓶子在作品中被毙掉了，被无用化了，就是说被中性化了，悬在了“器物性”之外，从而与其相应的含义产生了对比。因此，它就像一个**渴望**变成能指的指称对象，但其含义却有别于它作为一个瓶子而拥有的含义，它拥有的是某种零度（degré zéro [zero-degree]）含义。事实上，这种第二含义的投入是艺术家的单方面行为，只有当艺术家从新的色彩-光线背景方案出发，不像拼贴册那样利用对象本身，而是利用各种不同手段，表达出从中产生**光临**的全新（ex novo）总合化，这种单方面行为才偃旗息鼓。此时，它和语言性符号的类同才结束了：其结果将是一幅画，而不是一个新的词；其结果并非一个能指。它的所指不在于它所再现的东西，[60] 更确切地说，它根本没有任何所指，即便它能够包含多重含义，而且仍附带地、史实性地承载其他含义。这是个以后还应深入讨论的观点，但现在必须先提出来，从而说明语言和艺术如此不同的两个领域在起源问题上，即在表现功能的任意选择上的统一性。[61]

限于本文的篇幅，我们只对布兰迪 1957 年之后的思想历程进行了非常简短，因而必然是概要性的评注。然而，重要的是，本文展示了在各种当代问题语境下，以何种方式进行一种针对艺术创造特异性的现象学探究，对哲学和艺术史而言才可能富有成效。

保罗·菲利波

[1] 原载于《艺术奥秘：美学与哲学之间》(*Arcanes de l'art: Entre esthétique et philosophie*)，《哲学与伦理科学研究所年鉴丛书》(*Annales de l'Institut de Philosophie et des Sciences morales*)，G. Hutois（编），布鲁塞尔大学出版社（Editions de l'Universit de Bruxelles），布鲁塞尔（1988）。

[2] 图像学（iconographique [iconography]）：艺术史解读图像的一种研究方法，旨在揭示图像与社会文化背景的联系，发现与解释艺术图像的传统象征意义，以及其形式母题随着社会文化背景的变化而在形式与意义上的演变。——译者注

[3] 腐殖质（humus）：即作品赖以发展出来的各种外部环境因素。正如朱塞佩·巴西莱在《关于切萨雷·布兰迪这位大师的一些话》中所言，尽管布兰迪认为这种外围研究是必要的，但并不认为这是艺术作品或艺术史研究的核心目标。因为这种研究方式会将艺术作品的内在品质同外部环境因素混淆起来，损害或消解作品自身真正的艺术价值。——译者注

[4] 利奥波德·弗拉姆（Léopold Flam），《现代人的艺术宗教》(L'art-religion de l'homme moderne)，原载于《布鲁塞尔自由大学评论》(*Revue de l'Université Libre de Bruxelles*)，1965年，17卷，5期，361-383页。

[5] 参见：G. C. 阿尔甘，《论艺术史》(La Storia dell'Arte)，原载于《艺术史》(*Storia dell'arte*)，1969年，1/2，5-36页，尤其是10-13页。

[6] 切萨雷·布兰迪，《两条道路》(*Le due vie*)，Laterza出版社，Bari-Roude，1966年，23-29页。我们将在下文深入讨论这一点。

[7] G. C. 阿尔甘，见前引书，尤其是6-10页。

[8] 维多利亚·鲁宾（Vittoria Rubin）已经编撰了切萨雷·布兰迪直到1980年的完整作品目录，载于《艺术史》杂志，38-40卷，1980年。切萨雷·布兰迪首部译成法语的著作《两条道路》于1989年由布鲁塞尔的Vokaer出版社出版，即《评论的两条道路》(*Les deux voies de la critique*)。这个译本包括一个附录，长篇摘录了布兰迪致力于艺术创造现象学的各种早期著作。

[9] idéalisme [idealism]：一般译为“理想主义”，但在哲学和美学中通常译为“唯心主义”或“唯心论”。必须注意的是，在西方文化中，“唯心主义”仅是一种思想流派，并没有特殊的贬义。——译者注

[10] 乔吉奥·莫兰迪（Giorgio Morandi，1890—1964）：意大利著名版画家、油画家，20世纪最受赞誉的画家之一，以微妙的“冥想”式静物画著称。——译者注

[11] 切萨雷·布兰迪，《莫兰迪》(*Morandi*)，Le Monnier出版社，佛罗伦萨，1942年；第2版，1952年。

[12] 切萨雷 · 布兰迪，《和卡尔米内论绘画》，Enrico Scialoja 出版社，罗马，1945 年；第 2 版，Vallecchi 出版社，佛罗伦萨，1947 年；这里引用的是第 3 版，Einaudi 出版社，都灵，1962 年，19 页及其后各页。

[13] 这里的“世界”（monde [world]）是个现象学术语。——译者注

[14] “对象的建构”（constitution d'objet [constitution of the object]）可粗略理解为“构思”。——译者注

[15] 括号（parenthèses [parentheses]）：是布兰迪所代表的“评论性修复”流派的常用术语，源于 19 世纪末随着现代考古学发展起来的文献学理论。在布兰迪的艺术创造现象学中意味着某种“悬置”性的参考关系；而在修复与保护中则表现为具有可识别性、带有评论性色彩的“悬置”性插入。布兰迪认为，艺术作品具有形象色彩的整合成分都应放在这种“括号”里。事实上这也是意大利在 18 世纪中后期的雕塑修复中为了确保真实性就已经发展出来的概念，但布兰迪从各个角度，尤其是从评论性的美学角度清晰地对这个概念进行了理论化。——译者注

[16] 切萨雷 · 布兰迪在下述两本著作中讨论了对抽象的非形式艺术进行分析所引发的种种问题。一本是《符号与形象》（*Segno e immagine*），Mondadori 出版社，米兰，1963 年；另一本是《评论的总体理论》，Einaudi 出版社，都灵，1974 年，280 页及其后各页。我们在这里不打算讨论布兰迪在其思想后期才发展出来的这种理论检验。

[17] 构象（conformation [conformation]）：某个客体的构成元素排列组合所体现出来的形状或轮廓。这里的构象既是名词，也有动词的意味。——译者注

[18] 参见《两条道路》，见前引书，全书。

[19] “光临”（astanza）：对应的英语为“adstance”，源于拉丁语“ad”和“stare”的组合。在 1966 年出版的《两条道路》中，“光临”和“纯粹现实”还几乎是同义词，而在 1974 年出版的《评论的总体理论》中，基于与海德格尔和德里达同样的哲学基础，布兰迪开始用“光临”明确取代了“纯粹现实”的概念。

布兰迪将“光临”视为艺术作品特有的存在模式，是一种将艺术作品作为纯粹现实的意识本身引发的在场、接收与创造，作为“非现象之现象”，为意识本身抽象出整合的而非输入的意义，也就是布兰迪所说的艺术作品的本质在于只有当意识将其认可为艺术作品，它才能作为艺术作品得以实现。这种从艺术作品的在场到意识自身显现的过程被布兰迪称为“光临”的“显灵”，即艺术现象。从本质上讲，艺术作品“光临”的“显灵”和艺术作品同时可能具有的符号功能相反，艺术而非知性的本质在于非符号性的意向，而且布兰迪认为，艺术作品引发的这种特殊意识本质上源于艺术作品本身纯粹的形式结构，即各种构成元素的节奏，因此引发的是一种超语言的、开放的、无限的（ad infinitum）纯粹感受；而且在此过程中的时间与空间是种心理时间与空间，不同于实际时间与空间，因此是超暂世的，是只属于意识本身的意识。

与艺术作品的“光临”相对立，“现行”（意大利语：flagranza；法语、英语：flagrance）指的是各种现存对象显现为纯粹感官感知的在场模式，正如该词原本的含义那样，是意识对输入性感官感知单纯的当场捕获，是对现存对象本身的核定，即对眼前实际对象的实存判断，从而捕获这种对象的形迹（trace），而且“现行”基于“指称对象”（referente）的多样性意义，不再是超语言的元素。

总的来说，“现行”是实际对象在意识中的形迹，是对实际对象的实存判断，而“光临”则不再是实际对象在意识中的显现，而是意识本身在意识中的显现，对应于德里达所说的“延异”（différance）。举例而言，当我们意识到画中的一棵树是树时，就是这种对象的“现行”，而当我们不再将画中的一棵树意识为树时，就是这种对象在艺术作品意义上的“光临”。

关于“光临”和“现行”的详细解释，参见：Fidel Alejandro Meraz Avila，*Architecture and Temporality in Conservation Philosophy: Cesare Brandi*，Thesis submitted to the University of Nottingham for the degree of Doctor of Philosophy，2008。——译者注

[20] 《和卡尔米内论绘画》，见前引书，56-57 页。

[21] 同上，57 页。

[22] 构架（schéma [schema]）：布兰迪艺术创造现象学中的一个重要概念，源于康德的“前概念构架”（schéma préconceptuel [preconceptual schema]）。尽管“schema”常被译为“图型”（康德，《纯粹理性批判》（第 2 版），李秋零（译），北京：中国人民大学出版社，2004），但不足以表达该词的“框架”与“模式”含义，因此本文将“schema”译为“构架”。——译者注

[23] “生成”（devenir [becoming]）：布兰迪借用海德格尔的一个术语。——译者注

[24] 《和卡尔米内论绘画》，见前引书，64-65 页。

[25] 关于“评论”（critique [criticism]），参见《和卡尔米内论绘画》，见前引书，163 页及其后各页。

[26] 这里的意思是，艺术创造活动不应是对外部事物机械逻辑性的、客观性的堆砌，而应是有其自身需要与规律的、整体性的有机建构。这里的“作品仓库”（répertoire [repertoire]），对应的是类似于布兰迪所提出的“总和”概念，而他一直强调“整体”并不等于“各个部分的总和”。参见布兰迪在《修复理论》中对“总和”和“整体”的分析。——译者注

[27] 由于伦巴第人（Lombards）是靠银行业发家的，因此另有一层意思是“愚蠢的富人，没有头脑的阔佬”，这里暗喻愚蠢地将一种具有内在适用性的优秀表现手法不合适地、没有内在统一性地堆砌到其他艺术表现形式中。例如，“晕涂法”（sfumato [sfumato]）的本质在于柔和的形体与色彩过渡，“明暗对照法”（clair-obscur [chiaroscuro]）则旨在界定形体的体量，将“晕涂法”不加思索地用于界定形体体量是不合适的。——译者注

[28] 安托尼奥·阿莱格里·达·柯勒乔（Antonio Allegri da Correggio，1494—1534），16 世纪早期的创新派画家，意大利文艺复兴时期最伟大的画家之一。他善于用光和色表现主题，被认为真正意义上宣告了色彩派的开创。——译者注

[29] 费代里科·巴罗奇（Federico Barocci，1526—1612）：被认为是从手法主义向巴洛克绘画过渡的首位画家。——译者注

[30] 参见《和阿卡迪奥论雕塑；和伊莱阿奈特论建筑》，Einaudi 出版社，都灵，1956 年；以及《和切尔索论诗》，Einaudi 出版社，都灵，1957 年。

[31] 伊曼努尔·康德，《纯粹理性批判·先验要素论》（*Kritik der reinen Vernunft, Transzendentale Elementenlehre*），第二部分，第一编，第二卷，第一章，《论纯粹知性概念的图型法》（Von dem Schematismus der reinen Verstandesbegriffe），VMA 出版社，威斯巴登，237 页及其后各页。

[32] 范畴（catégorie [category]）：即各种纯粹的知性概念。——译者注

[33] 《和切尔索论诗》，见前引书，39-40 页。

[34] 雅克·德里达，《论文字学》（*De la grammatologie*），巴黎，1967 年。

[35] 切萨雷·布兰迪，《和切尔索论诗》，见前引书，40-41 页；此段同样可见于《评论的总体理论》，Einaudi 出版社，都灵，1974 年，82-83 页。

[36] 《和阿卡迪奥论雕塑；和伊莱阿奈特论建筑》，见前引书，122-123 页。

[37] 构造（tectonique [tectonics]）：该词在建筑学中的原意为“从技术角度构造或构筑出建筑”。肯尼斯·弗兰普顿（Kenneth Frampton）1996 年在其名著《建构文化研究：论 19 世纪和 20 世纪建筑中的建造诗学》（*Studies in Tectonic Culture: The Poetics of Construction in Nineteenth and Twentieth Century Architecture*）中，从文化角度将“tectonics”视为“诗意的建造”，即该词涉及的不是简单的建造技术问题，而是挖掘建造技术潜在的诗性表现力，因此王骏阳将“tectonics”译为“建构”，从而使国内建筑界广泛将“tectonics”视为有文化含义的“建构”。但本文的写作时间远早于弗兰普顿的著作，取的仍是“tectonique [tectonics]”一词技术层面上的原意，故在这里译为“构造”。——译者注

[38] 《和阿卡迪奥论雕塑；和伊莱阿奈特论建筑》，见前引书，124-125 页。

[39] 同上，128-134 页。

[40] 这里的“内部”（intérieur [interior]）和“外部”（extérieur [exterior]）并不局限于通常意义上的“室内”和“室外”，指的是一种广义的内部与外部的区别与对比。——译者注

[41] 《和阿卡迪奥论雕塑；和伊莱阿奈特论建筑》，见前引书，188 页及其后各页。切萨雷·布兰迪在其所著的《意大利建筑设计》（Einaudi 出版社，都灵，1985 年）中历史性地发展了这种思路。

[42] 《和切尔索论诗》，见前引书，20 页。

[43] 同上，36 页。

[44] 同上，67 页及其后各页。

[45] 同上，99 页。

[46] 同上，156 页。

[47] 贝内代托·克罗齐，《作为表现科学和一般语言学的美学》（*Estetica come scienza dell'espressione e linguistica generale*），第 9 版，Laterza 出版社，巴里，1950 年，1-14 页。

[48] 《和切尔索论诗》，见前引书，156 页。

[49] 罗曼·雅各布森（Roman Jakobson），《语言学与诗学》（Linguistique et poétique），载于《普通语言学随笔集》（*Essais de linguistique générale*），Minuit 出版社，巴黎，1963 年，209-248 页，尤其是 220 页；以及切萨雷·布兰迪，《两条道路》，见前引书，61-62 页。

[50] 《和切尔索论诗》，见前引书，174 页。

[51] 参见《评论的总体理论》，见前引书，215 页及其后各页。

[52] 参见《两条道路》，见前引书。

[53] 同上，16 页。

[54] 同上，16 页。

[55] 这里的古迹（monument）事实上意味着文献（document），即史实性见证物。关于“古迹”，参见第五章《根据史实要求进行的修复》注释 1。——译者注

[56] 意向内容（noème [noeme]）：在现象学里指意识行为的意向对象，即意识对象，而非对象本身。——译者注

[57] 这里指的是和“意向内容”相对的“意向行为”（noèse [noesis]）。——译者注

[58] 《评论的总体理论》，见前引书，34-35 页。

[59] 同上，61 页。

[60] 作为物质实体的画只是画家意图表达的手段，就此而言，画本身并不是画家表达意图的能指，一幅画的能指只是画本身，画所再现的东西也可能并不是画家想要表达的所指本身。例如，一幅画中的荷花所要表达的东西也许并不是荷花本身，而是画家可能想要表达的各种情感。——译者注

[61] 《评论的总体理论》，见前引书，71-72 页。

1977 年意文版“再版说明”

1960 年，中央修复研究院的工作已经开展了 20 年，我于 1939 年创建了这个机构，直到那时一直领导着这个机构。此时，学者和艺术家的朋友，历史与文学出版社社长朱塞佩·德·卢卡先生（Giuseppe De Luca）希望将我这 20 年来为修复所撰写的文章和讲义结集出版。于是，在我领导下工作的研究院同事，莉齐娅·弗拉德·博雷利（Licia Vlad Borrelli）、杰瑟丽塔·拉斯皮·塞拉（Joselita Raspi Serra）和乔瓦尼·乌尔巴尼（Giovanni Urbani）开始着手整理我的文章，收集我的讲义。

1961 年，我应巴勒莫大学之邀到那里任艺术史教授，离开了中央修复研究院。《修复理论》于 1963 年在罗马出版，但朱塞佩·德·卢卡先生却未能看到本书付梓。

尽管此书的初版早已售罄，但其使命并未完成，因为全世界的修复活动事实上虽日益增加，但并未相应地进步。为了培养艺术作品所需的修复师和艺术评论家，需要再版此书。在此背景下，曾出版过我多部著作的埃诺迪出版社再版了本书。

新版本的文字内容不变，因为没有发现改变的理由，此外，也因为尽管本书是部旨在指导并确立某种特定做法的理论著作，但中央修复研究院的工作已经持续见证了它的益处。新版本只是在书后增加了 1972 年颁布的《修复宪章》，而这部宪章里的各项规范几乎完全是按照本书所阐明的原则制定出来的。

切萨雷·布兰迪

1963 年意文版“序”

我们希望在本书中汇集切萨雷·布兰迪致力于艺术作品保护的文章：这些文章既具体回应了艺术作品保护引发的种种问题，也代表着美学反思的一个关键环节。对于中央修复研究院那些在他门下学习过的人来说，这些文章并非一种抽象的理论主张，而是一种教诲，已经成了一种固有的认知途径和道德基础。

尽管他已经离开本院以前的学生，到大学任教，但令我们欣慰的是，他的思想能以这种方式被更多的人分享。

莉齐娅·弗拉德·博雷利

杰瑟丽塔·拉斯皮·塞拉

乔瓦尼·乌尔巴尼

从锡耶纳看切萨雷·布兰迪别墅所在地维尼亚诺的乡村景色（2005 年英文版插图）

修复理论

纪念朱塞佩·德·卢卡先生，
是他促成了此书，却未能看到它问世。

Il concetto di restauro
[The concept of restoration]

1

修复的概念

修复通常被理解为旨在使人类活动的产物恢复功能的任何干预（intervento [intervention]）。这种修复观和那种应被更精确地称为前概念构架[1]的认知模式是一样的，其中已蕴含了对人类活动的产物进行某种干预的观念。因此，无论是生物领域还是物理领域的任何其他干预，甚至从未进入过这种通常的修复观。[2]于是，从这种修复的前概念构架推进到修复概念本身时，不可避免地要对被称作“修复”的特殊干预的对象，即各种人类活动产物进行概念化分类。相应地，就产生了与大规模制成品有关的修复同与艺术作品有关的修复的区别：如果前一种修复事实上可被视为修理（risarcimento [repair]）的同义词，或是使处理对象恢复原状的同义词，那么，后一种修复却截然不同，而且这种不同不仅仅在于人们所要采取的处理措施是不同的。事实上，只要我们处理的是大规模制成品，无论它们是非常小型的物件还是尺度巨大的产品，修复的目标显然都旨在恢复其实用功能性。因此，这种修复本质上只和实现这一目标有关。

相反，只要是艺术作品，即便有些艺术作品也结构性地具有某种器物性功能目的，例如建筑以及通常所说的各种实用艺术对象，但显然易见的是，即便我们对这种艺术作品的功能性修复是修复干预的组成部分，归根到底也只不过是这种修复的次要方面或附带方面，从来就不是把艺术作品当艺术作品修复的首要方面或根本方面。

于是，我们立刻就会发现，某个特定的人类活动产物之所以被称为艺术作品，是由于意识里发生的将它当成艺术作品的独特认可[3]。这种认可具有两方面的独特性，一方面在于每次都必须由一个单独的个人做出这种认可，另一方面在于不通过这种个人化行为就无法证实这种认可。值得被这样认可的那件人类产物就在那里，就在我们眼前，但是只要将它视为艺术作品的有意赏识，无法确定无疑地把它从其他产物的共同体中排除出来，它就只能被归为人类活动的普通产物。诚然，这就是艺术作品的独特之处：将艺术作品视为艺术作品的认可并不在于审问[4]它的本体[5]，也不在于审问使其产生的那个创造性过程，而在于审问它是否成为“世界”（mondo [world]）的构成部分，是否进入了每个个人独特的“在世存在”（essere nel mondo [being in the world]）。这种独特性并不源于人们开始思考这个问题时的哲学前提。无论人们的前提是什么，只要承认艺术是人类精神性的产物，立刻就会对这种独特性产生共鸣。

因此，不要以为必须从某种唯心的概念出发才能得出这种结论，因为，即便我们站在对立的立场，从实用主义的观点出发考虑这个问题，也会得出艺术作品的本质就在于将其当成艺术作品的认可。

我们在此可以引述杜威[6]的论证，他已经清晰地指出了艺术作品的这种特征：

> 一件艺术作品，无论多么古老或多么经典，只有当它活在某些人的个体化体验中时，才实际上是一件艺术作品，而不仅仅潜在地是一件艺术作品。作为一张羊皮纸、一块大理石、一幅画布，它历经各个时代，（尽管遭受了时光的各种蹂躏）但仍是同样的东西（identica a se stessa [self-identical]）。然而，作为一件艺术作品，每当它被审美体验时，就被再创出来。

这意味着，只要不发生这种**再创造**（ricreazione [re-creation]）或**认可**，艺术作品只不过潜在地是艺术作品而已，或正如我们已经指出的那样，它只**存续**（sussiste [subsists]），却非**存在**（esiste [exist]），也就是说，正如杜威的那段话表明的那样，它只不过是一张羊皮纸、一块大理石、一幅画布。

一旦明确了这一点，从中得出如下推论就不足为奇了：对艺术作品的任何举止，包括修复干预，都取决于是否将艺术作品认可为艺术作品。

然而，如果我们对艺术作品的举止同这种艺术性判断——将它认可为艺术作品——紧密相关的话，那么，这也将严格决定这种干预的性质。这意味着，即便艺术作品也可能经历和人类活动其他产物共同的某个修复处理阶段，但由于这种干预针对的是艺术作品，就这种资格条件而言，那个共同阶段也只不过是种附属阶段而已。此外，由于艺术作品这种无可争议的独特性，那么将像艺术作品修复这样的修复，从前文给出的修复的一般性含义中排除出来，从旨在清楚地说明那种一般性概念的处理需要中排除出来，就是合法的；因为艺术作品修复的目的并不在于普通修复特有的各种实用处理，而在于真正导致这种修复的“艺术作品”概念。

于是，我们不得不承认在修复和艺术作品之间存在着一种不可分割的联系：艺术作品限定着修复的条件，而不是相反。然而，我们已经看到，对艺术作品来说，最本质的就是将它认可为艺术作品，就在如此认可的那一环节（momenti [moments]），艺术作品重新进入了“世界”。因此，修复和艺术作品的联系恰恰始于这种认可行为；尽管这种联系此后还将继续发展，但是这种认可行为为修复设立出了各种前提与条件。从这种认可出发，我们不仅要考虑艺术作品赖以存续下去的材料，还要考虑艺术作品将其自身呈现于个体意识的双重本质。

作为人类活动的产物，艺术作品事实上对修复提出了双重要求[7]：一是美学要求（istanza estetica [aesthetic case]），对应于作品之所以是艺术作品的基本艺术性（artisticità [artistry]）；二是史实要求（stanza storica [historical case]）[8]，即它作为人类产物在特定时间与空间中被创造出来，并存在于特定时间与空间中的史实。正如人们所见，我们甚至无需再增加实用性要求，因为这归根结底是其他人类产物提出的唯一要求。因为就像在建筑中那样，艺术作品即便体现出这种实用性，我们对其实用性的考虑也不能从实用性本身出发，而只能在其物质依据的基础上，只能在使人们可能在意识接收中建构起这种艺术作品的史实与美学这两种基本要求的基础上考虑其实用性。

由于重建起了修复和将艺术作品作为艺术作品而认可的直接关系，我们就能将修复定义如下：**修复是着眼于将艺术作品传承下去，使它在物质依据上**[9]**，在美学和史实双重本质上，能被认可为艺术作品的方法论环节。**（il restauro costituisce il momento metodologico del riconoscimento dell'opera d'arte, nella sua consistenza fisica e nella sua duplice polarità estetica e storica, in vista della sua trasmissione al futuro. [Restoration consists of the methodological moment in which the work of art is recognized, in its physical being, and in its dual aesthetic and historical nature, in view of its transmission to the future.]）

随着个人意识对艺术作品的接收，艺术作品的这种基本结构自然也会在修复的实际操作中引出修复所需的各种原则。

我们势必首先考虑艺术作品的物质依据，因为这是形象物质化显现出来的真正所在，保障着形象能传承下去，从而也确保人类意识对形象的接收。因此，尽管从将艺术作品作为艺术作品而认可的角度来说，艺术要求具有绝对的优先权，但是对于是否可能将这种认识所激发出的这样一种揭示保持下去的环节而言，艺术作品的物质依据就成了头等要事。

事实上，尽管这种认可必定每次都发生在个体意识里，但恰在它发生的那一环节，它也属于普世意识（coscienza universale [universal consciousness]）。享受这种即刻性揭示的个体立刻感到某种就像道德祈使[10]那样绝对的保护祈使。于是保护以无数方式衍生出来，既有简单的尊重，也有更激进的干预，例如将湿壁画揭走，或是将画板和画布上的画揭走。

显然，尽管这种保护祈使通常指向的是作为某种复杂整体的艺术作品，但它尤为关注的是形象得以显现的材料依据。我们必须竭尽全力，进行各种研究，确保这种材料依据尽可能长久地保持下去。

然而，无论在何种情况下，只有用最广泛的科学依据清楚地说明这种材料干预的必要性，为此采取的干预才是合法的、必要的。也是就说，它应该是为了将艺术作品作为形象不可重复的实存固定下来，艺术作品所真正许可并要求的，即便不是唯一的、也是首要的干预。

由此，第一公理就清晰浮现出来了：**要修复的只是艺术作品的材料。**

然而，负责形象传递的物质媒介并不只是伴随着形象；相反，物质媒介和形象二位一体，不存在材料在一边，形象在另一边的问题。然而，尽管材料与形象二位一体，但是，并非所有和形象二位一体的材料都会内在地成为形象的一部分。这种物质媒介中的有些部分对实际传递形象的部分仅起着结构支撑作用，尽管这些部分由此也是必要的，并和形象的存续紧密相关。例如，建筑的基础，画的画板或画布等等就是如此。

只要我们发现艺术作品的状况要求牺牲它的部分材料依据，就必须从美学要求出发做出这种牺牲，或实施其他方式的干预。无论怎样，美学要求都是首要的，因为相对其他人类产物，艺术作品的独特之处并不在于它的材料依据，甚至也不在于它的双重史实性，而在于它的艺术本质。一旦丧失了这种艺术本质，它什么也不是，剩下的只不过是一具残骸罢了。

尽管如此，我们也不应低估史实要求。我们已经说过，艺术作品具有双重史实性。这种史实性首先在于将艺术作品建构出来的行为，即某位艺术家在某个特定时间与地点的创造性行为。第二史实性则源于艺术作品在个体意识里的当下存在，因此这是一种特定意识环节赋予艺术作品存在于此时此地的史实性。我们以后还会专门分析艺术作品和时间的关系，就这里的讨论而言，将这两个时间环节区分出来就够了。

不断向前移动的，许多已成为过去的史实性“当下”构成了艺术作品被创造出来的那个时刻和这种史实性当下之间的中间期（periodo intermedio [interval]），然而艺术作品可能保留着这些过渡的痕迹。此外，在艺术作品的肌体中还可能存留着其他痕迹：它被创造出来的地点，人们曾打算在哪里用它，以及它被意识重新接收的那一环节所处的地方等等。

因此，史实要求不仅与第一史实性有关，也与第二史实性有关。

美学要求与史实要求的协调所体现出的修复的辩证性，恰恰也是将艺术作品作为艺术作品而认可中的方法论环节。

我们进而可以陈述修复的第二原则：**在不艺术伪造或史实伪造的前提下，在不抹去艺术作品在时光流转中获得的每一经历痕迹的前提下，修复应旨在重建出艺术作品的潜在一体性**（unità potenziale [potential oneness]）。

[1] 关于前概念构架的概念，参见切萨雷·布兰迪的《和切尔索论诗》，Einaudi 出版社，都灵，1957 年，37 页及其后各页。（也请参见本书收录的 P. 菲利波的文章。——英文版注）

[2] 在布兰迪写下《修复理论》时，伴随环境保护而出现的自然领域"修复"还未成为一种普遍潮流和理论方向，请注意这种论点的历史语境。——译者注

[3] 认可（riconoscimento [recognition]）：同时有认出并加以承认、接受和赞赏的意思。——译者注

[4] 审问（interroga，原形 interrogare），即一种知识了解性的考察、研究、分析。——译者注

[5] 本体（essenza [essence]）：构成物质文化遗产的所有材料因素，既包括外观、内部材料与结构，也包括布兰迪所说的直接影响外观形象的氛围性"材料"，例如帕提农神庙周围的大气与光线。因此布兰迪对本体保护的讨论并不限于物质性的本体本身。——译者注

[6] 约翰·杜威（John Dewey），《艺术即体验》（*Art as Experience*），纽约，1934 年。为便于比较，这里引用的是马尔泰塞（Maltese）所译意文版，《艺术即体验》（*Arte come esperienza*），La Nuova Italia 出版社，佛罗伦萨，1951 年，130 页。（杜威（1859－1952）：美国哲学家、心理学家、美学家和教育家，实用主义的集大成者，著述繁多，使实用主义成为美国特有的文化现象，被誉为"实用主义神圣家族的家长"（Morton White, *The Origin of Dewey's Instrumentalism*, Columbia University Press, 1943）。——译者注）

[7] 要求（istanza [case]）：该词是《修复理论》里的一个特有术语，是从法律的法理角度提出来的，具有“诉求”、“请求”、“要求”、“需求”、“判决”等多重含义，既体现了布兰迪的法学学习背景，也体现了他在长期的保护管理工作中，力图使各种理论与实践具有法理上的合法性。英文版将“istanza”译为“case”，同样取的是“case”这个词在法律上作为判例“令人信服的论据（或证据）”、“（言行的）正当理由”方面的含义。——译者注

[8] 请注意：意大利语中的形容词“storico”（用于修饰阳性单数名词，修饰阴性单数名词用“storica”）在不同的语境下对应英语中的“historical”或“historic”，通常译成中文都是“历史（的）”，但这两个词的语义范围和侧重点并不相同。“historical”偏重“史实”，指历史上确有的事和物，对应的名词是“史实性”（storicità [historicity]），不涉及事和物的重要程度。而“historic”侧重的是从当下考虑，从整个历史链条考虑，主观认为具有重要意义的事和物是“历史性的”。在本书中，布兰迪意在表达客观的、作为外部世界的“史实”，故此，在英文版中通常将“storico”和“storica”译为“historical”。为避免歧义，本书在涉及这层语义（即与英文版“historical”或“historicity”对应）时，译成“史实（的）”、或“史实性”，而不译成“历史（的）”或“历史性”。——译者注

[9] 布兰迪在遗产保护中大量应用了“consistenza”这个词，该词具有多重语义，字面意思是一般意义上的材料“坚固性”（consistency），深层意思是一种物质性的“实存、实在、实质、本质”，指的是艺术作品作为物质实存的“根据”、“依据”和“有效性”。因此英文版在不同地方将“consistenza”译成了不同的词。——译者注

[10] 布兰迪在这里引用了康德的“道德祈使”（imperativo morale [moral imperative]）概念，意思是驱使我们保护的并非外在因素，恰恰在于我们将保护对象视为了艺术作品，由于这种作品激发、提升着我们的内心，于是我们内心生发了需要保护它的祈使。而且这种驱动和祈使虽源于个体意识，但却对所有人都有效，因此是普世性的。“道德祈使”是布兰迪保护理论中的一个重要概念，他不仅用这个概念解释我们为何要进行保护，也从这个概念出发，在后文中不断界定保护与修复的条件与限制范围。关于“道德祈使”，参见：康德（著），苗力田（译），《道德形而上学原理》，上海人民出版社，2005 年。——译者注

La materia dell'opera d'arte
[The material of a work of art]

2

艺术作品的材料

艺术作品的材料是修复干预的唯一对象，这个第一公理要求我们必须对和艺术作品相关的材料概念进行更深入的探究。尽管形象显现所需的物质手段事实上仅是手段，而非目的，但我们并不能因此而不考虑艺术作品所用的材料和形象到底有怎样的关系。唯心主义美学通常认为可以忽略这种探究，然而对艺术作品的分析无法不回到这个问题。甚至就连黑格尔也不可避免地提到了“外在的与被赋予的材料”，尽管他并未对和艺术作品有关的材料进行概念化。在这种关系里，材料获得了某种精确“面相”[1]，而且只能以这种关系为基础而定义材料，因为，无论从本体论的观点出发，还是从精神性的或认识论的观点出发，都是完全无效的。只有在后来的某个环节，当人们开始进行实际的修复干预时，才需要科学地了解材料的物质构成。然而，尤其对修复来说，由于材料同时也表征着修复干预的**时间**与**地点**，因此，我们首先必须界定材料到底是什么。为此，我们只能从现象学的观点出发，以这种观点来看，材料就显现为“传递形象显灵（epifania [epiphany]）”的那些东西。[2]对材料的这样一种定义，类似于一种不以现象学的方式就无法完成的对美的定义，正如经院哲学家论证的那样：美就是“那些悦目的东西”（quod visum placet）[3]。

于是，正如这个概念已经预示着的，作为形象显灵的材料提供了将材料一分为二的钥匙，如今我们可将其定义为“**结构**”（struttura [structure]）与“**外观**”（aspetto [appearance]）两方面。

对这两种基本含义的区分也意味着在艺术作品的材料概念中，这两方面正如徽章的**正面**与**背面**那样，甚至比它们更密不可分。显然，无论更占优势的是**外观**还是**结构**，它们都共同表征着材料在艺术作品中的两种功能，而且通常而言，这两种功能并不相互冲突，尽管我们无法排除冲突的可能性。这种冲突，正如美学要求和史实要求的冲突那样，只有通过认为**外观**比**结构**更重要才能解决，否则这两个方面就无法得到调和。

让我们以一个木板画作为明显的例证（图 1），这里的木板已千疮百孔，以至于无法再提供足够的支撑。在这个例子中，那幅画本身是材料的外观，而木板则是材料的结构。然而，这种区分可能并非总是如此一清二楚，因为，那幅画是绘制在木板上的事实为它赋予了各种独特特征，一旦将木板挪走，那些特征也就随之消失了。因此，结构和外观的区分比乍一看上去可能要微妙得多，在实践中，并不总是能完全区分出来。让我们再举一个例子，一幢由于地震而部分坍塌的建筑，导致人们要对它重建或归安[4]（图 2（a）（b））。在这种情况下，不能将外观仅仅视为石材的外表面，因为这些石材仍不得不成块保留下来，而不仅仅是它们的外表面。尽管如此，为了确保建筑能抵御未来的地震，人们可以改变墙体的内部结构。如果石柱尚存，只要不改变材料的外观，甚至也可以改变这些石柱的内部结构。然而，即便在这种情况下，也极可能需要采取一种微妙的方法，确保改动过的结构不影响外观。

事实上，许多破坏性的致命错误恰恰源于：人们未能从外观和结构这两极探究艺术作品的材料构成。就艺术的目的而言，人们具有一种根深蒂固的错觉，这种错觉可以说是“对无所不在的固有性的错觉”（illusione d'immanenza [illusion of immanence]）。例如，人们竟然会认为，还没从采石场开采出来的大理石同已经塑造为雕像的大理石是一样的。其实，还未被开采出来的大理石仅仅具有其物质构成，而雕像中的大理石则经历了根本性的变化，变成了形象的载体。经过人类之手的赋予和加工，这块大理石已经被历史化了，在

图1 热那亚斯皮诺拉宫（Palazzo Spinola），安东内洛·达·梅西纳所绘《荆冠耶稣像》（*Ecce Homo*）的画板背面。

(a)

(b)

图 2 阿尔巴 - 富钦斯（Alba Fucense）圣彼得教堂（San Pietro）。
（a）室内修复之后；（b）后殿修复之后。

其作为碳酸钙的存在和其作为形象的存在之间，已经产生了一道不可逾越的鸿沟。因此，作为一种形象，那尊雕像中的大理石已经分为了外观和结构，并使得结构从属于外观。有人认为，只要鉴别出某个古代古迹的石材来源，就可以让他合法地从同一个采石场采出更多的石材，（在重建，而非修复的情况下）重制那个古迹。但是以**材料是一样的**（materia è la stessa [it is the same material]）事实作为借口，并不能证明他的借口本身是正当的：这种材料是完全不同的，因为通过如今的加工，它被历史化了，因此属于这个时代，而不是那个遥远的时代。尽管化学成分一样，但材料仍是不同的，同样会构成一种史实作伪与美学作伪（图 3（a）（b））。

同样源于对材料在艺术作品中究竟意味着什么缺乏研究，在某些人那里还存在另一种根深蒂固的错误，这种错误潜伏在——森佩尔[5]和丹纳[6]的实证主义（positivismo [positivism]）所衷爱的——材料产生或决定风格的观念中。显然，这种谬见源于未能把结构和外观区分开，源于将材料，即艺术形式的某种载体，等同为了艺术形式本身。最终导致人们将材料在艺术作品中呈现出来的外观当成了结构的某种功能。

而在另一个极端，正如在唯心主义美学中所发生的那样，人们又忽视了材料在形象中的角色，这源于不承认材料作为结构的重要性，因此导致了同样的结果：伴随着材料结构属性的消解，将材料的外观等同为了艺术形式。

外观和结构的这种基本区别有时竟能达到如此分裂的程度，以至于外观反常地比结构还先产生，不过，这只发生在艺术作品不属于我们所说的“具象”艺术范畴的情况下，例如诗歌和音乐。在这些艺术中，书写——并不是这些艺术实际的物质媒介，只是传递手段——使得外观，虽然只是象征性的外观，先于音符或词的声音的实际制造。

对艺术作品材料的另一种错误观念，在于将它限于作品本身的材料依据。这种观念似乎很难推翻，然而只要同如下观念比较就不攻自破了：尽管材料

图 3 雅典古市场(Atene，Agorà) 中的阿塔洛斯柱廊(Stoà di Attalo)。
(a) 重建效果图，美国学院(Scuola Americana) 绘；(b) 重建后的照片，博纳卡萨(Bonacasa) 摄。
图片来源：《古代艺术大百科全书》(*Enc. dell'Arte Antica*)，第 1 卷。

使形象能外显出来（estrinsecazione），但形象的空间性却并不只限于被转换为形象的材料的围合之内，因为作品与观者之间的各种中介元素，也可以像传递形象的物质手段那样起作用。我们首先想到的就是大气和光的品质。单单是某种明澈的大气或灿烂的光就可以成为形象显现的源泉本身，其显现作用并不比大理石、青铜或其他材料逊色。因此，认为帕提农神庙只用了产自彭德利康山的白色大理石（pentelico）作为物质媒介的主张是错误的，因为帕提农神庙所在地的大气和光也是材料，而且并不亚于彭德利康山的白色大理石。由此可见，只有出于保护艺术作品这个唯一的、高于一切的理由，才能证明将它从原地挪走是正当的。

[1] 面相（fisionomia）：源于古希腊语，原意是从人的外貌进行判断，即“相面”。英文版将该词译为“superficial appearance”，省略了材料和意识判断之间的关系。——译者注

[2] 布兰迪指的是，我们只能从现象学的角度出发，从材料最直观的面相判断材料对形象的真正作用。——译者注

[3] “那些悦目的东西”（quod visum placet）：拉丁语，中世纪著名神学家托马斯·阿那（Thomas Aquinas，约 1225—1274）对美的定义。——译者注

[4] 归安（anastilosi [anastylosis]）：或译为“原物归位”，源于希腊语的考古性修复术语，意为将散落的材料或构件回置到原本的位置。由于会缺失一些必要的结构性支撑部分，在此过程中也可能需要添加一些具有可识别性的支撑体。——译者注

[5] 戈特弗里德·森佩尔（Gottfried Semper，1803—1879）：德国著名建筑师、作家、画家、教育家，新文艺复兴建筑在德国及奥地利的代表人物，其立场接近历史主义，代表作是 1851 年撰写的《建筑四要素》（*Die vier Elemente der Baukunst*）。——译者注

[6] 伊波利特·阿道夫·丹纳（Hippolyte Adolphe Taine，1828—1893）：法国著名思想家、艺术理论家和史学家，法国证实主义代表人物，最后几位历史主义者之一，其代表作是《艺术哲学》。——译者注

L'unità potenziale dell'opera d'arte
[The potential oneness of work of art]

3

艺术作品的潜在一体性

在澄清了材料这一角色对艺术作品显灵的重要意义和界限之后，我们现在可以探讨“一体性”[1]这个概念了。为了确定修复的界限，必须参照这个概念。

首先，我们不能把艺术作品所表现出来的一体性视为物质世界——无论它是原子核还是人体——所特有的、有机的、功能的统一性。就此而言，我们将艺术作品的一体性定义为质的、而非量的一体性似乎就足够了；然而，这并不足以泾渭分明地将艺术作品的一体性同那种“有机的-功能的”（organico-funzionale [organic-functional]）统一性区分开，因为生命现象本身也不是量的，而是质的。

首先，我们必须探讨一下，将那种确切来说由**整体**（intero [whole]）而非**总和**（totale [sum of its parts]）达成的**一体性**，归为艺术作品特有的品质为何如此绝对必要。事实上，假如我们不将艺术作品视为**整体**，就必然将其视为总和，即各个部分组合的结果。这将导致一种类似几何美概念的几何艺术作品概念。就像普罗提诺[2]对几何美概念批判过的那样，我们同样需要批判这种几何艺术作品概念。如果艺术作品由其自身也是艺术作品的各个部分构成，那么，在实际效果上我们必定得出以下结论，这些部分单独看，要么并不像显现出来的那样自治，而且这种分割具有节奏价值；要么就应该在它们所显现出来的文脉（contesto [context]）里丧失了个体价值，被包含它们的艺术作品吸收掉了。换而言之，包含它们的那件艺术作品要么只是一种作品集（silloge [assemblage]），而不是一件单一作品；要么就是各个单一艺术作品的个性（individualità [individuality]）在加入整体时被弱化掉了，而正是这种个性使得每个部分自身都成了一件自治的作品。但是，当艺术作品可能显得是由各个部分组成时，它对其各个部分施加的特殊引力，已经内含地否定了艺术作品是由各个部分构成的。

让我们审视一件实际上由若干部分组成的艺术作品。独立地看，每个部分并没有什么特别的审美优势，也许只有和材料的美、切割工艺的精纯等等有关的一般性享乐（edonismo）价值。以马赛克镶嵌画为例，单个马赛克镶片之于镶嵌画，正如砖石这样的构件之于建筑。我们现在暂无必要深究艺术家将材料片段用于形象表达时，他所能找到并利用的节奏价值，在这里，这对我们来说只是个次要问题。事实在于，无论是马赛克镶片还是石块，一旦从艺术家加诸它们的形式关联中被拆解出来，就变得毫无生气（inerti [inert]），并丧失了艺术家曾赋予它们的那种一体性的任何有效痕迹。这就像读字典中的单词，那些单词和诗人安排进诗句中的单词一模一样，可是一旦从诗句中分解出来，就还原为了一组组语义声音，再也不是别的什么了。

因此，以马赛克镶嵌画和由各种独立块体构成的建筑为例，我们最雄辩地证明了不可能把艺术作品设想为各个部分的总和，相反，它必然实现着某种整体。

然而，一旦接受艺术作品的“整体一体性”（unità dell'intero [oneness of the whole]），我们必须追问：这种**一体性**是不是基于体验而延续性地重现出来的有机的或功能的统一性。就此而言，构成自然界的各种事物并非作为各个独立单子（monadi）存在着：叶子令人想起枝条，枝条令人想起树木；我们在肉店里看到的被切碎了的四肢和头仍是动物的一部分。甚至衣服也一样，只要以各种成衣的程式化裁剪方式呈现出来，就能明白无误地使我们联想到人。在我们的体验，即我们“在世存在”的日常生活背后，恰恰隐藏着一种需要，需要识别出将各种现存物联系起来的关系，并将那些无用的，即它们的联系对我们的存在而言未知的或失去意义的事物，简化到最小程度或干脆清除掉。显然，认识的功能本身就是弄清事物之间的这种实存性联系，而且这也是科学的最初环节，以这种科学的认识处理为基础，人们才可能发现规律并进行预测。因此，当人们在肉铺的柜台上看到一只羊羔的头时，绝不会怀疑它活着时有四条腿。

然而，在艺术作品所表达的形象中，人类的这一体验世界似乎被还原为仅限于形象的具象性（figuratività [figurative nature]）的认知功能：任何对有机整体性的公设都不再适用。**形象真的是，且仅仅是它所显现的那些东西**（L'immagine è veramente e solamente quello che appare [The image is truly and only what it represents]）：这种用来探究现存着什么的现象学还原，在美学里恰恰成了定义形象之本体的公理。因此，如果在一幅画里看到的一个男子的形象只有一条胳膊，那就只有一条胳膊。我们不能据此认为这个形象是残缺不全的，因为这个形象事实上根本没有胳膊——“我们所看到的那只画出来的胳膊”实际上并不是一条真的胳膊，而只是在这个形象所发展出来的具象背景中的一种语义装置罢了。设想**另一条**胳膊，即那条没有画出来的胳膊，不再属于对艺术作品的深思，而属于同艺术作品的诞生过程相反的逆向活动，也就是说，将艺术作品降格为对自然对象的复制。由于这种降格，画作里描绘的自然客体——在这个例子中，就是那个动物性的男子——就应该有另一条胳膊。

尽管每个人原则上都会认为，如果看到只有一条胳膊的男子肖像，任何人都会本能地在自己的脑海里重现那个有两条胳膊的男子的有机统一性，但真正发生的情况却并非如此。相反，人们恰恰是按照我们业已指出的那种方式，对艺术作品进行本能且自发的接收，将这个形象的认知内容，或者说它的语义价值，限于这个形象提供的那些内容，绝不会更多了。我们可以给出这种观点的间接证明。假设某人偶然撞见一只断手甚至一颗人头：他所感到的那种恐惧使他一刻也不怀疑这些部分曾是属于一个人的。然而，在雕塑作品中刻画一个孤立的手或头，只要不是试图模仿人的残骸，不仅不会引发任何恐惧感，也不会令人想到，这里所表现的有机体部分是从有机体上割下来的。因此，必须采取如此多的特殊措施，以雕塑方式呈现的一个孤立头像，才能令人毫无歧义地将其解读为是从躯体上割下来的头颅。在这一点上，施洗者圣约翰或圣德尼的造像法就很说明问题。[3]

这一切证明，实在现实中的“有机-功能”统一性在于知性（intelletto [intellect]）的逻辑功能，而艺术作品的具象一体性则在于直觉，在于和作为艺术作品的形象的**合一**（in una [at one]）。

现在，为了说明修复的要点，即规范修复实践，我们已经有了两个界定清楚的主张。

我们已经发现，艺术作品的确具有极其独特的一体性，以至于无法将艺术作品视为是由各个部分组成的。其次，这种**一体性**绝不能等同为实在现实中的“有机 - 功能”统一性。于是我们得出如下两个推论。

第一个推论是：由于艺术作品并非各个部分的总和，那么即便在物质上破碎了，它仍将作为某种**整体**，**潜在地**存在于其各个碎片之中。这种**潜在性**的可索还性与材料解体后在每个碎片里幸存下来的形式形迹成直接的正比关系。

第二个推论则是：如果每个单一艺术作品的“形式”是不可分的，而艺术作品在材料上已经破碎了，我们应尝试“延展”（sviluppare [develop]）每个片段所包含的潜在的原初一体性，这种努力应与各个碎片里原初形式的幸存程度成正比。

根据这两个推论我们就得以否定：可以用**类推法**（analogia [analogy]）对残损的或沦为碎片的艺术作品进行干预。因为用**类推法**进行处理，原则上就要求我们将艺术作品的直觉一体性等同为我们用以思考实在现实的逻辑统一性。而我们在前文中已经彻底驳倒了这一点。

其次，我们从中可以看出，旨在通过延展这种**整体**（即艺术作品）之各个片段的潜在一体性，从而示踪出（rintracciare）原初一体性的干预，必须限于只对那些隐含在片段自身中的，或是在其原状的真实证言中所能得到的各种“暗示”[4]进行展现（svolgere）。

然而，这种恰恰与修复行动起点相关的考虑自然会提出两方面的要求，即史实要求和美学要求。这两方面要求在相互协调的过程中，将在不伪造史实、也不破坏审美的前提下，共同设定出如何可能重建出艺术作品的潜在一体性的关键点。

就此而言，我们可以推导出一些不能被视为经验主义的实践原则。

第一个原则是：任何整合（integrazione [integration]）必须总是具有容易的可识别性，但却不应为此干扰（infrangere [interfere with]）我们所希望重建出来的那种一体性。因此，在艺术作品应被观赏的距离下，应察觉不到这种整合；但稍微凑近细看时，在无需借助特殊工具的情况下，应立刻能识别出这种整合。就这个原则来说，它同许多人们口中的考古性修复公理相悖，因为我们的原则不仅主张，整合部分需在色彩和亮度上同原有碎片达成某种统一；而且，只要其目的仍是修复，而非重制，如果采用了某种特殊且耐久的工艺，可以确保增补片段同原有碎片的区别，甚至不排除采用相同材料或人工做旧（patinatura artificiale [artificial patina]）的做法（图4—图6）。

第二个原则涉及作为形象的材料。只有当材料直接有助于形象的具象性，即作为外观，而全然不是作为结构时，这种材料才是不可替换的。根据这一原则，人们在处理承载体、支撑结构以及诸如此类的部分时，就拥有最大的自由度，但即便如此，也总是要与史实要求相协调。

第三个原则涉及未来：所有的修复干预都不应使未来的任何干预不可能再进行下去，相反，应为它们提供便利。

然而，上述原则并没有解决所有问题，因为残缺（lacuna）问题仍有待探究，尤其是考虑到需要禁止各种想象性整合。对碎片的具象性进行延展，从而使这个碎片能和不直接接触的邻近碎片接续起来是一回事，但是用类推性整合

（a）

（b）

图 4 维泰博（Viterbo）马扎托斯塔小礼拜堂（Cappella Mazzatosta），洛伦佐·达·维泰博（Lorenzo da Viterbo）所绘《圣母玛利亚的婚礼》（*Sposalizio della Vergine*）。
（a）碎片重组后的细节；（b）对残缺部分进行重新整合之后。

（a）（b）（c）

图 5　中国石狮（罗马意大利银行，曾是瓜利诺（Gualino）的藏品）。
（a）重组之前的碎片；（b）正在对碎片进行重组与残缺重新整合；（c）修复之后。

(a)

(b)

图 6 锡耶纳大教堂作品博物馆（Museo dell'Opera del Duomo），杜乔 · 迪 · 博宁塞尼亚（Duccio di Buoninsegna）所绘《宝座圣母像》（*La Maestà*）。
(a)覆盖在宝座上的织物细部(用“影线法”(tratteggio)重新整合之后);(b)修复之后。

取代已经消失的具象元素则完全是另一回事。因此，残缺问题仍有待解决。

对艺术作品来说，一处残缺就是具象性结构中的某种中断。但是，与人们认为的那样相反，对艺术作品而言，最严重的问题与其说是缺失了什么，还不如说是在缺失之处不适当地添加了什么。事实上，残缺自身具有某种形状与色彩，但是它们和形象所要表现的具象性却是不相干的。也就是说，它就像某种异体（corpo estraneo [foreign body]）插入了艺术作品。

就此而言，**完形心理学**[5]的各种分析和经验非常宝贵，有助于我们解读残缺部分的意义，并探寻使之中立化的途径。

虽然残缺部分具有某种偶然的构象，但实际上是从**"底"**（fondo [ground]）中凸显出来的某种**"图"**（figura [figure]），而那个"底"却是画面本身所要表现的东西。在感知的自发组织中，人们试图即刻解读某种复杂的视知觉，需要将其化为对称的、最简单的形式，由此产生了"图"和"底"的机制关系，也就是说，通过某种自发产生的感知模式而在视知觉中建立起了某种图底关系。于是，人们根据形象的内在空间性，在画面中清晰化地组织着、发展着这种关系。但是，当一处残缺对画面结构起到决定性作用时，这个意料之外的"图"就被解读为了一个真正的"图"，而包含这处残缺的画面却被当成了"底"。于是，那个形象不仅残损，而且也**贬值**（svalutazione [devaluation]）了，原来作为"图"被创造出来的东西现在反而沦为了"底"。于是，在为了避免想象性整合，从而建立起某种修复方法论的各种最初尝试中，就首次出现了使用**"中性色调"**（tinta neutra [neutral tone]）的经验性解决方法。也就是说，人们试图通过某种尽可能不引人注意的色调，把残缺部分推到后面，从而减少它在前景中的这种突显性。尽管这是种诚实的方法，但还不够。因为，人们不难发现，并不存在所谓的中性色调。也就是说，任何色调，无论是否被假定为中性，事实上都会影响画面的色彩布局。而且，由于中性色调的色彩和形象色彩的接近性，它反而会削弱形象的色彩，强化残缺部分色彩独特的入侵性。用这种方法处理过的形象看起来反而处于某种两难境地。

就我们自己而言，我们立刻注意到，必须防止残缺部分和画面的色彩**混同**（componesse）起来，因此，总是要让残缺部分显得和画面自身不在同一个层面上——要么更突出，要么更退后。事实上，我们的这个观点源于一个显而易见的观察：如果一幅画前面的玻璃上有一个污点，这个污点几乎就像一处残缺那样，尽管也影响放在下面的东西的可见性，但由于人们感觉这个污点并不在那幅画表面的层面上，因此仍能感受到这个污点下方的那个画面的连续性。因此，如果我们能为残缺部分赋予某种色彩，这种色彩既不附和，也不力压（eccellere [overpower]）画面的色彩，在色调和亮度上，而不是在感受上更显眼的话，这种残缺就会像玻璃上的污点那样起作用：人们将感知到画面在残缺下方的连续性。在修复安东内洛·达·梅西纳绘于帕拉佐洛 - 阿克雷德（Palazzolo Acreide，西西里）的《天使报喜》（*Annunciazione*）棘手的底色层时（图7），我们就采用了这个标准：残缺部分看上去就像画面上的污点那样。尽管这还不是最佳解决方法，但毕竟比以前的方法要好。事实上，就改善这幅画而言，（在色彩稳固性允许的情况下）只要将层面差异的原则应用于残缺部分就够了，促使残缺部分从以画面为“底”的“**图**”，在功能上转换为以画面为“图”的“底”。这样一来，即便残缺部分有着随机的不规则性，也不会再对画面结构产生剧烈影响，也不会再把画面贬斥为“底”，而是以残缺自身的外观被提升为“材料-结构”的一部分。于是，在大多数情况下，为了获得一种干净悦人的效果，将作为承载物的木板或画布显露出来就足够了，尤其是因为这种做法消除了由于残缺部分强烈显现为“图”而导致的任何歧义（图8，图9）。就这种意义而言，残缺部分的色彩也退缩到了“底”的层面；尽管残缺处的色彩仍在那里，但是却不会加入或是直接构成画面的色彩布局。

这种解决之道，尽管是从直觉出发设计出来的，但由于它恰恰很好地利用了一种自发的感知机制，从而获得了**完形心理学**的支持与解释。

图 7 锡拉库萨（Siracusa）贝洛莫宫国立博物馆（Museo Nazionale di Palazzo Bellomo），安东内洛 · 达 · 梅西纳所绘《天使报喜》，修复之后。

图 8　锡耶纳国立美术馆，西莫内 · 马尔蒂尼（Simone Martini）绘于卢奇尼亚诺 - 达尔比亚（Lucignano d'Arbia）的《圣母与圣子》（*Madonna col Bambino*），修复之后。

（a）

（b）

图 9 特雷米蒂群岛（Tremiti）圣母玛利亚教堂（Chiesa di Santa Maria），12 世纪无名画家所绘《彩绘耶稣受难像》（*Crocifisso dipinto*）。
（a）修复之后；（b）背面修复之后。

[1] 英文版在涉及艺术作品时，没有将“unità”译为“unity”，而是译为“oneness”。相对于“unity”（统一性），“oneness”（一体性、一元性、合一性）更能反映布兰迪所说的“整体，而非各个部分的总和”概念，因此，在涉及布兰迪的艺术作品认识时，中文版将“unità”译为“一体性”，而在涉及其他方面时，和英文版一样，仍译为“统一性”。——译者注

[2] 普罗提诺（Plotino [Plotinus]，约 205—约 270）：又译作“柏罗丁”，生于埃及，罗马帝国时代的哲学家，新柏拉图主义奠基人。其学说融汇了毕达哥拉斯和柏拉图的思想以及东方神秘主义，视最高精神本体“太一”（one）为万物之源，人生的最高目的就是复返太一，与之合一。其思想对中世纪神学及哲学，尤其是基督教教义，有很大影响。——译者注

[3] 施洗者圣约翰（San Giovanni Battista [St John the Baptist]）是为耶稣施洗的圣人，被希律王所杀，后者将其头颅放在盘子里送给自己的女儿莎乐美。放在盘子里且流着血的头颅是施洗者圣约翰的著名艺术形象之一。圣德尼（San Dionigi [St Denis]）也被称为 Dionysius、Dennis 或 Denys，3 世纪时的巴黎主教，据称被斩首后仍提着自己的头走了十公里。因此，其艺术形象常常是自己提着头的立像。布兰迪用这两个例子说明，要想使人想到描绘部分躯体的艺术形象是被割下来的，反而需要像托在盘子里、提在手上这样的特殊造型处理。否则，即便是著名的大卫头像，也不会令人联想到它是从大卫身上割下来的，只会被自然地视为一个完整的艺术形象。这些事例形象地说明了艺术形象的一体性和自然界的有机统一性截然不同。——译者注

[4] 这里的“暗示”（suggerimenti [suggestions]）更多地是完形心理学意义上的概念，即各种片段或那些能证实其原初状态的东西——比如地上的柱础痕迹——也能暗示原有的整体。但在很多情况下，如果不加处理，就不能得到这种效果。例如，碎成一地的碗，尽管每个碎片也能暗示整体，但其暗示功效可能非常有限，于是就需要以重组或归安的方式加以整合，提升其暗示整体的功效。再譬如，如果一个大殿的柱础痕迹部分埋在地下，就需要将它们揭露出来，从而展现某种关系，更有效地暗示整体。布兰迪这里所说的对“潜在一体性”的延展与重建，绝非是以“类推还原”的手法进行的实体性“补全”。——译者注

[5] 完形心理学（Gestalt-psychologie [Gestalt psychology]）：又直译为“格式塔心理学”，由德国心理学家马克思·韦特海默（Max Wertheimer）首创于 1912 年，是西方现代心理学的主要流派之一。格式塔（Gestalt）的意思是完形或整体，这个术语始于视觉领域研究，但不限于视觉领域，其应用范围远远超过感觉经验的限度。格式塔心理学采取了胡塞尔的现象学观点，强调经验和行为的整体性，反对当时流行的构造主义元素学说和行为主义“刺激 - 反应”公式，认为整体不等于部分之和，意识不等于感觉元素的集合。——译者注

Il tempo riguardo all'opera d'arte e al restauro
[Time in relation to the work of art and restoration]

4

与艺术作品及修复有关的时间问题

我们已认识到作为某种整体的艺术作品的独特结构，并阐明了以何种方式以及在何种程度上能够重建其潜在一体性，因为这对修复的美学要求来说是必不可少的。在这之后，我们现在必须深入探讨与艺术作品相关的时间问题，因为它在史实要求方面影响着艺术作品。

我们如今认识到，艺术里的时间和空间区分是临时的（provvisoria [temporary]）、虚幻的（illusoria [illusory]），因为时间和空间不仅构成了所有艺术作品的形式条件，而且在建构出形式的节奏中水乳交融。

然而，我们在艺术作品——无论它们是什么样的艺术作品——中遇到的**时间**，除了是这种节奏的结构之外，就现象学而非形式的观点来看，都存在于三个不同环节。也就是说，这种时间，首先在于将艺术作品外化（estrinsecazione [externalizing]）出来的那一**时期**（durata [duration]），即艺术家将它表达出来的那一环节；其次在于创造性过程结束之后，直到我们在意识中将艺术作品本身现实化的那一环节之前的间隔期（intervallo [interval]）；第三在于艺术作品像一道闪电那样击中意识的**瞬间**（attimo [instant]）。

艺术作品这三种史实性**时间**的含义，对艺术作品的观者来说远非总是清楚明了的。事实上，人们常常倾向于将它们混为一谈，或是用艺术作品史实性时间的暂世含义[1]，取代能被普遍理解的“超暂世时间”，即艺术作品作为形式所实现的意义。

最常见的混淆就是人们试图将艺术作品的时间等同为艺术家或观者（或两者）生活于其中的那个史实性当下（presente [present]）的时间。即便我们表明这似乎是最不可能发生的谬论，然而它却符合某种近乎与生俱来的逻辑倒错天性，显得就像常识那样。此外，这种谬论背后无疑隐含着对艺术自主权的否定。事实上，以乔托为例，由于人们普遍将他的画作视为艺术作品，甚至早在他那个时代就是如此，于是就认为这些艺术作品必定无可争议地**体现**乔托生活的那个时代，也就是说，时代对乔托的表现甚至更胜于乔托对其时代的表现。当然，这种粗糙的主张，意味着人们将创造性过程的两个基本环节混为一谈了。在对艺术对象进行符号性确认（individuazione [identification]）的第一个环节里，[2] 艺术家决定着是否将和他那个时代可能共同拥有的各种品味与关注、理论与意识形态、渴望与谋划汇聚到他神圣不可侵犯的选择中。这是艺术家自己的事。但是当他如此个人化且隐秘地致力于对象的表达时，将那些伴生的外部因素凝结为对象时，什么也不会留下，或者说根本不像封存在琥珀中的昆虫那样存留下来。在艺术家的作品中，无论他所生活的那个时代是否能被识别出来，那件作品的有效性也不会增加或减少，哪怕一丝一毫。

艺术作品在意识里切实复苏的那一环节，无论这之前经历了几秒钟还是几百年，如果艺术作品想在一种参与的现实性中被感知，而不仅仅属于它被创建出来的那一环节，也就是说想成为某种永恒的当下，就意味着应屈从地作为某种刺激物而起作用，从而引发某些人所说的**暗示性解读**（interpretazione suggestiva [suggestive interpretation]）。也就是说，艺术作品在意识中的闪现并不只满足于——存在于史实性时间中的——某一瞬间，这一瞬间也要化为艺术作品的超暂世性当下。艺术作品将被要求从它的基座上走下来，承受我们所生活的那个时间的引力拉扯，处于我们对艺术作品的沉思可能将我们从中释放出来的同样的存在性困境（frangente esistenziale [existential quandary]）

之中。于是，如果人们有一件古代艺术作品，会要求它具有某种现实性，这种现实性可能是时尚的同义词，或是让作品承受各种目的的企图，而无论这些目的可能是什么，它们都外在于形式，任何此类目的都与形式无关。几个世纪以来，这导致了乔托或拉斐尔、柯勒乔或伯鲁涅列斯基的时而走运时而背运：在时间长河中，全面否定和绝对赞誉交替发生。这种种起伏当然并非称不上史实，如果我们将其理解为当下的品味与兴趣选择，以及出于此类目的，并由此和此类思想相一致的史实，它们恰恰就是历史，就是文化史。

这种历史当然合法，也无疑有用。就形式阅读本身的各种目的而言，这种历史可以成为有价值的思考领域，但这种历史绝不是艺术史。因为艺术史是这样的一种历史，它尽管是按艺术表现的时间序列展开，但旨在说明的却是封存在节奏中的超暂世性环节的**时间**；而品味史则是**暂世性时间**的历史，旨在把业已完成且不可改变的艺术作品汇聚到它的流动中。

然而，当我们用我们生活于其中的现实性本身入侵作品时，超暂世性时间，或者说内在于艺术作品的时间和观者的史实性时间的混淆就变得更严重且更具破坏性了，而这种入侵几乎总在发生着。对艺术作品来说，被要求拥有和时代所具有的全部的或部分的愿望、目的、道德性和社会性一模一样的内容，似乎是合法且不可违背的；但只有当艺术家感到对艺术对象的符号性确认行为而言，这应当是一个前提时，这种要求才能被认为是合法的，但即便如此也并不是义不容辞的。不管怎么说，在创造性过程的阈限范围之外，我们既不能从现代艺术家那里，也不能从古代艺术家那里再寻求或要求得到什么了。

而且，我们已经看到，艺术作品的**时间**还涉及第二个环节，即介于创造性过程的终点——或者说已经完成的表达形式——和这种表达形式在观者的现实意识中形成冲击的那一环节之间的间隔时期。

然而，有人认为，对于作为审美对象的艺术作品而言，似乎不用考虑这段消逝的时间，因为，除非它变成了一件不同的作品，一件艺术作品是永恒的、不变的。因此，对艺术作品完成和再度激活之间的那段消逝时间的算计，并不刻入那件作品的现实[3]，而只是从其表面滑过。这种想法似乎无可辩驳，但事实却并非如此，因为这种想法没有考虑形象抵达意识所需依靠的**物质性**（fisicità [physicality]）。这种**物质性**或许是最低限度的，但却始终存在，即便当它消失殆尽时也是如此。譬如，有人也许会反驳说，一首诗，如果只用眼睛默默地读，就不需要物质载体，书写在这里只是指示特定声音的常规工具而已。在理论上，人们甚至可以创作出一首只有一系列符号的诗，只知道它们的含义，却不知道它们的发音。然而，这只是一种强词夺理。不知道与符号对应的声音，并不意味着**声音**对诗歌形象的具体化（concretezza）是多余的，这种诗歌形象的具象性并不比那些吟诵古代画作的著名篇章逊色，尽管人们只知道后者对古代画作的描述而非古代画作的形象。

对声音的需要存在着，即便这种作品没有提供声音，它仍活在每个朗读者充分拥有、并内在地逐步激活的整体性语言形象之中。因此，在这种相对缄默的实现中，介于诗歌被书写出来（以特定方式拼读出语言）和诗歌被读出来（不再以同样的方式拼读出语言）之间的那段消逝的时间也非常重要。因为只有各种死语言，即那些拼读和拼写被人为冻结住的语言，才可能说是在时间流逝中稳定不变的；严格说来，甚至连各种死语言也并非如此，因为拼读也会以一种微小的方式影响它们。如果有人抱怨这类观察过于微妙，只需提醒他们想想法语拼读的阶段变化，正因为这种变化，人们如今已经无法再诵读“武功歌”[4]，甚至也不再按“Pascal”[5]说自己名字的方式拼读“Pascal”这个词。或者让我们以西班牙语为例，“霍塔”（jota）[6]的不同价值深刻改变了 17 世纪散文和诗歌的诵读方式。

由此可见，即便对于像诗歌这样似乎更不受时间影响的艺术作品来说，时间流转所留下的痕迹与影响也并不亚于它对画作色彩，或是对大理石色调的影响。

音乐也不例外，各种古代乐器在音调和音域上也发生了如此大的改变，以至于人们所能制造出的最近似古代音乐的声音，也就是现在的管风琴演奏的巴赫，至多也不过是配上金属弦的古董小提琴演奏的科莱利（Corelli）或帕格尼尼（Paganini）。

就这种意义而言，尽管对这段消逝时间的审视被我们放在了艺术作品在意识中撞击出瞬间闪光之后，但这种思考并非出于纯粹的史实考证目的，必然会融入我们对艺术作品的判断，以一种当然既非多余的，也非次要的方式启发这种判断，正如了解几个世纪以来词汇的意义所经历的变化与波动也并非多余的、次要的那样。

至此，人们也许会问：这种细究究竟能为建立一套修复理论提供什么？答案是直接的、明显的。事实上，我们有必要确定标志着艺术作品插入史实性时间的各个环节，从而界定这些环节中的哪个环节产生了对那种称作“修复”的特殊干预所必需的各种条件，以及在哪个环节实施这种干预才是合法的。

显然，从对象的建构到它最终表达出来的那段时间，没有修复可言。直到在已创作完成的形象上实施这种操作时，似乎才谈得上修复；但这其实是将那个形象重新塑造进了另一个形象，是一种削弱最初的形象，将之封存进新形象的集成与创造行为。

然而竟然有人，过去当然也不乏有人，恰恰想在这个艺术过程中最珍贵的、不可重复的阶段插入修复。

而这就是修复中最严重的异端邪说：幻想性修复（图 3，图 10—图 13）。

此外，尽管显得同样荒谬，人们也可能试图在艺术作品完成和当下之间的时间间隔里插入修复；人们甚至已经这么做了，还为之起了个名字。这就是“复建式”[7] 修复，试图抹去那段消逝的时间。

就这点而言，我们应该想起人们所说的考古性修复，无论这种修复由于对艺术作品的尊敬多么值得称道，却并没有实现人类意识对于艺术作品的基本渴望，即重获艺术作品的潜在一体性。它只体现了这种重获的第一阶段的操作，而当曾属于一件艺术作品的尚存遗迹不再允许对它进行可信整合时，就势必强制结束这种修复工作。人们于是发现对要选择的这条道路不能动摇或怀疑，因为除了展现出来和被否定的道路之外，不存在其他道路了。

因此，我们无需进一步费力强调：能提供修复行动的唯一合法环节，就是意识察觉到艺术作品的那个当下环节。此时，艺术作品存在于意识的这一瞬间，是史实性的当下；然而，它也属于过去，并且以不再属于人类意识为代价，而存在于史实之中。如果修复应该成为合法的操作，就不能假设时间可逆，或史实可以废除。此外，同样出于尊重艺术作品所包含的复杂史实性的要求，修复行动的方式就不能偷偷摸摸，且几乎置身于时间之外。由于修复是一种人类活动，因此就必须被强调为真正的史实事件，被塑造为艺术作品传承的插入过程。对实际操作来说，这种史实性要求，不仅应该像讨论重建潜在一体性时已指明的那样，转化为对整合区域的区分，还应该转化为对古锈的尊重（图 14），即尊重可被视为时光在艺术作品上的某种积淀（sedimentarsi [accretion]）的那些东西。此外，还应保留样本区域，以表明艺术作品修复之前的状况，同时也应保留各个不同时代的部分，因为它们同样代表着艺术作品在时光中的变迁。当然，对于这最后的要求，只能提供某种一般性准则，因为必须具体情况具体评估，且无论如何不能忽视美学要求，总是要优先考虑美学要求。

至于古锈，虽然在实践上这是个必须一次次检验并解决的问题，但也需要一种理论方法，这样才能将这个对艺术作品修复和保护而言的关键点，从个人品味和富有争议的领域排除出去。

图 10 米兰斯福尔扎城堡（Castello Sforzesco）的菲拉雷特塔楼（Torre del Filarete）。
图片来源：Anderson。

图 11 蒂沃利哈德良别墅(Villa Adriana) 的卡诺普水池(Il Canopo), 重建之后。

（a）

（b）

图 12　博洛尼亚圣方济各教堂(Chiesa di S. Francesco)。
（a）后殿和教堂修复之前；（b）钟楼和后殿修复之前。
图片来源：储蓄银行(Cassa di Risparmio）博洛尼亚分行图片档案。

（a）

（b）

图 13 博洛尼亚圣方济各教堂。

（a）修复之后的全景鸟瞰；（b）修复之后的后殿现状。

图片来源：储蓄银行博洛尼亚分行图片档案。

图 14 锡耶纳大教堂作品博物馆，杜乔·迪·博宁塞尼亚所绘《新约全书故事·客西马尼园的祷告》（*Storie del Nuovo Testamento, Orazione nell'orto*）。箭头所指之处是老的上光层脱落的地方，画作上剩余的老上光层被当做古锈的基本组成部分而受到尊重并保留了下来。

[1] 暂世含义（accezione temporale [temporal meaning]）：即人们在不断前移的当下暂时理解的艺术作品意义，是一种艺术作品体现在文化史和趣味史中的社会政治意义，一种波动的世俗意义。与“暂世时间”相对的“超暂世时间”（tempo extratemporale [extra-temporal time]）指的是作品形式本身内含的节奏引发的时间体验，是艺术作品作为永恒在场，反映在个人意识体验中的时间性，是纯粹现实的时间性，是超世俗规定、和物理时间不同的心理体验时间性。——译者注

[2] 与对象的建构和形象的表达这两个根本环节有关的艺术创造理论讨论，参见切萨雷·布兰迪，《和卡尔米内论绘画》，Vallecchi 出版社，佛罗伦萨，1947 年；Einaudi 出版社，都灵，1962 年。

[3] 这里的现实（realtà [reality]）指的是艺术作品在人们意识中的实现。——译者注

[4] 武功歌（Chanson de Geste）：11—13 世纪古法语史诗，尤指《罗兰之歌》（*Chanson de Roland*）。——译者注

[5] 布莱兹·帕斯卡（Blaise Pascal，1623—1662）：法国数学家、物理学家、思想家，存在主义哲学的先驱之一。——译者注

[6] 霍塔（jota）：起源于西班牙北部阿拉贡地区的民间歌舞形式，随着西班牙文艺复兴的兴起、对民间传统的重视而流行于西班牙全境。霍塔因地区而异，有多种变体和不同特征，节奏生动、欢快，以双人对舞为基础，舞者手执响板，边舞边击打响板，并伴有唱诗。对西班牙而言，17 世纪既是音乐，也是文学的“黄金世纪”，在人文主义的影响下，文学大量吸收民间传统元素，因此霍塔对当时的散文、诗歌创作以及诵读方式产生了重大影响；而到了 18 世纪，随着西班牙宫廷对意大利歌剧的推崇，西班牙民族音乐的发展几乎停滞，对文学的影响开始消退。——译者注

[7] 复建（ripristino）：英文版根据语境的不同，将“ripristino”译为“reperfecting”或“re-creation”。“reperfecting”是源于英国 18 世纪末的建筑“修复”方式，其含义不仅仅是恢复原状，更有改善，使其完美化的含义。而“re-creation”则指的是为了某种美学或文化目的，充满推测成分的、编造性的全部或部分重建。——译者注

Il restauro secondo l'istanza della storicità
[Restoration with regard to the historical case]

5

根据史实要求进行的修复

前几章已经概述了修复的基本理论。

然而，在指导修复的原则阐述和实际的修复干预之间，仍存在有待填补的空白，即从法律层面看，仍缺少起到类似法规作用的那些东西。换而言之，由于艺术作品在概念上恰恰是**独一无二的对象**（unicum [unique object]），而且由于历史事件不可重复的独一性，每个修复案例都应是一个独立案例，而非某一集成系列中的一个元素。尽管如此，恰恰基于艺术作品之所以是既作为史实记录[1]，又作为艺术形式的艺术作品的参照体系，我们能限定出若干宽泛的艺术作品类别。

在从准则（norma [norms]）过渡到应用时，就像各种法规为法律准则提供了实施工具那样，这些归类必定会以同样的方式起到某种参考要点的作用。然而，即便这些参考要点能以相当普遍的特征为基础而将无数个案归类组织起来，但它们自身也起不到准则的作用，只能被当成真正准则实施时的辅助性解释。[2]就此而言，我们必须从可能作为修复对象的艺术作品的史实要求开始谈起。

如果艺术作品首先被当成人类活动的结果，而且，恰恰就这一点而论，人们对它的认可并不取决于品味或风尚的更迭，那么对它的史实考虑将比美学考虑更重要。相应的，如果艺术作品是一种史实记录，那么对它的考虑必须从最极端的情况出发：将材料塑造为艺术作品的形式安排几乎已经消失，这种记录自身几乎已沦为其构成材料的残余。也就是说，我们必须首先检验废墟（rudero [ruin]）的保护方式。

然而，如果有人认为，废墟的现状本身将引导我们得出废墟的保护规则，这就大错特错了。因为，对废墟而言，人们不仅界定着它的经验性现实（realtà empirica [empirical reality]），同时也从史实和保护角度出发，对被考虑的东西究竟属于什么进行资格判断。也就是说，人们不单单关注废墟的当前状况，也关注它的过去，如果其现状本身没有价值或只有很小的价值，就只能从它的过去提取出它的唯一价值；此外，人们也关注它的未来，为此必须将它作为人类活动的遗迹或证言保存下来，并将这作为保护行动的出发点。因此，如果它没有承载人类时光的证言，甚至无法同接受过人类活动然后又丧失了的形式专门联系起来，就不能被称为废墟。就这种意义而言，我们无法将一块煤炭化石称作废墟，因为它只是人类出现以前的森林遗迹；我们也无法将一具太古时代的动物骨架称作废墟。但塔索[3]曾在下面乘过凉的枯橡树就称得上废墟；如果大卫杀死巨人歌利亚（Golia）的那块石头还在，只是有所磨损的话，也称得上废墟。因此，任何见证了人类历史，但却发生了如此剧烈的改变，以至于其原本面貌已变得几乎无法辨认的东西才是废墟。但即便如此，如果某处废墟体现为特殊的存在方式，并没有将其保护下去、将其史实信息传递下去的隐含期望，[4]从而能将其自身投射到未来的话，这种从过去与当下角度得出的废墟定义仍是不完整的。由此可见，对于沦为废墟状态的艺术作品，能否将它作为废墟保护，很大程度上取决于对它所具有的史实意义的判断。从实践层面看，这种废墟相当于非艺术性人类活动的产物，然而即便其现状缺乏功能作用（ineffcienza [ineffectiveness]），其史实潜力至少仍部分尚存；但对艺术作品来说，其美学遗迹的衰败景况却显得只是某种地位损失的结果。因此，由于我们指的是这种废墟，修复就只能是对其现状的加固与保存；否则的话，这种废墟就不是废墟，而是一件仍保持隐含生命力的作品，诉求对其原有潜在一体性的重新整合。因此，和这种废墟的资格认可完全对应的是那种可被称为预防性修复的初级修复，或者说，仅仅意味着保护，即对现状的防护。这种认可隐含地排除了任何并非旨在保护性监控与材料加固的直接干预的可能性。因此，对这种废墟的资格认可已经展现出一种判断，即，艺术作品的废墟和纯粹史实性的废墟是等价的，逻辑上将二者等同视之。[5]

除了上述限定出来的直接干预之外，还存在影响废墟“空间 - 环境”的间接干预。对建筑类废墟来说，这就变成了城市规划问题；对绘画与雕塑类废墟来说，这就变成了展示与陈设问题。由于这一切都涉及艺术作品的“空间”，因此将在后文予以探讨。由于反复顽强存在着可以将废墟恢复到原初形式的幻想，以上所有考虑[6]并不是显而易见的。

即便拥有了非常广泛、详尽的文献证据，仅仅**知道**作品在沦为废墟前是怎么样的是远远不够的。重建（ricostruzione [reconstruction]）、复建（ripristino [re-creation]）或复制（copia [replication]）甚至都不属于修复所应讨论的范畴，自然也超出了我们所要讨论的修复范围，如果真要这么做的话，它们也只有在“冷静地”（freddo）复制艺术作品表达的制作方法[7]领域才具有合法性。

由上文可见：如果我们把艺术作品的废墟当成史实文献性废墟，就会相对容易地把对后者的尊重同样延伸到艺术作品废墟上，仅仅通过材料的保护与加固体现这种尊重。然而，要确定艺术作品何时不再是艺术作品而显得是废墟却并不容易。以那不勒斯的圣嘉勒教堂（Chiesa di Santa Chiara）为例，这个教堂在二战中遭到轰炸、被焚毁了。由于人们在废墟里发现了安茹王朝时期的[8]哥特教堂遗迹，此处倒显得不止是废墟了；然而，恰恰因为那些重现出来的遗构看起来如此显眼，我们就必须从下一章的讨论角度审视这个问题，即从艺术性要求对废墟概念的连续推理审视这个问题。我们本应从这方面考虑，将此处以史实性废墟的形式保护下去，是否比将之复建出来能更有效地令人追忆起这个教堂的原状[9]（图 15，图 16）。就史实性和艺术性的双重要求而言，人们不应将对作品潜在一体性的重建推至如此过分的地步，

(a)

(b)

图 15 那不勒斯圣嘉勒教堂。(a)(b)遭轰炸之后的室内。

图 16 那不勒斯圣嘉勒教堂，修复之后的室内。

以至于毁了真实性，也就是说，将一个新的、不真实的史实性现实压倒性地叠加到老作品上。

对这个环节来说，我们必须仅限于将废墟作为史实或艺术文献的残余物接受，不能再把它当成别的什么了，而且在这种情况下，修复只能是使用这种审视方式所要求的各种技术措施进行保护。因此,废墟保护的合法性在于，是否能对废墟作出某种史实性判断，即，它是否能作为某件作品及某个人类事件尽管残损但仍能辨识出来的证言。

因此，在这种废墟概念下，我们出于修复目的而对艺术作品进行的检验也应从某种最低限度开始，即一旦超过了这个限度，已经构成艺术作品的材料就会退回到未曾加工的状态。因此，这也对应着最低限度的修复，它必须使艺术作品展现出来，但这种展现并不是艺术作品从内在创造到外在表达的转变，而是使艺术作品自身已经外化出来的部分进入世界，修复必须恰恰从艺术作品完结的地方开始，也就是说，必须从艺术作品已经沦为了其自身的少许遗迹，即将陷入某种不定形状态（informe [amorphous state]）的那一极限环节（这是一种既存在于时间，也存在于空间的极限）开始。

然而，被置于艺术作品保护层面上考虑的情况并非只有这种废墟，还有一些既非艺术作品，甚至也不代表人类活动产物的东西也应如此。事实上，我们就碰到了人们所说的自然美的情况。鉴于有如此丰富的案例，自然美本身就值得独立检验，现在也值得列出在这些情况中的哪些情况下，修复——无论是预防性修复还是保护干预——也应扩展到那些并非人类活动直接产物的东西。然而，在判断领域，我们对那些东西的考虑仍源于将其类同为艺术作品。以类似于对艺术形式的渴望为基础，并通过特定的历史意识和个人意识渴望这种自然面貌，就要求我们尊重某个视景（visuale [view]），保护某种全景（panorama），即同特定（森林，田野，休耕土地）文化联系起来的某些自然面貌的整体性，就此而言存在着极为丰富的情况，使我们应当将预防性修复和保护的概念扩展到实际实存，但其面貌并非人类努力成果（或仅是其部分成果）的东西。

显然，这种保护需要并没有背离美学要求，甚至也没有背离史实要求，因为人们想要保护与保存的，并非自在自为（in se e per se [in and for itself]）的自然片段，而是人们眼中的自然片段，也就是说，是从其背景中被隔离出来，被意向为人类意识对艺术形式的渴望而呈现出来的自然片段，无论这种自然片段是否经历过人类的改造，都是如此。因此，这一类的保护指定[10]都和人类文化的某个特定阶段有关。正如直到斯塔尔夫人[11]时代之前，瑞士的山景还令人生畏那样，罗马郊野[12]的风光直到被浪漫主义“古典化”之前，同样显得如此空旷荒凉，并没有什么拥趸。从普桑[13]到早期的柯罗[14]，就在那个真正古典罗马景观兴起的时代，奇特的丛林与山丘、广袤高远的苍穹、水平如镜的湖泊、各种高架渠和神庙的废墟才构成了罗马郊野之美。因此，保护这样的风貌就必须首先尊重这种史实要求，而不只是当下对它们的评价。而且，如果存在这种要求，也不应参照当下的品味，而应参照某个历史阶段的品味，这才是讨论应该开始的地方。

现在根据史实要求继续分析，当我们回到艺术作品自身领域时就面临两个问题：首先，保护还是清除各种后世添加（aggiunte [additions]）；其次，保护还是清除各种后世重建（rifacimenti [reconstructions]）。当我们从沦为废墟的艺术作品推进到经历了各种添加与重建的艺术作品时，如果仅仅严格遵循史实要求，似乎不可能解决这个问题。然而，必须强调的是，我们绝不想用两种不同的方法解决同样的问题，只希望从史实观点出发，检验保护或清除各种添加与重建是否合法，确定史实理性和美学理性的适用范围，从而至少能找到某种路线以调解可能的分歧。

由于我们提出了保护还是去除的合法性问题，显然，我们已经克服了如下障碍，即，有些人相信，保护的合法性完全基于艺术作品的史实证言价值。

果真如此的话，我们就必须无条件同样尊重艺术作品若干世纪以来遭受的各种野蛮的汪达尔式[15]破坏，以及各种艺术性而非修复性整合。我们当然也不排除能同时尊重这两种情况的可能性。然而，由于艺术作品同时以史实性和美学性这两极呈现出来，保护与清除就必然不能牺牲史实性或忽视美学性。

因此，根据史实要求，我们必须首先问自己，保护还是清除艺术作品所接受的各种添加是否合法，也就是说，抛开美学判断将对保护还是清除添加产生影响的事实不谈，仅从史实观点出发判定保护或清除添加是否合法。这种考虑导致我们首先要检验“添加”这个概念到底意味着什么。从史实观点来看，艺术作品所经历的添加只不过是人类活动的新证言，因此，也是历史的一部分。就此而言，添加同原初的主干（ceppo）并没有什么不同，同样有权要求保护。相反，尽管清除也是人类活动的结果，从而也同样插入了历史，但事实上却摧毁了某种记录，而且并没有将其自身记录下来。因此，清除导致了对历史转变进程的否定与破坏以及证据（dato [evidence]）的伪造。所以说，从史实角度而言，只有保护添加才是无条件合法的，而清除添加却总是需要证明，而且无论在什么情况下，至少必须以下述方式进行清除：既留下清除行为自身的踪迹，[16]也在艺术作品本身留下清除的踪迹。

由此可见，必须将保护添加视为常规做法，而将清除添加视为例外。这恰恰和 19 世纪经验主义对修复的建议截然相反。

然而，有人可能反驳说，有一类添加并不**必然**代表人类活动的产物，即各种被称为古锈的改变或增生。我们却说**未必**如此，因为艺术家无疑也可能考虑到了时间在各种颜料、大理石、青铜或石材上产生的特定**沉积**（assestamento [settling]）：在这种情况下，无可置疑的是，我们对修复所提出的对艺术作品潜在一体性的尊重，也内在地包含了对古锈的保护和可能的整合。

然而，我们还必须考虑艺术作品的另一种情况，即艺术家**未必**预见到作品的老化，未必将这种老化视为作品在时间长河中——在长期的完成

（completamento [finishing]）过程中——实现作品本身的一种方式。现在，我们在这里提出了这个问题，但在史实领域不可能彻底解决这个问题，因为美学要求才是首要的。即便如此，从史实角度来看，如果史实证据被剥去了——可谓是——它们的古老性（antichità [antiquity]），就必须承认这就是一种伪造史实的方式。也就是说，如果**材料**被迫焕然一新，获得干净利落的轮廓（taglio netto [crisp lines]），就形成了一种同它所证言的古老性相矛盾的证据。史实意识无法接受任何将材料置于将其塑造出来的人类活动之上的倾向，因为艺术作品的价值在于将其塑造出来的人类活动，而不在于材料本身的固有价值；即便是黄金和宝石也是从人类对它们的加工那里才获得了新价值。因此，即便从史实观点看，保护古锈——材料最初的崭新状态在时光流转中获得的，从而也证言着时光历程的特殊朦胧性（offuscamento [blurring]）——不仅是允许的，也是绝对必要的。

对重建来说，人们可能认为，这个问题和后世添加并没有太多不同之处。然而，即便重建也见证了人类干预，同样代表了历史的某一环节，但是，重建和添加也不是一回事。添加能**完成**（completare [complete]）一件作品，或扩充出不同于原先所设想的各种功能，在建筑中尤其如此；带有添加的东西不是为了模仿，而是为了发展，或者插入别的东西。[17] 相反，重建却旨在重塑作品，以类似原始创造性过程的展开方式干预原来的创造性过程。它把旧的和新的融为一体，以至于分不出新旧，从而废除了将这两个环节分开的时间间隔，或是将这种时间间隔减缩到最低程度。因此，重建和添加的差异是惊人的。

重建以明示或不明示的借口总是试图废除一段消逝的时光：要么试图使最近的重建性干预看上去就像出自原本那件作品的诞生时期；要么相反，试图将以往的时间完全化为重建品自身的现实时间。于是，对史实要求来说，我们面临两种截然相反的情况：第一种情况是绝对不允许的，即妄图给最近的干预标上过去的日期，再现伪造的历史；而第二种情况，即试图在重建中吸收并吞噬原有作品，不留下原作的任何痕迹，这种情况**尽管不属于修复领域**，但即便从史实角度看也可能是完全合法的，因为它仍是对当下人类努力的真实见证，因此，无疑也是一种历史记录。

所以说，如果回过头来，从史实审视的角度选择保护还是清除，我们就会发现，只要有可能，将古迹从欠考虑的复建所导致的补全状态，恢复到史实进程所导致的不完美状态是正当的。然而，不管以往的重塑是否缺乏复建的欲望，我们总是应当尊重通过重新融合而在艺术作品中达成的**新的**一体性；因为，这种重塑越是影响艺术作品，无疑也越是某种真正的历史材料与证言。

因此，添加越接近重建，就越糟糕；而重建越有异于添加，并试图在老作品上建构出新的一体性，就越是可接受的。

然而，人们会发现，即使是最糟糕的重建，事实上也记录着人类活动，尽管那是种错误的人类活动，但仍是人类历史的一部分。因此，不应将这种重建拆掉或清除掉，最多可以将之隔离出来。史实地看，这种要求似乎无懈可击，但我们必须考虑下述事实，即，这将导致对整个作品的非真实性亦即作伪的确信，人们会开始质疑这个古迹作为历史记录本身的可信性：对文献学评论来说，这是无法接受的。此外还有一种类似的要求，即完整保护艺术作品经历的所有阶段，这种要求也不应违背我们将在下一章的讨论中检验的美学要求。

[1] 记录（monumento [record]）："monumento" 通常被译为 "monument"，具有多重语义，既指一般建筑学意义上的 "纪念碑"，又指文化政治层面上的 "里程碑"，还指建筑遗产意义上的 "古迹"。此外，在某些语境下指的是史实性 "文献" 和 "记录"，这种语义是拉斐尔、伯拉孟特等人文主义者在 16 世纪初发展出来的，也就是说将建筑遗产看成某种 "无声的史书"。在本书及其附加的《1972 修复宪章》的有些地方，"monumento" 的语义就是 "文献" 或 "记录"，所以在英文版里相应地译为了 "record" 或 "document"。——译者注

[2] 在布兰迪的理论思想里，独特性与普遍性是一对重要范畴。布兰迪一方面强调每件艺术作品都是独特的、唯一的，以类推手法将一件艺术作品的形式推衍到另一件艺术作品不合法，甚至将同一件艺术作品的某些部分推衍到其他部分也不合法，而且艺术作品修复与保护的具体措施也不能相互替代。但与此同时，他也强调艺术作品在功能和概念本质上是一致的，因此，就可能推衍出普遍有效的处理原则。强调具体处理措施的独特性，并不意味着否定处理原则的普遍有效性。由于布兰迪具有法学学习和长期从事文物管理的背景，他习惯于将独特性和普遍性的这种辩证关系比喻为法理原则和具体法规之间的关系，或是法规和具体判例之间的关系，从而有力证明各种保护原则的合法性和普遍有效性。——译者注

[3] 托尔夸托·塔索（Torquato Tasso，1544—1595）：意大利著名诗人，文艺复兴运动晚期代表人物。1595 年，塔索重病缠身，栖身于罗马贾尼科洛山（Gianicolo）上的圣奥诺弗里奥（Sant' Onofrio）修道院，最后在一颗橡树下结束了一生。这颗橡树曾遭到雷击，如今只留下不多的遗迹，该处有一块石碑记述道：诗人塔索在弥留之际，曾在这棵橡树下沉浸在对往事的回忆之中。——译者注

[4] 例如，还在地下、水下，不为人知的废墟。——译者注

[5] 布兰迪在本文中只从史实要求的角度，讨论了三种首先具有遗迹性史实证言价值的废墟保护问题。一、原本是非艺术性人类活动的产物，如今沦为了废墟；二、原本是艺术作品，但如今沦为了遗迹性史实证言价值占主导地位的废墟；三、原本既不是普通的人类活动产物，也不是艺术作品的自然性景观，如今却被人们视为首先具有遗迹性史实证言价值、被当成艺术作品废墟那样的废墟。——译者注

[6] 这里的考虑指的是对废墟的各种间接干预问题。——译者注

[7] procedimento [process]：意为各种“加工方法与过程”、“制作方法与过程”、“工艺方法与工序”。布兰迪这里指的是，在材料性、结构性加固或整合中，可以采用和原来的一样的处理方式，即采用“原工艺”。相对于现代工艺，由于“原工艺”在兼容性与可靠性方面可能更好，因此而恢复或复制才是合法的，但这完全不同于艺术形象的重建、复建或复制，后者恰恰是布兰迪极力反对的，因为在他看来，那是一种艺术作伪，并不属于修复。——译者注

[8] 安茹王朝时期（angioina [Angevin]）：中世纪法国安茹（Anjou）伯爵家族在英国和意大利等地建立的封建王朝。本文提到的圣嘉勒教堂由意大利那不勒斯安茹王朝（1268—1435）的第一位君主罗伯特（Robert of Anjou，1277—1343）下令建造。——译者注

[9] 那不勒斯的圣嘉勒教堂原建于 1313—1340 年，原本为典型的普罗旺斯哥特式建筑，但在 17 世纪由瓦卡罗（Domenico Antonio Vaccaro）以巴洛克风格进行了装饰性重大改建。二战期间遭到盟军轰炸，几乎完全毁于火灾。二战结束后，联合国教科文组织专家，和布兰迪同属“评论性修复”流派的意大利人罗伯托·帕内（Roberto Pane）对其进行了有争议的重建（1953 年完成）。帕内保留了残存的中世纪结构，并以一种具有传统意味的现代风格重建了其他部分。尽管帕内的重建并没有将真实遗存和重建部分混淆起来，但布兰迪对此仍有异议，认为保持废墟状态可能更好。——译者注

[10] 指定（designazione [designation]）：即将某物定为法定保护对象，也就是通常所说的登录。——译者注

[11] 斯塔尔夫人（Madame de Staël，1766—1817）：全名安妮 - 路易丝·热尔梅娜·德·斯塔尔 - 荷尔斯泰因（Anne-Louise Germaine de Staël-Holstein）。法国浪漫主义女作家，文学评论家。她与司汤达、雨果同为浪漫主义代表人物，甚至被誉为“女伏尔泰”。——译者注

[12] 罗马郊野（campagna romana [Roman Campagna]）：通常指罗马城周围大约 2000 平方公里的区域。这里曾是繁华的居住区和农业区，随着罗马帝国的衰亡而在中世纪之后衰败。18—19 世纪，罗马郊野田园牧歌式的废墟之美，曾激发了很多艺术家的灵感，也成为风景画的重要主题之一。——译者注

[13] 尼古拉·普桑（Nicolas Poussin，1594—1665）：17 世纪法国巴洛克时期重要画家，也是 17 世纪法国古典主义绘画奠基人，其艺术生涯几乎是在意大利度过的。其作品大多取材于神话、历史和宗教故事，此外，其风景题材作品也具有重要地位。——译者注

[14] 让 - 巴蒂斯特 - 卡米耶·柯罗（Jean-Baptiste-Camille Corot，1796—1875）：法国著名风景画家。柯罗曾先后三次去意大利旅行，还去过荷兰、瑞士、美国。在风景画的发展史中，他是不朽的丰碑，是法国从传统的历史风景画过渡到现实主义风景画的代表人物。——译者注

[15] 汪达尔人（vandalo）：古罗马时代日尔曼人的一支，原先生活在北欧，从公元 3 世纪到公元 6 世纪，在欧洲与北非各地迁徙，所到之地烧杀劫掠，被当时的罗马人视为“蛮族”。法国大革命之后，当时著名的文化遗产保护倡导者格雷古瓦神父（Abbé Henri Grégoire，1750—1831）发明了“汪达尔主义”（vandalism）一词，用来专指对文化遗产无知的打砸抢行为。——译者注

[16] 这里指的是，通常以文献的方式记录下所实施的清除。——译者注

[17] 例如建筑的外部扩建或内部插建。——译者注

Il restauro secondo l'istanza estetica
[Restoration with regard to the aesthetic case]

6

根据美学要求进行的修复 [1]

我们已经看到，**废墟**并非随便什么材料的残余，也不仅仅是人类活动产物的遗迹，而是出于各种修复目的，对**废墟**的某种技术性指定，隐含了对它的认可以及对它采取保护行动的需要。我们已从**史实性**角度阐明了**废墟**的这种技术性概念，而且还阐明了，在修复活动的范围内，就曾经反映人类现实性的东西而言，这一技术性概念可能触及的最远点。和我们的观点严格对应的就是，只能认为这种与人类活动有关的遗迹具有曾是某种艺术作品的“在先权”。[2] 因此，我们还应根据美学要求检验废墟。然而，一旦提出这种建议，这种探究似乎就是多余的，因为从逻辑上讲，只要在人类活动的产物中仍存留艺术性痕迹，无论多么残损，它就不应被称为废墟。相反，如果这些痕迹完全消失了，就不存在艺术性问题，只存在史实性问题：因此，从美学角度说，不可能不带有内在矛盾性地提出“废墟”问题。然而，我们必须立即强调，这种严格区分是不必要的，因为从美学观点来看，我们不必非得像从史实观点出发时那样而去界定**废墟**的概念**领域**。因为对我们来说，任何艺术作品的残余，只要不通过对其自身的复制或伪造就无法返回其潜在一体性，就都是美学意义上的**废墟**。在这里要求更多的精确性也是荒谬的，因为对艺术作品来说，每个案例都是唯一且独特的，将定性判断转换为定量判断，并由此渴望得到像九九乘法表那样的“数学 - 经验”确定性是不可思议的。

那些不可能完整化，但在可能的情况下**必须**予以保护的最典型废墟实例包括：博洛尼亚贝维拉夸宫（Palazzo Bevilacqua）和加列拉圣母教堂（Madonna di Galliera）的雕塑，罗德岛博物馆的海上的维纳斯像（Venere Marina），普拉托（Prato）切波慈善堂（Ospedale del Ceppo）里的湿壁画，锡耶纳罗马门（Porta Romana）和比斯比尼门（Porta Pispini）上由索多马（Sodoma）、萨塞塔（Sassetta）和萨诺·迪·彼得（Sano di Pietro）所绘的湿壁画，佛罗伦萨毕加洛小敞廊（Loggetta del Bigallo）里的湿壁画等等（图 17—图 19）。

然而，从艺术观点看，**废墟**的概念也表现出不可忽视的复杂性，因为我们既要考虑废墟被整合进某个既定古迹或景观综合体的可能性，也要考虑废墟决定某个区域特征的可能性。人们可能觉得这种观点仅仅是经验之谈，是偶然的例外情况，但事实却非如此。相对于**废墟**概念的消极限定——将它视为无法再恢复出其潜在一体性的艺术作品的残余，我们针锋相对提出了废墟的积极限定：尽管无法再恢复出其潜在一体性，但这种艺术作品的残余却和另一种艺术作品相连，它从后者那里接收并同时赋予后者某种特殊的空间品质，或是说，它自身调适着既定的景观区域。限定出**废墟**在这种意义上的效能非常重要。因为，如果从消极的观点看，对废墟有待采取的保护行动就和从史实要求出发的保护行动是一样的，也就是说，限于严格的保护。但是当废墟不再仅是残骸，而与某种积极的资格赋予关联起来时，就会产生另一个问题：在这种情况下，是否不应让这种最新的关联占上风？也就是说，如果废墟为自然空间赋予了某种品质，它的这种作用是否不应胜过把这种残迹仅仅尊为废墟？

让我们以里米尼的奥古斯都凯旋门（Arco di Augusto）为例（图 20，图 21），这曾是一座位于两个塔楼之间的城门，因此曾和城墙上所建的建筑整体相连。其他例子还有：罗德岛骑士团济贫院（Ospizio dei Cavalieri di Rodi）在图拉真广场的各种添建，“克莱门蒂诺”（Clementino）的废墟[3]，蒂沃利（Tivoli）的西比尔神庙（Tempio della Sibilla），海洋路（Via del Mare）上的克雷申齐之家（Casa dei Crescenzi），黑店街（Via delle Botteghe Oscure）发现的神庙，银塔广场（Largo Argentina）发掘出的各种遗址，等等（图 22—图 26）。

图 17　博洛尼亚贝维拉夸宫大门。
图片来源：Anderson。

图 18 博洛尼亚加列拉圣母教堂或司铎祈祷会修道院（Chiesa della Madonna di Galliera o dei Padri Filippini）立面细部。
图片来源：Alinari。

（a）

（b）

图 19 （a）锡耶纳罗马门上萨塞塔（和萨诺·迪·彼得）所绘《加冕礼》（*Incoronazione*）；
（b）锡耶纳比斯比尼门上索多马所绘《牧羊人的崇拜》（*Adorazione dei pastori*）。

图 20 里米尼奥古斯都凯旋门（北侧），处理之前。
图片来源：Anderson。

(a)

(b)

图 21 里米尼奥古斯都凯旋门。(a)(b)处理之后。

图 22 罗马图拉真广场及罗德岛骑士团济贫院的敞廊。
图片来源：Anderson。

图 23 蒂沃利西比尔神庙。
图片来源：Gabinetto Fotografico Nazionale。

（a）

（b）

图 24 罗马克雷申齐之家。（a）（b）海洋路修建之前。
图片来源：Gabinetto Fotografico Nazionale。

图 25 罗马克雷申齐之家，海洋路修建之后。
图片来源：Gabinetto Fotografico Nazionale。

图 26 罗马黑店街上的神庙。

现在，这种废墟同其他建筑群相连，无论是否再为之提供某种连续性[4]解决方案，事实上都不会改变使其**活着**的保护条件：无论它怎样，在哪里，都无需任何类型的补全（completamenti [completions]）。因为，如果它是个被重新吸收进另一件艺术作品的废墟，那么这个后来形成的艺术作品就有权更重要。因此，比萨骑士广场（Piazza dei Cavalieri）上那个矫饰主义（manieristico [Mannerist]）宫殿中部的中世纪连拱窗就**不**应被修复出来（图 27(a)）。这里的“穆达”[5]废墟早已融入那个 17 世纪宫殿，从那以后只发出一丝微弱的历史声音。为此立块纪念牌就足够了，并不需要修复者凭空想象，重新开洞，复建出那个**虚假的**比萨式连拱窗，这对于“乌格里诺伯爵之歌”（Canto del Conte Ugolino）里令人称奇的纯粹现实毫无增益。罗马海洋路上的科拉·迪·里恩佐（Cola di Rienzo）故居，即我们所说的克雷申齐之家的保护问题，尽管表面上不同，实质却是一样的。从史实角度看，本应尊重这个建筑和周边其他建筑以及后来建造的那些建筑的**关联性**（collegamento [connection]），不应该用完全随意建造起来、窒息了这处废墟的新建筑**取代**那些老建筑。这些新建筑既摧毁了这处废墟的空间背景，还未能将它融入新的空间背景，新空间排斥着这处废墟，就好像它是一块疮疤或一摊不雅的排泄物似的。在这种情况下，不仅应保护古迹的废墟，也应保护那些与废墟相连，并由此获得**保护资格**的环境。“克莱门蒂诺”废墟的情况也同样如此，它就像毫无用处的绊脚石被留在了台伯河畔，而这个地方既**排斥**它，又不能无视它。

相反，如果承认废墟的重要性在于它具有吸引聚集周边环境并为之赋予特色的能力，能起到类似声调重音对单词非重读音节的支撑作用；人们或许会想，越是这样，既然这种作品当前的物质依据由于对景观或城市句法的**组团**（reggimento）作用，如今变得更有价值了，因此就应该将其**补全**，将它从废墟化状态中救赎出来。但我们同样也应拒绝并排除这种假设。因为对沦为**废墟**的艺术作品而言，这种作品如今对景观或城市区域品质的提升，是在那个认识到这种有效性，并在如下意义上将其视为积极的人的意识里完成

（a）

（b）

图 27 （a）比萨骑士广场，钟宫（Palazzo dell'Orologio）；
（b）卢卡大教堂，带有衣饰和皇冠的《基督圣像》（*Volto Santo*）。
图片来源：Alinari。

的，即，废墟的意义不再和它的原初**一体性**和完整性有丝毫关系，而恰恰和它的当前损毁状态有关。这种作品凭其损毁状态，在如画层面上限定着某种环境解决方案，也就是说，并非在严格的艺术作品层面上，而是旨在对这种对象提出某种特定见解的层面上，按照特定的艺术形式旨向而被编排、照亮、人为加工着。这种残损艺术作品由此才再次成为被建构的对象，但却凭的是它当前残损物质依据的现状和真正事实，凭的是它与其他对象的结合在场。这正是 17 世纪以来直到我们这个时代初期，人们在造园和景观里理解与运用各种罗马废墟的方式。罗马广场的卡斯托尔和波吕克斯神庙（Tempio di Castore e Polluce）以及蒂沃利的西比尔神庙就是两个典型的古迹实例，它们凭借残损状态获得了和与之关联的周边景观不可分割的**相貌**。因此，相信所有断柱都能被合法重竖起来，并重组出来的观念是错误的，相反，当废墟所处的这种环境在史实和美学上都已经达成某种定型调整，就不能以史实或艺术借口破坏这种调整。因此，为了将这种废墟整合进另一件作品的空间特质里，[6] 而对某个时间层积（stratificazione [stratification]）已经定型的罗马考古区进行重整始终是错误的。保持废墟不动比在一个古迹周围愚蠢地创造出抽象的空间和**虚无的氛围**（vuoto [emptiness]）更可取。

在论述了上述例证，并略过无数其他案例之后，我们所能做的只有反复强调，即便从美学要求考虑，**废墟**，在概念上，也必须作为**废墟**对待，有待采取的行动始终应聚焦于**保护**，而非**整合**。我们可以看出，在这个问题上，史实要求和美学要求对于将要以修复形式进行的那项工作的解释学 [7] 也是完全一致的。

现在，让我们回到保护还是清除添加的问题上，需要铭记的是，这个问题不仅仅涉及废墟，还可能是，而且在大多数情况下是已经历各种添加的艺术作品，一旦在条件允许的情况下去掉这些添加，或许就能恢复它们的原初一体性，而不仅仅是其潜在一体性。于是，我们发现，如果从美学观点审视这个问题的另一面，就颠覆了将保护添加置于首位的史实要求的重要性。因为按照艺术作品的艺术性所产生的要求，就诉求去除添加。因此，就出现了和史实要求所提出的保护需求相左的可能性。当然，我们只能在理论上提纲挈领地说明这种冲突，因为这属于最个案性的，从而也可以说是不可重复的争议。但是，我们不能靠**诉诸权威**（d'autorità [from on high]）判定一个解决方案是否正当，而必须通过衡量哪种要求更重要来提出解决方案。而且由于我们首先必须根据这种艺术作品的本体建构出一种艺术作品的事实而审视它，其次才有将其鉴识为某种史实的要求，显然，如果添加破坏、扭曲、掩盖或部分转移了人们对艺术作品的审视，就必须去除这种添加。只是必须注意，应尽可能将这种历史变迁的文献证明和记录保存在其他地方，[8] 因为一旦清除，它们就从作品活的肌体上被挪走，被抹掉了。

在有待无条件清除的对象名单里，首先是各种圣像头上后加的皇冠；对于清除添加，这也许最典型、最简单的情况。即便如此，这个问题并不总是那么简单和显而易见。以卢卡大教堂里的基督圣像为例（图 27（b））：这里的小围裙、拖鞋和皇冠应保留下来还是清除掉？根据机械的推论，我们恰恰应该希望清除掉这些后加的元素；然而，与人们可能认为的相反，我们反对这种做法。无论人们可能如何评价这个基督圣像，可以肯定的是，作为一尊罗马风（romanica [Romanesque]）雕塑，这件作品正由于它如今拥有的那种被添加出来的世俗形象，才历经千百年被保留了下来。而且，人们在一系列雕像、绘画或版画里一直复制着这种形象，从帕尔马洗礼堂（Battistero di Parma）里的圣像，到阿斯佩尔蒂尼（Aspertini）的湿壁画，等等。而使这件作品回复到原初的完整性，就意味着在那种记录了其连续不断的史实序列中，让它**从头开始**（ex novo）。在我们看来，这个基督圣像的艺术作品价值并未突出到足以抵消其**史实**维度重要性的程度，因此，我们认为应保护它所保持下来的这种文献性面貌，除了各个添加部分的固有价值之外，这种面貌本身就是一种非常重要的史实遗迹。简而言之，在添加的保护或清除问题上，总是需要对史实或美学要求的优先性进行价值判断。

然而，我们还没有完全解决是否保护添加的问题，因为我们必须从美学角度重新检验**古锈**的保护是否合法。我们已从史实角度看到，古锈记录着艺术作品经历的时光流转，因此应予以保护。但从美学角度看，这种保护同样合法吗？就此而言，必须强调的是，抛开艺术家是否考虑到时光可能为其作品增添这种近乎可感知层面的事实不谈，我们都必须绝对地证明这种合法性。在这种情况下，古锈保护的合法性并不在于保护这种古锈的范式（paradigma），而可以说仅仅在于，古锈保护本身增强了这种范式，[9] 这就好比是一个“金刚不破的三段论”同一个简单三段论的对比那样。[10] 我们必须强调这一点，因为，正如已指出那样，如果古锈只被看成**添加**，出于美学要求，通常就应该去掉；出于美学要求和史实要求的保护处理在这个问题上偶然才会达成一致。因此，古锈保护的合法性必须不有赖于这两种要求在任何特定的个案里能否调和起来。于是，解决这个问题的关键在于如何看待构成艺术作品的材料。也就是说，由于被表达出来的形象是通过确定的、实际的材料传递出来的，由于材料的角色只是某种**传输器**（trasmittente [transmitter]），因此材料永远不应凌驾于形象之上，就这种意义而言，为了只值得作为形象，材料应成为不可见的材料。于是，如果材料是如此鲜明而猛烈地凸显出来，以至于可以说压倒了形象，那就扰乱了形象的纯粹现实。因此，从美学角度来看，古锈不知不觉降低了材料的声调，迫使材料成为某种内含于形象的更谦逊的角色。于是，古锈作为“弱音器”的这种角色将在实践中为我们提供是否应保留**古锈**的衡量**要点**，或者说是古锈**必须**达到的平衡点。综上所述，正如大家所见，我们从美学角度推断出了古锈保护的必要性。这种推断并非源于史实前提，或简单的谨慎标准，而恰恰源于艺术作品的概念本身。因此，只有某种完全颠倒的艺术概念才能否定我们的推断，即，必须证明材料应该比形象还重要。但如果真是这样的话，艺术的最高境界就只能存在于金店里了。[11]

这样，有待检验的问题只剩下是否保留重建。从美学角度看，同样显而易见的是，这个问题的解决首先取决于对重建的判断：如果重建形成了新的艺术一体性，就应予以保留。然而还有一种可能无法去除的重建，无论它是否是应受谴责的复建或新的改建，如果去除的话，就会部分破坏原有古迹的某些面貌，而正是这些面貌才使得古迹本身能作为废墟保存下来，或促成了符合其潜在一体性的整合。在这种情况下，即便这种重建损害了原有古迹，也必须予以保留。

威尼斯圣马可钟楼的重建——与其说是重建，还不如说是**复制**，但对于它试图补全的城市环境来说，其功能仍是某种重建——再次提出了以**复制品**取代原件的合法性问题，无论原件是为了更好保护的缘故被挪走了，还是已经消失了。现在，无论从史实还是从美学理由出发，都无法为复制品代替原件辩护，除非替代品在那儿的功能只是某种整合性元素，自身并不重要。复制品既是一种史实作伪，也是一种美学作伪，因此，只有在纯粹的教学展示意义上，或作为纯粹令我们想起原作的东西，才具有正当性，但即便如此，替代物也不可能不对原件造成史实与美学损害。以圣马可钟楼为例，真正重要的是它使圣马可广场拥有了某种垂直元素，必须说的是，如果不是出于教区的感伤之情，根本无需精确复制。圣三一桥[12]也同样如此，人们本应不惜一切代价修复与归安，而不是用复制品野蛮地取而代之。相对而言，圣三一桥的情况更严重，因为圣马可钟楼只是个经年累月修补拼凑出来的作品，而圣三一桥却是件艺术杰作。因此，对它的**造假**甚至是更严重的罪行。

怀旧的**谚语**（adagio [saying]）说“老样子，老地方”，但这恰恰否定了修复的原则。这是对史实的冒犯，对美学的凌辱，主张时光可以逆转、艺术作品可以随意重制。

[1] 原载于《中央修复研究院通报》，第 13 期，罗马，1953 年，1-8 页。

[2] 废墟的技术性概念所能触及的最远点，以及这里所说的“也曾是某种艺术作品”指的都是上一章提到能被视为废墟而保护的各种非人工产物遗迹（例如历史上曾被认为具有自然美的废墟性景观）。“在先权”（prima prerogativa [prior right]）则是个法律术语，指由于历史缘故而首先具有的权利。——译者注

[3] 这里指的是罗马的克雷芒学院（Collegio Clementino），由教皇克雷芒八世（Clement VIII）创建于 1595 年，20 世纪初修建台伯河河滨大道时被拆除。——译者注

[4] 连续性（continuità [continuity]）：指的是通过各种手段将废墟本身同周边环境联系起来，从而既形成某种有意义的整体，又揭示废墟自身的意义和潜在一体性。关于这个概念，可参见附文七《作为修复问题的去除或保留画框》。——译者注

[5] “穆达”（Muda）是但丁给原来的那座塔楼所取的名字。13 世纪时，意大利伯爵乌格利诺（Ugolino）及其子孙被囚禁并饿死在这里。但丁在《神曲》中描写了这个著名情节。1605—1608 年，人们修建了一个带时钟的拱门，将原来的两座塔楼连接起来，遂形成目前的形式。关于新宫的建造时间，意文版原为“16 世纪”，英文版改为“17 世纪”。——译者注

[6] 这里指的是将一个古迹的废墟从历史形成的周边环境中隔离出来，以便形成像新的小广场那样的另一种艺术作品。将古迹隔离出来并整合到新的空间里，是文艺复兴后期以来的常见做法，也是颇具争议、广为诟病的做法。——译者注

[7] 解释学（ermeneutica）：又称诠释学，解释学美学，是在现象学和存在主义基础上发展起来的一个美学流派，指的是一种解读和了解文本的哲学技术，提倡根据文本本身了解文本，使隐藏的含义显现出来。——译者注

[8] 这里指的是清除操作时的两种情况，一是对清除行为本身进行文献记录，并将这种文献证明保存在类似档案馆的机构里；二是将清除下来的部分仍作为史实记录保存在其他地方。——译者注

[9] 古锈保护对应两种情况。一，艺术家已考虑到古锈对其作品的“醇化”作用，因此应保护这种古锈范式的作用结果。二，即便艺术家并未考虑到古锈的“醇化”作用，出于古锈实际达成的“醇化”艺术效果，出于当下纯粹现实的审美需要，而非艺术家当年的审美需要，也应保护古锈，以增强原有作品。事实上，最常见的是后一种情况，例如帕提农神庙门楣上的大理石雕塑。大量的文献和考古发掘表明，古希腊艺术家并不考虑古锈的作用，总是希望保持作品的新鲜感，为此会周期性抛光、上色乃至贴金，但即便如此，鉴于古锈本身加强了那些雕塑的现实艺术效果，也不应清除古锈，反而应予以保护。——译者注

[10] 金刚不破的三段论（sillogismo catafratto）：古代逻辑学和经院哲学使用的概念，指的是一种在任何条件下都成立的逻辑推断。——译者注

[11] 至于保留还是去除古锈，有时这是个与保留还是清除上光层联系在一起的问题，人们就此有过长期论战，在余灰之下至今火星未灭，附文五和附文六见证了这场论战。这里将从某个意想不到的领域，引证主要基于心理学而非品味问题，从而谨慎反对完全清洗的观点。由于这个观点来自英国这个将清除古锈作为某种清洗方法的大本营，因而就显得尤为重要。参见 E. H. 贡布里希，《艺术与错觉》（*Art and Illusion*），Pantheon Books 出版社，纽约（1960），54-55 页：

"如今，位于伦敦的英国国家美术馆已成了讨论的焦点，核心问题是我们在观看古画时应作好什么程度的心理调整。

"我斗胆这样想，这个问题已过于频繁地被描述为科学的客观方法同艺术家和评论家主观印象之间的冲突。在我们各大美术馆的实验室里所使用的那些方法的客观有效性，就像使用这些方法的那些人的真诚一样，是不必怀疑的。然而我们大可争论说，那些修复者，在他们艰难且责任重大的工作中，不应仅仅考虑颜料化学，而且也应考虑知觉心理学——我们的知觉心理学和小鸡的知觉心理学。

"我们希望修复者们做的，并不是将单独的颜料恢复到它们的原始色彩，而是某种极其复杂和微妙的东西——保持它们之间的关系。正如我们所知，人们对光的印象尤其只在于各种梯度变化，而不是相反，像人们可能期望的那样，在于色彩的客观明度。"

（上文所说的小鸡的知觉心理学指的是通过对小鸡的知觉实验得出"我们的鉴识事实上源于相对关系，而非事物本身"。关于"小鸡的知觉心理学"，参见《文化遗产保护的历史与哲学问题：保护阅读文献》，见前引书，118 页及其后各页。——译者注）

[12] 圣三一桥（Ponte Santa Trinità）：位于佛罗伦萨市中心，横跨阿诺河，长 32 米，曾是世界上最老的椭圆形拱桥之一。该桥最初建于 1252 年，屡建屡毁。1567—1569 年，佛罗伦萨建筑师巴尔托洛梅奥 · 阿玛纳蒂（Bartolomeo Ammanati）又重建了该桥。1944 年 8 月，该桥被撤退的德军炸毁。1958 年，在建筑师里卡尔多 · 基兹杜利奇（Riccardo Gizdulich）和工程师埃米利奥 · 布里齐（Emilio Brizzi）的主持下，人们用从阿诺河里打捞出来的原有石块以及来自同一采石场的石料进行了原样重建。——译者注

Lo spazio dell'opera d'arte
[The spatiality of a work of art]

7

艺术作品的空间性

由于修复的功能在于艺术作品在那个将其作为艺术作品而认识的人的意识里的实现本身，人们就可能错误地认为，这种实现就像一道闪电那样，只是瞬间性的。这种想法在两方面是错误的。因为，尽管艺术作品的这道闪电发生在个人意识的史实时间里，但是人们无法再以这道闪电插入这种史实时间的同样方式，而对这道闪电的持续时间进行细分。也就是说，艺术作品当然可以花若干年的时间——即便不是千万年——以获得在意识里的充分实现，在这若干年里，用以阐明形象的语义价值或独特具象性的所有元素将被收集且汇聚起来。在这种对信息的汇聚与加工过程中，修复恰恰作为艺术作品的实现方式本身应运而生，于是我们应该自然认识到修复存在两个阶段。首先是对作品真实文本（testo [text]）的重构[1]；其次是对作品构成材料的干预。然而，这两个阶段的划分并不必然要和时间顺序对应起来，因为，当我们对作品的真实文本重构时，对作品构成材料的干预应当，或者说可以积极参与这种重构。这种材料或许遭受过添加、篡改或掩饰，甚至被有意无意掩埋了起来，有待通过考古发掘重见天日。就后者而言，我们相信考古发掘作为一个独立的历史研究阶段，在修复操作的展开中确有其必不可少的地位，但是如果认为考古发掘的独立意味着不进行修复也行，那就是荒谬的。考古发掘绝不比修复更重要。考古发掘本身仅仅是艺术作品由于掩埋而在个体意识里消失之后，使之重新激活的初级阶段。因此，考古发掘只不过是修复的序曲，不能将修复视为次要的或可选的阶段。不带修复成分而启动的发掘既不是一种史实研究工作，也不是一种美学研究工作，只是一种带有沉重社会与伦理责任的毫无意义的活动。因为毫无疑问的是，如今已经稳定下来的各种条件能使那些掩埋起来的东西更好地保存下去，而考古发掘则可能剧烈地破坏这些条件。

我们对于艺术作品实现所涉及的各个不同干预阶段的考虑，以及这些阶段的重建本身，并非外在于艺术作品，而恰恰位于艺术作品在意识里凸显出来的时间框架内，这产生了一种比意识通过将某个既定对象认可为艺术作品而使意识自身体现出来的合成更复杂的结构。

然而，清楚的是，我们现在关心的并不是检验“**向个体自身揭示出艺术作品的意识**”的独特结构。相反，在审视了艺术作品的**时间**之后，我们现在必须转而检验艺术作品的**空间**，以便发现必须通过修复保护什么样的空间。需要强调的是，这里指的不仅是**在**修复过程中，而且是**通过**修复这种手段。

艺术作品的**具象性**决定了艺术作品存在于同样也是纯粹现实先决条件的一种自治的空间性中。于是，艺术作品的这种空间性能插入我们生活在其中的物质空间本身，甚至能**坚守**在这种物质空间里，却不真正属于那里。这和作品赖以实现的绝对暂世性（temporalità assoluta [temporality absolute]）没什么不同，一方面体现为某种超暂世性的当下，突入我们的意识体验到的时间里；另一方面却存在于可注明日期、甚至可测量长短的史实时间里。

但是这种状况，即，将艺术作品自身的空间性插入我们自身在世界中的生活在场所限定出来的那种空间，就构成了艺术作品诸多问题的根源。这些问题同作品本身已被一劳永逸设定出来的空间性并没有关系，而恰恰关系到这种空间性和物质空间之间的**结合点**（punto di sutura [interface]）。如果修复之所以是修复，是因为它旨在重获作品的评论性文本（testo critico [critical text]），而不只是出于自在自为的实用性干预，就这点而言，我们就必须开始考虑修复与各种法律准则的相似性，后者的有效性并不取决于任何特定判决，而取决于意识的必然诉求引发的推理。也就是说，修复的实际操作和修复的关系，正如一项判决和法律准则的关系一样。具体裁决对功效而言当然是必要的，但对法则自身的普遍有效性而言，却并非必不可少的。

因此，我们所要考虑的首要干预并不应该是**直接**针对作品材料本身的干预，而应该是旨在确保作品的空间本质在进入实在的物质空间的过程中，不受妨碍地凸显出来的各种必要条件的干预。即便是像如何把一幅画挂在墙上这样的行动，也应从这个前提出发，而不再只意味着某个**室内装饰**（arredamento [interior decoration]）阶段。人们的首要考虑应该是，如何将作品的空间性以及对这种空间本质的认可**封护**（enucleazione [encapsulation]）起来，从而采取各种明智之举，用物质空间的方式将其防护起来。将一幅画挂在墙上，拆掉或添加一个画框；为一尊雕像安装一个基座或挪走它的基座，把这尊雕塑从原有位置挪走，或是为它创建一处新的安置地；在一幢建筑周边开辟一块空地或一个小广场，甚至拆解这幢建筑并在别处重新组建出来——如此多的操作都可以称为修复**行动**。当然，这些操作并不总是正面的；事实上，它们在大多数情况下无疑是负面的，譬如那些拆解建筑并在异地重组的行动。

[1] 这里的“重构”（ricostituzione [reconstitution]）指的是对各种原有元素的收集、重组，即前文提到的信息汇聚。——译者注

Il restauro preventivo
[Preventive restoration]

8

预防性修复

预防性修复是个不一般的措辞，它可能使我们误认为存在某种预防法，就像接种疫苗那样，能使艺术作品在时光流转中免疫。不用说，这种预防法并不存在，也不可能存在。因为，无论是古迹还是细密画（miniatura [miniature]），我们都不能将艺术作品设想为像活的有机体那样的东西，只能在作品赖以存续的美学现实和材料现实中考虑它，而这种美学现实与材料现实的作用只是将作品展现为纯粹现实的媒介。

无论古迹还是细密画，艺术作品事实上都由特定数目和份量的材料构成，由于不定量的、也无法估量的各种情况与特定媒介的共同作用，这些材料可能经历不同性质的改变。这些对形象或材料，或两者兼而有之的有害改变决定了要采取修复干预。因此，**预防**此类改变的可能性恰恰取决于艺术作品构成材料的物理与化学特性，而且不能否认的是，对某些潜在改变的预防措施，可能完全或部分地同艺术作品能被认可为艺术作品的要求相悖。[1] 也就是说，尽管某种或某组特定材料构成了艺术作品，因此需要保护这些材料，但这些需要可能和将那件艺术作品作为艺术作品享用相矛盾，或限制了这种享用。正如将在下文看到的那样，这种冲突的可能性并非臆想。我们在这里必须对预防性修复所意味的领域进行界定，并解释为何讨论的是预防性修复而非单纯的预防。

预防性修复这种说法不可避免地同我们建构出来的修复概念本身有关。我们已经将修复定义为“使艺术作品在物质依据上，在美学和史实双重本质上，能被认可为艺术作品的**方法论环节**。”那么，方法论环节究竟意味着什么？将艺术作品认可为艺术作品直觉地发生在个体意识里，而这种认可就构成了未来所有将艺术作品作为艺术作品对待的行为基础。于是这就导致了，将艺术作品认可为艺术作品的那个人的举动即刻体现出了一种普世意识，也就是说，这个人立刻感受到自己被委以了保护那件艺术作品，并将之传承下去的任务。

对艺术作品的认可要求那个将它认可为艺术作品的人担负起的这种任务，就像道德祈使那样绝对地显现出来。正是这种任务具有某种祈使性的事实确定了预防性修复的范围——比如防护、排除各种危险因素、确保各种有利条件等等。但是，为了使这些条件真正起效，而不只是沦为抽象的愿望，就必须对艺术作品进行如下检验：首先，应检验形象在艺术作品里具体展现出来的效能；其次，应检验艺术作品构成材料的保护状况。只有这样，这种调查才能成为文献学的和科学的方法论，只有通过它才能澄清传承给我们的那个形象的真实性及其材料依据状况。没有这种精确的文献学与科学调查，我们就无法说我们的反思确认了艺术作品之为艺术作品的真实性，也无法确保在材料依据层面上将作品本身传承下去。

为了在残余元素中恢复出尚存的原初形象，或为了确保保护形象显灵赖以实现的材料而展开的任何活动，都将以这种最初由两部分组成的调查为条件。因此，随后的各种直接操作——可能或应当包括通常理解的修复——只不过是修复的实践方面，正如直接修复针对的艺术作品的材料只不过从属于艺术作品的形式。

因此，当我们将修复界定为将艺术作品认可为艺术作品的方法论环节时，就意味着这种认可也源于对作品的评论性处理环节，且修复的合法性只能基于这一环节。脱离了这一环节，对艺术作品的任何干预就是随意的，无法被证明是正当的。此外，这也使我们将修复永远和经验主义方法一刀两断，并将其置于史实之中，修复干预只有在评论性的、科学性的意识环节里才应运而生。

我们通过理论原则而非经验实践界定了修复，这种做法正像抛开具体的法律裁决界定法律那样。因为法律的合法性必然会使它的各项裁决合法化，相反，从某项裁决出发并不能证明作出这项裁决的法律的合法性，而这正是原则最明显的诉求。

当然，我们这么做并不意味着贬低实践；事实上，应把实践提高到和理论同样的高度，因为显然，如果不进行必要的验证，理论就毫无意义。因此，通过初步检验得出的措施必要性的认识就隐含了需要实施这些措施。

正因为修复不仅仅在于对艺术作品材料本身的各种直接干预，所以，我们同样也不能将修复局限于这些干预。任何旨在确保将艺术作品作为形象，作为形象得以显现的材料保护下去的措施，同样是内含于修复概念的措施。所以说，我们只是在实际名称上，才对预防性修复和直接在作品上实施的修复进行了区分。这两种修复都是有效的，因为在艺术作品的美学与史实双重本质中对其进行认可时，意识所施加的唯一的、不可分割的祈使，导致了将其既当成形象又当成材料的保护。

就这一点而言，我们必须坚定不移地强调这种修复概念的内在有效性，将预防性修复这种例外情况也纳入修复概念。因为，假如人们认为预防性修复只是修复概念某种单纯的**人道外延**（estensione umanistica [humanistic extension]），那么，在作品的审美享用需要和作品承载材料的保护需要冲突的情况下，就可能陷入不负责任的纵容。此外，预防性修复概念隐含的预防措施并非只需少量投入，相反，常常要求比对艺术作品的直接修复还大得多的费用。这也是确认这种措施和开支具有绝对必要性的另一个原因，而不能像人们当前的心态那样，只着眼于极端紧急的干预和刻不容缓的干预。

同极端紧急情况下的修复相比，预防性修复即便不是更必要的（necessario [necessary]），也是更紧要的（imperativo [imperative]），因为其目的恰恰是为了避免急救性修复，而到了那个地步，人们就几乎无法完全挽救艺术作品了。

因此，如果人们同意这种修复观，那么显然，托管艺术作品的个人或组织必须将主要精力首先聚焦于预防性修复。然而，我们在这里想回应一位假想反对者的意见，他可能会说：这种方法和我们以前阐述的修复概念相矛盾。

应该明确的是，只可能存在一种有效反驳，也就是说，不承认艺术作品的生存（sopravvivere [to survive]）权力——这里指的并不是人们通常理解的艺术作品本身的生存权力，而是艺术作品所从属的那种普世意识的生存权力。而且同样清楚的是，那种反驳也否认了我们所认识到的艺术作品的那种普世价值，于是在根本上就排除了修复问题。如果不存在我们所说的那种艺术作品概念，也就不可能存在那种我们已讨论过的、被理解为文献学与科学性相互印证的双重活动的修复，修复将变得毫无意义。正因如此，我们并不满足于在直接干预作品的层面上检验修复，而是将这种检验基于艺术作品在个体意识里作为艺术作品显现出来的那一环节。在这种即刻性启示带来的反思里，我们才能找到为何要修复的根源，才能找到修复的正当理由与必要性。从这点出发，我们才能进而简要考察需要被划分出来的各种预防性修复分支。

不过，受篇幅所限，我们不会详细讨论各种门类化的古迹、湿壁画、雕塑或是不同承载体上的画作。这里只是希望确立普适于所有艺术作品的调查方向，从而帮助我们认识有待采取的预防措施，以及需要避免的陷阱。

就此而言，我们也必须再次从艺术作品的本质出发，从艺术作品外在于将它认可为艺术作品的意识的具体情况出发，推导出各种调查方向。

由于艺术作品的美学与史实两极性首先限定着艺术作品，因此，第一位的调查方向在于确定将作品既作为形象又作为史实记录而享用的必备条件。

由于构成艺术作品的某种或数种材料也限定着它，因此，第二位的调查必须聚焦于其材料依据状况；而第三位的调查必须聚焦于有益于、不利于或直接危害艺术作品保护的各种环境条件。

于是，我们现在确定了能引导我们研究采取何种预防性、警戒性或禁止性实际措施的三个主要调查方向。

当然，每个主要的具象艺术作品门类都会引发一系列尽管典型，但并不总是完全相同的调查、措施与禁律。然而，尽管值得按大的分类处理这些问题，但我们永远不应忘记，每件艺术作品都是**独一无**二的，而且也必须这样考虑。因此，一件艺术作品的良好保护永远无法弥补另一件相似艺术作品的失护、劣化或灭失。因此，有待进行的调查、勘测，有待采取的防护措施永远是不一样的，即便对古迹[2]也是如此。这似乎是显而易见的，但不幸的是，即便从最近的经验材料来看，也绝非如此。

因此，让我们回到三个主要调查方向上来，尤其是第一个方面，即调查将作品既作为形象、又作为史实记录而享用的必要条件。由于我们正在讨论的主题是预防性修复，在这一语境下，第一方面的调查明显不是我们的重点，即便是那种为了清除妨碍我们享用艺术作品的障碍而采取的修复。在这种情况下，人们可能就会认为作品可以既作为形象，又作为史实记录而完美享用了。[3]由于不可能预见所有的事，也不能沉迷于空洞的假想游戏，人们可能认为，这第一类调查是如此不证自明，以至于可以忽略掉。但情况恰恰相反，为此就需要一个例证。

让我们以罗马的圣安德列·德拉·瓦莱大教堂（Sant'Andrea della Valle）的正立面为例来说明这个问题（图28，图29），因为这个立面在文艺复兴路口（Corso del Rinascimento）被打开并拓宽之前就是那样了。打开并拓宽这条街道破坏了什么？从材料上看什么也没破坏，但从艺术造型上看，却损害颇多。

从建筑空间性的观点看，这个立面的主要特色是那些内嵌的柱子。这种相当罕见的特色源于米开朗琪罗在佛罗伦萨设计的劳伦提安图书馆（Biblioteca Medicea Laurenziana）前厅，而且在这个立面的护墙（cortina [curtain]）中，隐含着一种与其背景墙相当不同的功能。的确，从某个特定角度看，这个背景墙被设计成像雕塑那样浮现出来，朝观者凸出：而从另一个角度看，尽管那些立柱被压向后面，但看起来仍是圆柱体，并未沦为半柱体，事实上是（在立柱的曲线和其壁龛之间）某种微妙的、**薄片般的**（sfoglia）虚空防止了这种情况。现在，撇开这方面的基本考虑不谈，即这种特色实现了这个立面"既外且内"的空间性[4]，观者的站位显然曾被假定为在某个特定距离之内：事实上，这是一种固定的、强制性的观察距离。在此距离之外，恰恰由于使得

图 28 罗马圣安德列 · 德拉 · 瓦莱大教堂。

(a)

(b)

图 29 罗马圣安德列 · 德拉 · 瓦莱大教堂。(a)(b)正立面细部。

那些立柱被**压进了**（schiacciamento [flattened]）那个凸出的墙面，而且那种**薄片般的**虚空仅仅变成了立柱边缘的一道黑色镶边，于是就不再产生原本期望的效果。但人们并没有维护这种立柱形象的整体性，即围绕圆柱体的虚空感，于是导致了二维效果的立柱形象，使之沦为了壁柱。事实上，米开朗琪罗在劳伦提安图书馆的封闭空间里也采用了这种可称为“固定焦点”（fuoco fisso [fixed focal point]）的处理方法。而对于圣安德列·德拉·瓦莱大教堂的立面而言，原有的街道宽度使之获得并保护着这种“固定焦点”。但随着这个街道的改建，人们的视点不可避免退后了；现在，对观望这个立面的那些人来说，它更像是被画出来的，而不像原本打算表现的那样，是被雕塑出来的。

预防性修复如何才能解决这个问题？就此而言，法规不应局限于禁止以任何方式改变这个立面本身，也应确立毗邻区域的不可触动性[5]。我们在各个街角至今还能读到只是反映这份申明第一部分立法意识的**法规**，它们和垃圾清扫等等有关。但这类法规并没有根除坏行为，只是使之有所不同罢了：这里没有脏东西了，但其他地方却更多了。相似地，只与立面本身有关的法规挽救的只是这个立面的材料性实存，而不是它所属的空间环境。

接下来让我们看看，对这种初步调查领域来说，预防性修复对史实古迹[6]类作品意味着什么。即便论述到了这里，也不乏有人会嚷嚷，类似调查对于防止未来还不知道的事是完全徒劳的。那么，让我们以罗马的茱莉亚路（Via Giulia）为例，并假设这条路仍像 20 多年前那样。我们能设想出一整套法规，将整条街作为某种单一古迹保护下来吗？我们当然可能做到，但是在这种情况下对其构成元素进行相关的各种微妙**区分**时，无疑必须从以下事实出发，即，在这条华丽的街道里，并非所有建筑都是宫殿、豪宅之类的东西，那里也有普通住宅，即那些拼凑而成的小屋。在这种情况下，如果用一种在**体量**、**色彩**和**高度**此类要素上和那些不太重要的建筑同样适宜的新建筑取代那些住宅或小屋，或许能挽救这条街道的透视统一性；因为那些建筑的确在某个时期曾存在于此，而且尽管不太重要，但在某种**层次**上却维持着这条街道可称之为透视结构的那些东西。但即使在最好的情况下，必定就是相似的推断导致了维吉尔高中（Virgilio）[7] 的建造。尽管这个建筑肯定不是罗马最不得体的新建筑之一，但无疑也破坏了伯拉孟特（Bramante）设计的那条街道的历史结构，或者说用某种误导人的现代主义改变了传承给我们的那种街道布局，而在我们史实 - 评论意识中，本来是有责任使其保持不变的。

因此，如果有人建议用同样体量、高度与色彩的现代建筑取代古迹性环境里不太重要的建筑，其背后的推理仅仅看起来合乎逻辑，事实上却可归为诡辩。因为那个取而代之的房子（costruzione [building]）或许有权被称为建筑（architettura [architecture]），或许根本称不上建筑。如果那个房子根本称不上建筑，显然就不能说对现状的破坏是正当的，这种现状应该如其所是地、史实地延续下去，因为在这种情况下，史实要求不能让位给连美学要求都称不上的东西。然而，即便人们认为那个房子称得上建筑，即称得上艺术，鉴于现代建筑体现出的对比空间性（contrastante spazialità [contrasting spatial qualities]），将这种**真正的**（vera [truly]）现代建筑插入古代文脉里也是无法接受的。因此，无论我们所谈的是否是真正的建筑，都绝不允许通过替换古老建筑环境结缔组织（tessuto connettivo [connective tissue]）各个构成部分的方式改变这种环境。这种结缔组织，尽管杂乱（amorfo [amorphous]），但仍是同一时代形成的，在史实上是有效的（显然，在以上假设中，还没有触及风格性“造假”这种情况）。[8]

如果人们觉得，通过仅仅保持艺术作品的现状而对其未来享用采取预防措施，这种必要性证明起来困难的多，那么就无需再介绍性地举例说明另两条调查路线，即调查材料依据的状况以及良好保护所需的条件。因为这两条调查路线并不有赖于需要特殊艺术与史实敏感性的评价，而有赖于各种实际调查与科学推断，而这些调查与推断自身事实上属于更客观、也更少产生争议的领域。

[1] 比如，为了防止鸟类在斗拱里停留，防止其排泄物造成破坏，就需要在斗拱外设置防护网，但这种预防措施多多少少都会影响人们的建筑欣赏。——译者注

[2] 这里的古迹指的是和艺术性作品相对的，作为史实文献记录，即无声史书的保护对象。——译者注

[3] 修复的本意即恢复，于是人们通常可能认为，为了将作品既作为形象，又作为史实记录享用，就像通常的做法那样，将其从“杂乱无章”、可能“遮蔽”它的环境中清理出来就够了，不需要再讨论这方面的“预防性修复”。——译者注

[4] 对于建筑空间性的分析，参见切萨雷·布兰迪《建筑对话录》(Dialogo sull'architettura)，载于《赫利孔山对话录》(*Dialoghi di Elicona*)，第3卷，第4卷，Einaudi 出版社，都灵，1956年，188-214页。

[5] 不可触动性（intangibilità）：英文版将“intangibilità”译为建筑遗产保护中常用的“完整性”（integrity），但这种完整性本质上是通过维护现状而非补全达成的，即《世界遗产公约实施指南》在解释“完整性”（integrity）时所说的“intactness”。——译者注

[6] 这里的“史实古迹”同样指的是和艺术形象相对的、史实记录层面上的作品。——译者注

[7] 这里所说的高中名为“Liceo Ginnasio Statale Virgilio”，其所在地原本是一处文艺复兴时期宫殿，新的高中由建筑师马尔切洛·佩森提尼（Marcello Piacentini）设计，建于1936—1939年，被插入当时依旧完整的16世纪形成的历史肌理中。——译者注

[8] 此处强调的是，当我们面对一个作为史实证言的干预对象时，应将其真实、完整地保护下去，而不是合成一个新艺术作品，用新的史实证言取代那些虽然看起来不重要，但仍是史实证言整体构成部分的东西，在这种语境下，就不能用在体量、高度、色彩上与原建筑一致的新建筑取而代之。在本书其他地方，布兰迪提到了当历史肌理因灾害等原因残损，不得不“织补性”修复时面对的两种情况：一是将织补部分仅仅作为起关联作用的整合物，作为“底”，织补部分本身并不作为艺术作品，从而真实地突出原有残存部分，即“图”；二是织补部分本身就是具有时代真实性和艺术感的艺术作品，但这就意味着通过新旧并置合成出了另一个具有整体艺术形象的作品。由于本书讨论的并不是如何更好地合成另一件艺术作品，而是如何保护原有的艺术作品本身，因此，在这种语境下，布兰迪并没有详细讨论后一种情况的合理性与处理原则。——译者注

附文

Falsificazione
[Falsification]

1

论造假

如果人们认为可以从实用主义的角度，例如从各种赝品制造方法的历史看待造假，那就完全误解了造假，相反，我们应从判断什么是假的出发看待造假。如果想一下什么是假的，人们立刻就会发现，直到赝品被认为是赝品之前，它并不是赝品。事实上，虚假性不能被视为物品的固有属性，即便在伪造物主要是由某种不同材料依据构成的极端情况下也是如此。譬如各种硬币，尽管假硬币所用的合金和真硬币相比可能具有虚假性，但这种不同的合金本身并不是假的，而是真的。于是，将私自铸造英镑硬币裁定为犯罪就是一种绝佳的判断：尽管伪币可能同真币绝对一样，具有同样的黄金成分，但它不是由大英皇家造币局发行的事实确定了其虚假性；在这种情况下，即便造假者的复制品在黄金分量上没有欺骗性，也无法得到法律认可。因此，虚假性基于判断。于是，判断某物是赝品，就如同判断分配给一个特定主体（soggetto [subject]）的述语（predicato），看述语的内容是否符合主体和主体所声称的概念的关系。于是人们在对虚假性的判断中——依据主体应该拥有，却不拥有，但又假装拥有的各种本质特征——认识到了某种有问题的判断。因此在对虚假性的判断中，人们确定主体并不和其声称的概念相一致，从而宣告对象（oggetto）本身是赝品。[1]

因此，对认识虚假性来说，其必不可少的前提在于判断，而不在于物品本身，因为如果不是这样的话，就无法解释，为何“同样的”物品，即便没有任何改变，仅仅根据它被制造出来或投入流通的目的，就可以被视为仿冒或假冒。因此，区别复制品、仿冒品和假冒品的基础，并不在于制造方法的具体差异，而在于意图的不同。我们对此可以指出三种基本情况：

（1）制造一个物品，这个物品要么在技术方式上，要么在某个既定历史时期或既定艺术家的风格上，模仿或复制另一个物品，其目的没有别的，只是为了记录原有物品或从中获得快慰；

（2）以上述方式制造一个物品，但具有在该物品的历史时期、材料依据或创作者方面误导他人的特定目的；

（3）将这种物品投入市场或以其他方式流通，即便其生产意图不是为了误导，但流通的物品却如同某个时期、某种材料、某家厂商或某位艺术家的真正作品，而那件物品本身的这些要素事实上却并非如此。

第一种情况对应复制和仿制[2]，尽管复制和仿制在概念上有所不同，但仅仅代表着重制处理某件独特作品，或挪用属于某个时代或某位特定艺术家的技术或自身风格的两种不同程度而已。而第二种和第三种情况则限定出了赝品的两种基本含义。

在后两种情况下，也只有在后两种情况下，才可能区分史实赝品和艺术赝品。鉴于每件艺术作品同时也是一种史实记录，鉴于在这两种情况下的误导意图是一样的，史实赝品实质上是艺术赝品的一种亚类。

尽管人们或许认为，不仅仅可以基于复制与仿制这一边同伪造那一边的不同意图对它们做出区分，而且鉴于制作副本或生产赝品背后的不同动机，还可以从各种特定特征推导出这种区分。然而，这种不同只是虚幻的，我们无法据此做出任何可靠判断，在某些情况下，最多只值得作为某种征兆，有助于回溯导致人们制造那件物品的原始意图。事实上，尽管为了记录而制作一个副本和为了将副本假冒为原件而制作一个副本在目的上是相当不同的，但在这两种情况下，实施这种行为的那个人始终处于某种现实的文明领域里，因此也就处于被各种风尚和嗜好史实决定的某种文化背景里。因此，无论是为了记录还是伪造而复制，那个人总是不由自主地记录下或伪造出，当时的嗜好或风尚在原作里倍加赞赏或搜寻的东西，在这种情况下，他所面对的原作永远不可能是现象学意义上的整个作品，只可能是其中的这个或那个方面。于是，复制者或伪造者将在他们的重制里保留那些备受赞赏的特定方面，并不可避免地忽略其他方面。由此可见，即便是复制品，也具有泄露它们属于某个历史时期的时代性，除非它们是以机械方式重制出来的，但即便在这种情况下，将它们同原件区分开尽管是困难的，也并非总是不可能的。对于赝品，我们同样也可以说，无论造假者的造假领域如何，无论赝品是硬币、雕像还是画作，它们和真品总会有取决于时代的不同之处。

因此，无论是复制品、仿制品还是造假品，它们都会反映被制造出来的那一时刻的文化**面相**。就这种意义而言，我们可以说，它们具有双重史实性，因为它们一方面产生于某个既定时代，另一方面也不经意地见证着那个时代的偏好、趣味与时尚。因此，伪造史不仅有权成为趣味史的一部分，而且，如果伪造的对象是艺术作品的话，甚至有权进入艺术评论史，因为这种赝品能反映既定历史时期流行地**解读**（leggere [reading]）某件艺术作品，或推衍那件艺术作品风格的特定方式。事实上，由于我们如今采用和20世纪初不同的准则审视与评估艺术作品，因此相当容易戳穿那些在50年前曾骗过精鉴家们的赝品。[3] 在这方面尤其值得回忆一下多塞纳[4] 的造假，由于他的造假利用了狡诈的风格混杂，从而暗示其赝品要么出自中流艺术家之手，要么是著名艺术家风格转变期的作品，因此利用了当时非常流行的文献学评论做法，也是就说，当时的人们试图通过各种特有的、固定的、可辨认的风格细节而将某位艺术家的风格确定下来。

总之，人们不仅应该通过确定无疑的造假物，也应该通过复制品和仿制品审视造假的历史，这不仅仅因为在这两种情况下，人们采用的处理方法在实体上是一样的，还因为其他两方面的理由:首先，判定是否是赝品的根本，在于证明其中是否有误导的恶意,但这很难;其次,即便在最遥远的文明时期,也不可能排除人们会有意制造赝品,因为文明同样也是商业的同义词,因此也在各种价值尺度上运转着,无论这种尺度多么粗略,人性中最恶劣的那些方面很快也会通过这种尺度显现出来。

恰恰由于难以证明物品生产和交易背后是否存在欺诈或**恶意**(l'animus [malicious intent]),就像在法律中那样,直到证明事实恰恰相反之前,人们都必须首先认为其意图是诚信的;因此,由于上述两个理由,我们不能将复制品和仿制品的使用与制造排除在造假的历史之外。

由于只有其中是否具有恶意决定着对虚假性的判断,因此就必须首先解决一个尤其在现代艺术生活中已经具有某种重要性的问题。也就是说,即便某位艺术家是某件作品的创作者,但他却在稍后时期重制了那件作品,为它签上较早的日期,或者(由于没有签上日期从而)使人误认为那件作品的制作日期早于事实上被重制出来的日期,我们是否允许这些情况?对后一种情况来说,如果这位艺术家为那件重制品签上了真实的创作日期,那就简单明了地解决了这一问题,我们不能将那幅作品判为赝品;但是,如果这位艺术家故意改变或漏签了日期,那就很难排除对其**恶意**误导的怀疑,作为自我造假者,这位艺术家在道义上和法律上并不比其他造假者更好。

最后有待检验的问题是,抛开赝品的制造或销售中隐含欺诈这一事实不谈,我们是否能承认伪造出来的艺术作品具有自在自为的价值。从技术实施和工艺制作的角度来说,无疑应当承认其作为某种史实文献的价值。但能否承认赝品具有艺术作品价值则是另一回事了,尤其当赝品已不再是替代原作的复制品,而是对某位既定艺术家风格——很可能自治——的某种解读品时。对于这种情况,必须指出的是,抛开复制品精湛的制作技艺不谈,其美学上的合法性仅限于是传递原件的某种"回声"[5],因此,对原件的重制或散播次数越多,对原件的削弱就越厉害。

图 30 凡 · 梅格伦（冒名为弗美尔）所绘《基督在以马忤斯》（*Cristo ad Emmaus*），私人藏品。
图片来源：《伯灵顿杂志》（*Burlington Magazine*），1937 年，211 页。

然而，就所有历史时期通常发生的情况而言，人们在重复某位大师的风格方面看起来并没有什么不同。哪里有人追随一位伟人，那里就会有其他艺术家对之进行的各种复兴、解读与改编，而无论在道德上还是在美学上，人们从未将这视为冒犯。例如乔托和玛索[6]、乔尔乔内（Giorgione）和提香、马索利诺（Masolino）和马萨乔的一些作品，人们往往难以区分，且常常饱含争议。事实上，最近已经有人试图借此为近代最著名的伪作之一——弗美尔[7]作品的伪造者凡·梅格伦[8]所作的《以马忤斯的晚餐》（*Cena di Emmaus*）辩护。[9]（图30）

尽管如此，我们对这种辩护的回答只能是否定的。在这个特殊例子里，范·梅格伦用类似多塞纳的方法捏造弗美尔的风格，虚构出一件弗美尔缺乏文献记录的那段过渡期的作品，恰恰以力求故意欺诈的处理方式，使伪作产生了有效的暗示力量。而为了使仿作具有某种独立的价值，就不应该使人们误解仿作的真实创作日期，而且仿作的形式也应该真正源于某种新的主观实质。这一切都是可能的，但在创作日期的铁的事实上必须将造假的嫌疑排除在外，从而才可能使这种作品重新归入我们对其做出它就是那样的判断的真实艺术作品行列，这种判断将是肯定性的，而将其宣称为赝品则是有疑问的，于是，甚至在作出它就是那样的判断的逻辑形式上就展现出了艺术和造假的分歧。

[1] “soggetto”在语法层面上指的是“主语”，在逻辑学和法律层面上指的是“主体”；“predicato”在语法层面上指的是“谓语”，在逻辑学和法律层面上指的是“述语”，即“为某个主体赋予的品质、属性或意义”，因此英文版将“predicato”译为“quality or meaning”；“oggetto”在语法层面上指的是“宾语”，在逻辑学和法律层面上指的是“对象”、“客体”、“标的”。——译者注

[2] 复制意味着精确的形式重制，仿制意味着不针对特定形式的风格性重制。——译者注

[3] 20 世纪以来的艺术作品真伪鉴定方法发生了很大变化，以往的鉴定往往基于风格性“手法”与“品质”之类大的形态要素，但此后开始转向最不为人所注意的细节，因为伪造者往往不会关注此类地方，从而很容易露出破绽。这种方法避免了因伪造者的高超“品位”和“技巧”所带来的种种形式陷阱，例如尽管一个建筑仿冒品在外观形式上非常逼真，但其构造与工艺做法或看不见的材料部分往往不会刻意造假。关于 20 世纪以来真伪鉴定方法的演变，参见：《文化遗产保护的历史与哲学问题：保护阅读文献》，见前引书，2-41 页。——译者注

[4] 阿尔塞奥·多塞纳（Alceo Dossena，1878—1937）：意大利技艺高超的仿造雕塑师，曾伪造过大量从古希腊到哥特风格的雕塑，许多收藏家和著名博物馆均收藏过他的赝品。但他本人仅仅承认是在仿造，而非伪造，因为他并没有打算将这些仿造品当真品卖，事实上是他的经销商阿尔弗雷多·法索利（Alfredo Fasoli）将这些仿造品标成了价值连城的古董。——译者注

[5] 正如布兰迪所言，复制品就像传声筒，仅可能部分传递在现象学意义上的整个原件，在传递过程中不仅存在遗漏，还存在变形，更不要说那种从复制品不断重制出来的复制品，因此，在原件的不断“回声”（eco [echo]）中，“原件”就不断走样了。——译者注

[6] 玛索·迪·班科（Maso di Banco）：活跃于 1340—1350 年的佛罗伦萨画家。——译者注

[7] 扬·弗美尔（Jan Vermeer，1632—1675）：荷兰黄金时代最伟大的画家之一，他的作品和生活曾被人遗忘了一个多世纪，直到 19 世纪中期，其才华和成就才得到认同。——译者注

[8] 汉·凡·梅格伦（Han van Meegeren，1889—1947）：荷兰人，世界上最著名的伪画制造者之一，以伪造弗美尔的画作著名。二战期间将伪造的弗美尔画作卖给德军军官，因仿造得过于逼真，以至于没人相信是假的，并因倒卖弗美尔的“真迹”而在二战后以伪造和欺诈罪锒铛入狱。——译者注

[9] 参见拉吉尔蒂（Ragghianti）的文章，《塞莱艺术》（*Sele-Arte*），第 17 期，1955 年 3-4 月号。

Postilla teorica al trattamento delle lacune
[Postscript to the treatment of lacunae]

2

残缺处理的理论旁注[1]

对于如何处理受损艺术作品中的残缺问题，迄今为止存在各种对立的解决方案，这种对立性基本上是由于人们总是经验性地提出解决方案，然而，这个问题的解决之道首先应是理论性的。的确，人们可能反驳说，无论艺术作品是建筑、雕塑、绘画，还是其他类型，它们的结构性差异也决定了我们设计出来的解决方案应是不同的，因此，有待处理的各种艺术作品的这种内在客观性就排除了统一的处理方式。

但这种反驳恰恰证实而非否定了我们从一开始就强调的观点，因为，如果某个解决方案取决于艺术作品的具体客观性，它就强调了试图具体问题具体分析地解决问题的经验主义，这恰恰与艺术作品的本体联系了起来。而为了满足各个具体案例的需要而对理论前提进行的这种——可以说是——调整，并不意味着人们可以不要某种理论前提。

因此，有必要阐明这种理论前提在于什么，在我们看来，只有这样才能确保残缺处理的合理性。

为此，我们必须对我们的研究对象，即艺术作品，进行界定。就此而言，所有人都可能认为这是显而易见的，但这恰恰是种必须被研究的显而易见。正如在博物馆里展现在我们眼前的一件艺术作品，是艺术家创造出来的同样的作品，还是说，一件作品一旦被完成了，或者说与艺术家的创造性关系因此在事实上终结了，由于它进入世界，成为普世体验的可能对象，就变成了不同的东西呢？而我们又如何才能界定这个不同的东西呢？

我们以这种方式提出了这个问题，显然，我们试图对艺术作品进行一种现象学处理；也就是说，使它受制于一种特殊的**悬置**。用胡塞尔的表达方式说，我们将限于把艺术作品仅仅作为**生活世界**（mondo della vita [world of life]）的体验对象予以审视。我们这么做并不会使艺术作品贬为一般的“客观对象”，只意味着不再在本体上探究它，而是将它作为进入我们的感知领域，并由此进入我们体验的艺术作品接受。一旦这样限定艺术作品，我们就能考虑到如果仅仅审问艺术作品的本体，就会被我们遗漏的方方面面：从它的材料依据，保存状况，直到它的博物馆展示等等。

的确，如果我们只从艺术作品的本体考虑，那么显然，和构成艺术作品的——用黑格尔的话来说——**“外在的与被赋予的材料”**有关的一切东西，例如，艺术作品所处之地或应处之地的温湿度条件，或为了公众展示而采取的各种措施，所有这一切都是不相干的事。但是，这种艺术作品，恰恰因为在本体上是一种艺术作品，因此就不能永远置身于我们的体验之外。事实上，一旦艺术作品被认可为艺术作品，而且恰恰因为被认可为艺术作品，它才有权从这种现象世界中豁免出来，我们才能通过生活世界里作出的这种特定选区（particolare circoscrizione），严格地根据已经发生的这种认可关系对待它。现在，通过我们所应用的这种特殊**悬置**，这种认可教导我们，这种艺术作品是作为某种封闭的环，作为我们无权介入的东西来到我们这里，除非是以下两种情况：一是将它尽可能完整地保护下去；二是当它的材料结构不稳定时，如果必要的话，予以加固。因此，将艺术作品的完整性保护下去，在概念上和复建截然相反，尽管在某些情况下，保护和复建所要求的操作可能看起来一样。然而，复建诉求进入那个被封闭起来的创造之环，取代原创艺术家本人或代行其职；相反，将艺术作品的完整性保护下去则意味着，只有当由于不适当的干预或时光的作用，那件作品已经被无法达成某种新合成的添加或改动毁容时，才干预那件作品。因此，复建实质上是一种史实性和创造性取代的经验主义干预，妄图嵌入艺术作品已被其创建者封闭且不可逆转的那一处理环节。而在保护性干预中，我们绝不逾越艺术作品进入**生活世界**的那一环节，因此同艺术作品要求其创作者通过或长或短的苦心经营才首次进入**生活世界**相比，艺术作品获得了第二**史实性**。

一旦澄清了这一点，我们也就澄清了残缺处理的理论前提。事实上，一旦建立起这样的观念，即我们必须处理的艺术作品，其实是进入我们体验、进入我们当下史实的艺术作品，显而易见的就是，我们必须坚持根据它在我们意识中的当下在场去审问它。一旦这样审问,我们就无意于讨论它的本体，将其视为就是如此，只是将它的本体作为我们的当下体验对象对待。

于是，这种审视将动摇涉及艺术作品的材料结构依据，以及其所处之地温湿度条件的种种考虑，如果艺术作品属于经验上所说的“可移动”对象范畴，也将动摇与其展示相关的，包括背景照明或环境照明的种种考虑。这种将艺术作品限定为一种——尽管自成一类的——现象的观察，也能令我们检验残缺的处理问题。于是，我们立刻就会发现，任何旨在用归纳或近似的方式而将形象和其残缺部分整合起来的干预，都是一种超出了将艺术作品视为限定着我们观察的那种考虑的干预。因为我们不是那位作为造物主的艺术家，我们无法逆转时光流逝，将自己合法地插入那位艺术家曾创造着如今遗失的那一部分的那一环节。我们对已经进入生活世界的艺术作品的唯一态度，就是根据艺术作品在我们意识里所实现的当下在场而考虑它，并将我们对艺术作品的举止限定为对艺术作品的尊重，这意味着保护并尊重已经传承给我们的那部分作品的完整性，使这部分的未来不再有危险。

在这种态度下，我们必须将自己限定于只是增进对艺术作品幸存并呈现给我们的那部分的享用，不以类推方式整合，只有这样，人们才不会对艺术作品本身任何部分的真实性产生怀疑。在这一点上，而且仅仅在这一点上，我们才能接着检验下述问题：即艺术作品的残存部分事实上是否不只是其材料的残余；也就是说，艺术作品形象的一体性是否允许我们对某些遗失部分进行重构，而且恰恰是作为艺术作品之为**整体**而非**各个部分的总和**所拥有的潜在一体性的重构。我们认为，在各种适当的限制条件下，这种重构是允许的，甚至是值得期待的；但我们希望强调的是，对这种重构考虑而言，我们将逾越我们自己设定的那种**悬置**，并在艺术作品的本体上审问它，以便检验对特定遗失片段的重构来说，它们是否，并在何种程度上，才能被真正地视为形象本身的合法衍生，而不是类推的或想象的整合。由于这种评判不可能是非个人化的，因此，我们实施的建议性整合必须置于各种限定之内，并且其方式应该是不借助任何特殊文献记录就能一眼辨认出来，就像提交给他人进行评论性判断的某种**建议**（proposta）那样。因此，任何整合，无论多么微小，都必须轻易地可识别出来。在中央修复研究院，我们就是这样为画作发明了水彩**影线法**[2] 技术，它在技术和材料上不同于画作原本所用的技术和材料。一旦这样做，我们就不会逾越为自己设定的那种**悬置**的限定，因为我们的这种整合是一种现象中的现象，因此不是隐藏起来的，但也不炫耀地让他人体验。

但是综上所述，显然，残缺的假设性整合，仅仅对于某些可以说无足轻重的（marginali [marginal]）部分，才是种局部解决方法。因为，以一个实例来说，我们不可能接受以假设性整合取代一个缺失的头部或诸如此类的情况。对于那些基于形象具有的特殊**元逻辑**（metalogica [metalogic]），而且形象的背景也不允许其他替代选择，从而可能重建出来的连接，像文献学家那样用放在括号里的形式而将假设性整合插入残缺文本里的整合是允许的。只有在这种情况下才允许**具体情况具体分析**的方法。即便如此，这种假设性整合在绝大多数情况下也是不可能的，[3] 于是，就出现了自在自为的残缺问题。就此而言，让我们运用我们所衷爱的**完形心理学**（它也间接证明了我们在中央修复研究院二十多年来的实践中一贯提倡的那种方法）。出现在绘画、雕塑或建筑形象背景中的残缺究竟意味着什么？如果我们从本体上回过来看作品，立刻就会感到，残缺是一种不适当的形式中断，甚至可能带来痛苦的体验。而如果我们在**悬置**的限度里，也就是说，停留在即刻感知的领域里，我们就会通过感知的自发图示，用图底关系的构架解读残缺，也就是说，我们会感到残缺成了一种“图”，而绘画、雕塑或建筑形象却被要求成为残缺的“底”，残缺本身形成的“图”占据了主导地位。需要指出的是，残缺造成的烦扰更多地源于形象的“图”退缩为了“底”，源于残缺作为“图”猛烈闯入了试图驱逐它的背景，而并非源于残缺在形象里引起的形式中断。

于是，我们就清楚地勾勒出了这个问题：相对于真正的“图”，即艺术作品本身而言，我们必须削弱残缺所呈现的那个“图”的凸显价值。一旦这样提出问题，显然，残缺所要求的基于**具体情况具体分析**的解决方案，不能偏离的原则就是削弱残缺凸显地被感知为“图”。**完形心理学**在这里也将有助于我们找出具体的解决方案。我们必须消除残缺造成的任何歧义性；也就是说，必须防止残缺对形象的吸收与削弱。因此，将残缺和形象置于不同的层面上就是个很好的方法。在不可能这么做的情况下，我们就必须调低残缺的调子，从而为残缺创造出某种有异于形象自身所展现出的调子的空间态势。就这点而言，我们会发现“**中性区域**”（zona neutra [neutral zone]）的标准是如何的经验主义，事实证明总是有缺陷的，即便这种标准没有考虑到残缺会作为“图”浮现出来，这种干预方法的随意性也不亚于想象的补全。

然而，人们会发现，我们得以立论的感知的自发图示并非都是自发的，也有部分是后天获得的。譬如，拜占庭绘画灌输给我们的从左至右的阅读模式就是后天获得的，而古典古代则对此一无所知。但我们自己特意提出的这种反驳意见并没有改变这个问题的实质及其解决方案。对于残缺的处理问题，我们并不希望接受一种会危及艺术作品的未来或改变其本体的解决方案。我们已提出了两个无可置疑的要点：首先是所有旨在实现形象潜在一体性的整合，要有绝对且容易的可识别性；其次是削弱残缺作为“图”的凸显性。这两个要点为各种具体解决方案留下了非常多样化的可能性，但它们赖以出发的原则仍是一样的。显然，在感知的某些自发图示演化的地方，将来就总是有可能以那种改良过了的感知为思考基础处理残缺问题。因此，我们并未提供具体处方，将来也不会提供，但原则是不变的，艺术作品在艺术史中的两个环节永远是截然不同的，正如由艺术家创造出来的那个艺术作品的史实性，同它一旦进入生活世界所享有的史实性截然不同一样。同样无可否认的是：由于我们处理的是对艺术作品的接收，因此就必须坚持这种第二史实性，并根据这种史实性塑造我们对艺术作品的态度，无论提供给我们的艺术作品可能多么不完整或遍布残缺。

[1] 为第二十届艺术史大会提交的论文，纽约，1961 年 9 月。

[2] 影线法（tratteggio）：1946 年，为了整合帕多瓦的欧维塔尼小礼拜堂（Cappella Ovetari）里 1944 年被盟军炸毁的曼特尼亚（Mantegna）所绘湿壁画，布兰迪和保罗·莫拉、劳拉·莫拉夫妇发明了这项修复技术。正如第三章图 6 所示，影线法指的是修复师用各种灰色或彩色线条对缺失部分进行填充式整合，其目的是根据原始史料，在确保可识别性的同时重建出艺术作品原有的潜在一体性。——译者注

[3] 这里的“假设性整合”指的是一种有“确凿”依据的整合（或者说局部整补）。在布兰迪看来，即便整合有“确凿”依据，从历史与当下的关系看，也是假设性的，是当代人的作品，并不是前人的作品，因此应该像文献学家释读残缺文献那样，将整合部分放在“括号”里。但很多时候，由于残缺过多或缺乏文献依据，我们无法获得“确凿”的整合依据。当然这种情况也并不意味着不可能或不必处理残缺，于是就产生了其他有待讨论的情况。——译者注

Principî per il restauro dei monumenti
[Principles for the restoration of monuments]

3

古迹的修复原则

那些为修复艺术作品——可移动与不可移动画作、艺术性与史实性对象等等——而提出的原则，同样也适用于古迹修复，我们只是根据经验主义的含义才将艺术作品同适合被称为建筑的那些东西进行了区分。事实上，如果一个建筑是真正的建筑（architettura [architecture]），那么它也是一件艺术作品，同样也享有既作为史实记录，也作为艺术作品不可分割的双重性质，同样要根据史实与美学要求进行修复。然而，在将艺术作品的修复准则应用到建筑性古迹时，首先必须指出的是，按照上述经验主义含义而理解的建筑和艺术作品的形式结构是不同的。事实上，即便一幅画、一尊雕像、一件艺术性或装饰性物品，有可能是为某个既定空间特意创作出来的，但是除了各种岩雕类古迹（monumenti rupestri [rock-cut monuments]），极少会有一尊雕塑或一幅画密不可分地固附于某个特定地方被抽象创造出来那种空间；而且，一旦离开那种抽象空间，就无法从与其原目的地相似的，甚至更好的空间条件中受益。这是因为，艺术作品在某种既定具象性里所实现的空间性并非来自作品的外部，而恰恰是其结构自身的一种功能。因此，建筑在限定条件上的不同，肯定不在于建筑和艺术作品具有某种不同的本体，而在于对建筑来说，古迹自身的空间性和它所处的环境空间是共存的。于是，如果对某种“室内性”建筑而言，仅仅通过保护室内就能确保这种室内外维度，那么对某种“室外性”建筑而言，这种“室内外”维度就要求保护古迹所处的空间环境。因此，如果需要的话，尽管——即便不完全地——重建某个古迹的室内是可能的（例如，通过拆解墙体然后再归安，重建出陵墓带有或不带有壁画的墓室）；但对于室外性古迹而言，重构特定环境的可能性只在于古迹归安，尽管在这种情况下可以将石材一块块拆解下来，但也只应在原地而非异地归安。

然而，就此而言，这个问题有两个不同方面：是从古迹本身的角度考虑，还是从其所处环境的角度考虑。从空间观点来看，这种环境除了和古迹本身有着密不可分的联系之外，自身可能就是一种古迹，而我们所讨论的建筑本身只是其中的某种构成元素。

于是，对任何修复操作来说，相对于艺术作品的一般性问题，我们就勾勒出了室外性建筑的特殊问题。

首先，我们必须检验的是，由于室外性古迹和其所处历史场所（sito storico [historical site]）的不可分割性（inalienabilità [is inalienable]）引发的问题。其次，我们必须检验由于历史场所的变化——属于那里的一个古迹的改变，或部分与完全的消失——引发的问题。

一旦首先承认室外性古迹的不可分割性，我们就能得出一些推论：

（1）拆解古迹，并在其建造地之外重组是绝对非法的。这种非法性更多地源于美学要求而非史实性实在，因为，一旦改变了古迹的空间特征（dati [features]），它作为艺术作品的效能也就削弱了；

（2）拆解古迹并异地重建，就是用古迹自身的材料做了一个它自身的**赝品**。因此，这种贬黜后的古迹，还不如和活人相比的木乃伊；[1]

（3）只有当我们无法以任何别的方式拯救古迹时，对它的解体和重组才是合法的，但即便如此，也必须永远且仅仅在那个古迹曾得以实现的历史场所解体与重组。

在提出这些推论之后，显然，那些与特定历史场所中各种构成元素——尽管它们本身并不一定具有古迹特征——的消失或改变相关的具象性问题，就构成了古迹**原址**保护问题的另一面。

同时必须明确的是，我们说的是**历史场所**，而不仅仅是古迹性环境，因为从古迹的观点来看，它所处的自然环境也起着古迹性环境的作用。尽管承认自然环境拥有和古迹性环境一样的保护要求，并实现互利互惠是很难的。我们可以以“日耳曼”圣米尼亚托的山丘[2]为例，日耳曼人为了在其顶部建造腓特烈二世塔将山头推平了；其他例子还有拉迪科法尼山顶的吉诺·迪·塔科古堡[3]，或是帕尔米拉周围荒漠里装点着嶙峋山丘的墓塔。[4]

我们提出了与古迹相关的历史场所保护问题，提出了作为这种“场所 - 环境”构成元素的古迹问题，接下来就出现了两个基本问题：

（1）假如某个特定古迹是自然性或古迹性环境的构成元素之一，如果这种环境发生了深刻的改变，以至于不再同古迹自身固有的空间特征相协调，我们先前为古迹自身推定的不可分割性条件还成立吗?

（2）假如除了一个或多个构成元素消失，这种自然性或古迹性环境的空间特征并没有发生深刻改变，在并非不可能使这种古迹恢复活力（reviviscenza [revitalization]）的情况下，是否允许基于对这种环境的空间重构，通过复制手段重构那些灭失元素，即便这种复制本身就构成了某种作伪?

显然，我们只能在修复的一般性原则框架里才能解决这些问题，因为这些原则恰恰是从艺术作品的本体推导出来的。

以这些原则为指南，我们对第一个问题的回答就是：总是要力争将这种场所的空间特征恢复到尽可能接近原有空间特征的程度。然而，即便在其空间特征的改变已不可救药的情况下，也一定不能挪动古迹。促使人们不挪动古迹的真实性意识永远应放在对古迹本身的享乐意识之前。[5]

为了解决第二个问题，我们必须立刻辨析，那些由于其消失而改变了原有环境空间本质的元素是否本身就是古迹。如果它们本身并不是古迹，才允许对它们进行某种重构。因为，尽管重构出来的东西是“赝品”，但它们并不是艺术作品，尽管它们重构了空间特征，但恰恰因为不是艺术作品，只是作为一般品质的空间限定被插入了环境，所以并不会降低环境的艺术品质。就此而言，纳沃纳广场周边重建的住宅就是最合适的例子[6]。当然，我们并不排除在这种环境里也能插入像新建筑那样的东西，但这就不是一个修复问题，而是一个创造问题了，这种做法旨在原创性地建构出一种新形象，无法在修复原则的基础上予以解决。

相反，如果那些灭失元素原本就是艺术作品，那么，将它们作为复制品重构出来就是绝对不可想象的。我们应该根据已灭失古迹的空间特征，而不是形式特征对环境进行重构。所以，尽管我们不得不为威尼斯的圣马可广场重建一座钟塔，但它**不应是**那座已经倒塌的钟塔；同样，我们也应该在圣三一桥的所在地重建一座桥，但它**不应是**阿玛纳蒂建造的那座桥。

以上阐述的原则和问题涵盖了古迹修复里和建筑的特殊空间结构有关的全部问题。而其他相关问题，包括外观和结构的区分，保护古锈以及古迹所经历的各个史实阶段，等等，和艺术作品是一样的。

[1] 因为木乃伊尽管是由死人制成的，但其自身和活人一样仍是真实的。——译者注

[2] 圣米尼亚托城（San Miniato）位于意大利托斯卡纳地区中心，历史悠久。为了和圣米尼亚托·阿尔·蒙特（San Miniato al Monte）相区别，圣米尼亚托历史上被称为“圣米尼亚托·阿尔·特德斯科”（San Miniato al Tedesco），意即“日耳曼的圣米尼亚托”，因为它曾是神圣罗马帝国的军事要塞。1226 年，腓特烈二世对该城进行了大规模改建，包括修建“腓特烈二世塔”（torre di Federigo II）。——译者注

[3] 拉迪科法尼（Radicofani）是意大利托斯卡纳地区锡耶纳省的一个小镇，位于一座小山丘上，顶部有一处始建于加洛林王朝的古堡，因意大利绿林英雄吉诺·迪·塔科（Ghino di Tacco）曾在此驻扎，被称为“吉诺·迪·塔科古堡”。——译者注

[4] 帕尔米拉（Palmira）是叙利亚中部荒漠地带的古城遗址，1979 年被列入世界文化遗产名录，周边至今仍遗存不少公元 1 世纪左右建造的大型墓塔（torri funerarie [funerary towers]）。一座墓塔归属一个家族，大约可同时容纳上百个家族成员的遗体。——译者注

[5] 针对第一种情况，我们可以举一个实例：某个古塔原本建造在空旷山丘上，但近几十年来，人们在古塔旁又建了很多建筑，遮蔽了古塔，其周边环境不再与这个古塔原有的空间特色（向天空耸立的一个设立体）相协调。对这个古塔的保护来说，我们可以拆除那些遮蔽古塔的建筑，恢复它原有的环境特征，但是不能将这个古塔挪到另一个空旷的山丘上。——译者注

[6] 纳沃纳广场（Piazza Navona）所在地原本是图密善皇帝在公元 1 世纪所建竞技场，随着竞技场的废弃，人们将原有的高大墙体空间改造为了住宅、仓库、小作坊和商店等等。该地在 15 世纪后期演变为一处公共空间。1644 年，教皇英诺森十世以巴洛克风格对它进行了重大改建，大致奠定了如今的格局和面貌。布兰迪所说的重建位于纳沃纳广场北端，1936 年完成，仍保留了原竞技场跑道转弯处的弧度。为了突出纳沃纳广场本身的艺术性，这里重建的住宅质朴无华。正如布兰迪所言，那些重建部分本身并不是作为艺术作品，不是作为灭失古迹，而只是作为一般品质的空间补充和联系体重构出来的，其作用在于限定出原有的空间特色。——译者注

Il restauro della pittura antica
[Restoration of ancient paintings]

4

古画的修复[1]

原则上讲，古画修复——这里指的是中世纪之前的画作——在修复领域里并非如此独立的一个分支，并不像在医学领域里，外科之于其他不涉及手术干预的治疗那样。正如中世纪画作和文艺复兴、巴洛克或现代画作并不是相互隔绝的，古代画作的修复被归在画作修复名号之下的方式并没有什么不同。确实有人会反驳说，古代画作——那些从旧石器晚期开始，直到同地中海地区第一个伊斯兰哈里发王朝关联起来的画作——和人们所认识的 8 世纪之后的画作有着或据信有着不同的技术特征。我们同意皮雷纳[2]对于中世纪始于 8 世纪，而非罗慕路斯·奥古斯图卢斯[3]被罢黜的那个世纪的观点。然而，即便承认在断代上有如此多的说法，将古画修复视为完全独立的画作修复门类也是不正确的。

我们不接受相反主张的各种理由。作为辩解，那种反对观点可能声称，人们一直以来并不确定，从旧石器晚期直到中世纪开端，古人在岩石、灰泥[4]、木板或画布上采用的是哪些绘画技术。这种不确定性依然存在，而且我们相信在很长一段时间里仍将存在下去。因为迄今为止发展出来的科学分析技术无法完全确定古人所用的**媒剂**（media）及其使用方式。此外，对于古代艺术家，即便是古典时期的艺术家，我们拥有的信息也极为稀少，无法提供任何明确的帮助，因为文献证据和传世作品从未确切吻合过。一个现成的例子就是人们对蜡画法[5]、上光工艺、古迦太基蜡[6]的意见分歧。在目前的情形下，基于从普林尼（Plinio）、维特鲁威（Vitruvio）以及后来的一些作者，直到《希拉克略》[7] 或是《小钥匙书》[8] 所提供的混乱秘方，通过对这些技术的天才性重建而试图解决这些意见分歧是完全徒劳的。

然而，我们并不能因为不确定那些古画所用的技术，就不修复那些画。我们甚至还要说：即便我们完全消除了这种不确定性，也不能说修复将从中大大受益。无论这一断言多么令人惊愕，一旦我们强调那些对修复而言真正的基本要点，就能证明这一断言。

第一个要点涉及艺术作品的制作材料。就这种材料的含义而言，我们也把为了创造出形象的具象性而加工各种材料的技术工艺包括在内了。毫无疑问，如果我们期望通过某种处理能够逆转材料的劣化、朽坏或退化过程，或使之再生的话，就必须确切了解使材料与画作形成某种既定形构的技术。不幸的是，人们发现，使材料再生，在形象自身的核心里而非**在实验室里**（in vitro）产生可逆性的可能性，迄今只是种乌托邦式的想法，或者说，甚至更糟，这是对艺术作品的一种严重威胁。尽管到目前为止，最幸运的是我们对金属的电解处理，但无可否认的是，这种处理也闯过大祸，因此，只有在极其有限的范围里，非常小心谨慎地应用，才能获得虽称得上满意，但也远远算不上神奇的治疗效果。各种上光层的再生处理实验也是如此。

我们在这些领域获得的成效不仅微小，而且也不能忘记，它们已经是最容易获得预想效果的领域了。因为合金或上光层是连续的同质材料，而画作里微小且形形色色的化合物则要复杂得多。

和现代化学各种复杂的新发现物相比，古代和中世纪所用的化合物还是有限的，即便如此，它们也有着很高的抗分析性。即便将目光转向某个相对较近的时期，譬如 15 世纪早期，我们也完全无法确定扬·凡·艾克（Jan Van Eyck）所用的技术，包括操作方法和媒剂均是如此。这种技术先是神秘地出现，在短短一个多世纪后又神秘地消失了。但是，如果有人根据这种不确定性，就拒绝处理或修复这位佛兰芒人（fiamminghe [Flemish]）的作品，只能说他的理由荒谬之极。

中央修复研究院曾有过两次材料再生尝试，尽管只涉及电解技术和金属。

第一次是试图逆转契马布埃（Cimabue）在阿西西所绘湿壁画上已经氧化的铅白，使之由黑转白。这种处理**在实验室里**取得了极佳效果，但用在真正的作品上时却完全失败了。

第二次是试图逆转古画里变黑的朱砂，自维特鲁威时代起，人们就很清楚朱砂的这一缺点。人们可以在法尔内西山庄（Farnesina）的一些壁画（目前在罗马国家博物馆）里看到我们的处理，从变黑区域消失的角度看，处理效果还是显著的。然而，在我们看来，尽管效果显著，但并不足以补偿处理区域总会发生的色调衰减（affievolimento di tono [washed-out tone]），因此后来就不这么做了。而且我们还有和对这种成效的赞赏无关的另一方面考虑。也就是说，如果艺术作品的材料变化并非源于仍在持续，并因而必须不惜一切代价予以抑制的进程，而是一种现在已经结束，不再威胁作品存续的进程，那么，就必须考虑艺术作品的史实要求。由于艺术作品的时光历程同样也是其自身史实性的构成部分，由于它如今已经传承给了我们，因此就不能将其抹去。这同样也是尊重艺术作品和古迹上的古锈的理论基础。对于艺术作品的当下实在及其未来传承，这也为确定艺术作品的干预程度和范围提供了最安全的基准。而这一切还没有考虑比史实要求更有优先权的美学要求。

事实上，修复的首要原则在于只修复艺术作品的材料，而且这种材料是构成艺术作品的实际材料，而非抽象材料。因此，当提到青铜制的“塞利农特的少年立像”（Kouros di Selinunte）时，我们所说的“青铜”指的不仅是这种合金本身，而且是在它特定当下状态里的那种青铜。所以，只有为了阻止可能对这种形式造成进一步严重损害的糟朽，修复干预才是允许的。即便我们在铸造厂发现的青铜原料和那个少年立像的青铜具有同样的合金成分，两者也不是一回事，就此而言，随着形式对材料的超越，材料具有了特定形式，人们就不能认为这种材料和那种非形态化的材料处在同样的层面上了，即便保护处理时也不能对它们一视同仁。

现在，为古画而提出的问题也有同样的性质。我们要做的并不是翻新色彩，也不是将它们恢复到假设且无法证明的原初状态，而是确保那些令形象的有效性显现出来的材料传承下去。这并不意味着再生或复制画作创作时所用的技术工艺。因此，即便我们对那些技术工艺的了解不完善，也并不构成修复的根本障碍。我们已经指出，这种不完善的了解甚至对修复佛兰芒画派的画作而言也不是一个根本障碍。我们还要进一步指出，即便有了这方面的确切知识，例如确切掌握了中世纪湿壁画、蛋胶画[9]或现代油画的知识，在复制原初技术工艺的基础上进行修复也十足愚昧。不应以湿壁画技术修复湿壁画，不应以蛋胶画技术修复蛋胶画，也不应以油彩重绘修复油画；一旦这么做，就犯下了严重错误。

绘画修复里还存在另一种源于无法分清外观和结构导致的偏见，而且这种偏见不仅仅限于绘画修复领域。许多错误的修复理论都源于缺乏这种区分，尽管在建筑修复里尤其如此，但大部分绘画修复也是如此。事实上，如果形象对于材料所接收的形式至关重要，而材料只不过是形象的载体，那么显然，我们必须保护的是已经转化为形象的材料，即那些直接影响外观的材料，而所有构成内部结构或承载体的材料是可以替换的。当然，从史实要求看，即便是那些不对形象的外观具有直接贡献的部分也应保护下来，但我们要说的是，只有当画作的健康状况允许时，才能对“材料 - 承载体”予以整体保护。因此，如果一幅壁画的状况要求我们揭取[10]，就不必再将它放回一面墙上，而一副岩画则不一定非得再置于岩石上。不仅如此，刚性承载体[11]也不是必需的，因为我们必须完整保持的是外观，而非结构。绘画是要被观赏的，而非被触摸的；它们是为眼睛而生并接受视觉检验的，而非为触觉而生并接受触觉检验的。

事实上，我们必须认识到，修复的本体目的不仅在于确保作品的当下实存，而且也要确保将它传承下去。而且，由于从来没人能肯定将来无需对作品再进行其他干预，即便只是简单的保护处理，因此我们的干预必须有利于，而非妨碍任何可能的后续干预。因此，当人们面对画层很薄的壁画时，对保护来说，将它移植到画布上就是最简单、最合适、最适用的处理方式。这不仅在于这种做法不会妨碍将它移植或应用到另一个不同承载体上的可能性；也因为，无论人们选择什么样的刚性材料作为衬背，裱在上面的画布总是担负着首要的、直接的承载作用。至少就目前而言，人们还没有发明出比这更安全、更可行的其他系统。重要的是，要确保承载体具有不受气候变化影响的稳定张力。中央修复研究院发明的一项新的自动化系统已经实现了这个目标，人们可以看到该系统已经用于最近从塔尔奎尼亚（Tarquinia）挪走的运动员墓室(Tomba degli Atleti)(图31)。尽管这套张力系统必须时不时接受调节，但其效果还是令人满意的，我们在伊特鲁里亚博览会（Esposizione etrusca）上展出了两个来自塔尔奎尼亚的墓室，甚至进行了欧洲巡回展，当然，这并不是说中央修复研究院真的希望以这种方式确认这套张力系统是有效的。

事实上，如果人们想拯救古画，就应当最大限度地揭取。波旁王朝时期从庞贝和赫库兰尼姆揭取下来，并保存在那不勒斯博物馆[12]的画作就是个例证，而同一时期发现的其他画作则大多已劣化或损毁；另一方面，近几十年来，无论是古典时期，还是中世纪或现代的壁画，均在加速劣化，其原因部分可解释得清楚，部分则解释不清。

当然，将古画移植到画布上并不总是可行的。我们甚至可以说，对几乎所有的古罗马壁画而言，需要揭走的不仅是表膜，而且由于我们无法确保仅靠画布层就能承受需要被拯救的画层的重量，所以必须利用刚性承载体。然而，当我们不得不利用刚性承载体时，总伴随着某些遗憾，因为它们有尺寸应用限制，而画布则几乎适用于任何尺寸。

（a）

（b）

图 31 塔尔奎尼亚古墓地（Necropoli），运动员墓室（伊特鲁里亚）修复之后。
（a）左侧墙面细部；（b）右侧墙面细部。

当我们在第一门（Prima Porta）[13]揭取利维娅别墅（Villa di Livia）的壁画时（图32），我们设法将所需的大背板数量降到了6个，但这无疑是困难且危险的。如果能将这些画简单移植到画布上，每面墙本来只需一块画布。此外，中央修复研究院强烈反对使用各种新的合成材料，或复合材料、压制板材之类的东西，因为我们在这方面只有一二十年的经验。在一种长期使用，积累了几百年经验，并很清楚其优缺点的材料被取代之前，我们需要慎之又慎，无论怎么小心都不过分。

我们已经说过，在深思熟虑之后，经验建议我们最大限度揭走古代壁画。我们现在还要补充说，更应该揭走那些保存状况良好的画，因为修复活动并非奇迹，首先注意保护那些状况良好的画才符合逻辑。然而，即便最近若干年来，各种壁画经历着可怕的加速糟朽，许多原本牢固的画层已经脱落，我们事实上仍需要求只在极端紧急情况下才进行揭取，即采取那些“热”操作，因为这些操作，就像对人体那样，无疑是有很大风险的。除了额外的风险以及“热”操作本身难以预料的可怕后果之外，必须强调的是，我们还没有考虑另一个基本要素。

可以说，99%的壁画糟朽都由潮湿造成，而通过毛细作用、渗透或冷凝引发的潮湿几乎总是不可避免的。几百年来的潮湿作用瓦解着壁画的稳定性，尽管人们尚不清楚其物理机制，但无疑存在这种效应。由于颜料丧失了稳定性，化为齑粉或变得像蜡笔般松软的这种变化，还由于潮湿本身，颜料获得了某种不同的色调。因此，当我们在修复中不得不对颜料进行固着时——修复往往趋向于这么做，作品被修复后的色调必然是不同的。这种变化主要并非由于所有的固着剂都会或多或少产生轻微的色调增强效应，而是由于干燥、紧实表面和原先齑粉状潮湿表面所产生的光线折射是不同的。

因此，以墓室壁画为例，如果人们认为它们的真实色调就是在遭受了渗透和冷凝的双重作用而被潮湿侵蚀的墓室里看到的那样，那就过于幼稚或强

（a）

（b）

图 32 马特尔梅博物馆（Museo delle Terme），第一门的利维娅别墅（古罗马，公元 1世纪）。
（a）（b）修复后的墙面细部。

词夺理了。相反，人们此时看到的那种最鲜活的色调，可以说，恰恰是由当时的环境条件强化而来的。在这种情况下，中央修复研究院使用的固着剂是一种白色的提纯虫胶（gommalacca [shellac]），它稍微提高一点色调，而且同人们认为的相反，能从表面清除掉。[14]

当然，我们这里讨论的是那些最紧要的问题，即揭取、承载体和固着剂。清洗并不是一个不重要的话题，但这需要探究过于专业化的技术细节，使我们过于偏离这里更普遍性的讨论。至于整合，和其他时期的艺术作品相比，这个问题对古画来说并没有什么不同之处。在修复时，根据不同的情况，要么不整合，要么就要确保整合部分能用肉眼辨识出来。然而，有一种情况尽管相当特殊，但还是应该停下来探讨一下：那就是用蜡**翻新**（rinfrescare [refresh]）壁画表面。我们这里故意用了“翻新”这个穷凶极恶的动词，因为这已经导致了太多的毁灭性破坏，而人们对翻新的渴望则同蜡的使用紧密相关。

将蜡涂抹在古画上的做法必定源于人们对“抛光工艺”（ganosis）[15]、“上光工艺”（kausis）和古迦太基蜡的粗心解读，[16] 而且在古画之后，人们也这么处理中世纪和现代画作。后来，各种北欧修复流派宣称，他们无限相信蜡具有适用于各种操作的能力，从而重新燃起了用蜡的热情。对壁画来说，使用蜡或石蜡（paraffina [paraffin]）无疑是具有破坏性的，我们做任何事都不足以消除这种危害。无论在哪儿，只要用了蜡或石蜡，就会导致泛黄或不透明化。如果画作仍在原来的承载体上，蜡不仅不会阻止硝酸钾（salnitro [potassium nitrate]）或碳酸钙的“开花”[17]，反而会同它们结合起来，使情况更严重；此外，蜡还为霉菌提供了理想的生长环境，而非起到保护画层的作用。最后不得不说的是，人们永远无法完全清除蜡或石蜡，而且清除它们需要相当剧烈的溶剂。妨碍壁画表面的自然呼吸始终是个严重的错误，正确的清洗应避免敷设纯粹由蜡或树脂构成的保护面。正如人们并不重新磨光一尊塑像那样，同样也不应迫使一幅古画短暂且虚假地恢复昔日曾有的光泽。

图 33　罗马台伯河岸圣母大教堂，绘于公元 6世纪（ ？ ）的《仁慈圣母像》，修复之后。

我们这里讨论的主要是壁画，因为不幸的是，古典时期和拜占庭早期的其他类型画作极少幸存下来。这些画作中的每一件都是一个独立问题，不允许概而论之。在这些极为罕见的遗物里，最著名的可能就是台伯河岸圣母大教堂[18]里的《仁慈圣母像》(*Madonna della Clemenza*)，无论人们对这幅画的断代如何，其最可能的时代都在公元5－8世纪之间。这幅画最近得到了最精心的修复，并展示在中央修复研究院里（图33）。作为罕见幸存下来的以蜡画法绘制的画作之一，这幅画提出了各种新的微妙问题，要解决这些问题，既需要修复师，也需要各类科学家的充分参与。至于画在羊皮纸上的细密画，不幸的是，这也是最没有得到充分研究的修复分支之一。这个领域的固着剂问题甚至比壁画还难解决，正如我们在国际博物馆协会阿姆斯特丹大会看到的那样，人们对此还未达成一致意见。中央修复研究院一直在做大量实验，尽管取得了良好结果，但离**最佳**解决方案仍相当遥远。我们认为，无论怎么强调都不为过的是，永远不应对发亮的羊皮纸册页进行熨烫处理。人们仍在为《罗萨诺的紫红法典》[19]痛惜不已，但愿我们再也不要犯此类大错。我们希望以这段强调慎之又慎的话结束本文。

[1] 为第七届古典时期考古学国际大会提交的论文，罗马-那不勒斯，1958年9月，载于《中央修复研究院通报》，第33期，罗马，1958年，3-8页。

[2] 亨利·皮雷纳（Henri Pirenne，1862—1935年）：比利时著名史学家，其名著《中世纪的城市》探讨了中世纪城市的诞生和发展问题，立一家之言，颇具影响。——译者注

[3] 罗慕路斯·奥古斯图卢斯（Romolo Augustolo [Romulus Augustus]）：西罗马帝国最后一位皇帝，公元476年被蛮族将领奥多亚克（Odoacre）罢黜，西罗马帝国从此寿终正寝，取而代之的是各蛮族在西欧、南欧和北非所建立的小王国。一般认为这标志着中世纪的起始。——译者注

[4] 灰泥（intonaco）：湿壁画基层的最后一层抹灰，由石灰膏（lime plaster）构成，通常含有更细的磨砂从而使最终的饰面更光滑。我国文物保护界也常将该词译为“地杖”，但其语义和意大利语并不一样。——译者注

[5] 蜡画法（encausto [encaustic]）：一种使用掺有颜料、达玛脂、蓖麻子油和其他成分的热蜡进行绘画的方法，最初用在木板上，后来发展到画布等材料上。这种技术主要见于古埃及法雍地区的木乃伊肖像、公元2—4世纪的绘画及其他早期绘画。关于这种工艺的原始史料极少。——译者注

[6] 上光工艺（kausis）：该词源于希腊语“καῦσις”，原意为加热、灼热。维特鲁威在描述保护用朱砂绘制的壁画时，解释了上光工艺（kausis）和古迦太基蜡（cera punica [Punic wax]）的用法：将蜡熔化，加少许调和油，抹在壁画表面，再进行烘烤，使蜡层均匀分布，接着用蜡烛和干净的亚麻布抛光，以保护朱砂不因光线直晒变黑，这种用法就像保养未上色的大理石雕像那样（维特鲁威，《建筑十书》，陈平（译），北京大学出版社，2012，140页）。——译者注

[7] 《希拉克略》（意大利语：*Eraclio*，古拉丁语：*[H]Eraclius*）：又名《罗马色彩与艺术》（*De coloribus et artibus Romanorum*），是少数幸存的中世纪早期拉丁文技术专著，署名“希拉克略”，可能是某个主教座堂或修道院作坊里的世俗人士。该书包括三部分，人们通常认为其中的《第一书》和《第二书》成文于7—12世纪中间某段时间，为一人所作。《第三书》是12—13世纪逐步添加进去的。——译者注

[8] 《小钥匙书》（*Mappae clavicula*）：实质上可称为“通向中世纪技术世界的小钥匙书”，是以拉丁文写成的汇编性著作，收录了各种工艺的大量配方，包括金属制品、染色、马赛克等，也有若干配方与绘画有关。现存最完整的手稿标明的日期是12世纪，包含约300种配方，其中最核心的部分可能于公元600年左右已经在埃及的亚历山大汇编出来，一些配方还可追溯到更早时期的古典文献。——译者注

[9] 蛋胶（画）（tempera）：经常也音译为“坦培拉”。该词源于古意大利语，字面意思是通过搅拌造出起连接作用的媒剂，在绘画里泛指一切用水作为稀释剂，基于蛋白质的媒剂，例如来自牛奶的干酪素（casein），来自动物皮或骨的胶料（size），而不仅仅是最常见的蛋液。该词也泛指采用这种媒剂的画法与画作。从材料角度讲，将“tempera”译为“蛋胶画”并不合适，但考虑到习惯用法，为便于理解，本书仍保持“蛋胶画”的译法。

蛋胶画法可追溯到古希腊和中世纪，在文艺复兴早期和盛期得到突出发展与普遍应用，随着油画技法的日趋完善，从16世纪开始逐渐衰落。用“蛋胶”制成的颜料可稀可厚，但总体上不如油画颜料那么厚重、不透明，因此蛋胶画在技法上与油画的直接画法不同，运用的是间接产生色彩的多层罩染技术。——译者注

[10] 揭走壁画的方式分为“剥取”（strappo）与“揭取”（distacco 或 stacco）两种。“剥取”指仅仅揭走表面色层，“揭取”指除了色层之外，还揭走基底最顶层的灰泥（intonaco）乃至最底层的灰泥（arriccio），有时也会连同部分墙体一起揭走，此时称为“揭取至芯材”（stacco a massello）。对于其他操作来说，“剥取”和“揭取”的含义与壁画处理接近，“剥取”指仅仅揭走表面，“揭取”指揭走附带基层的表面。——译者注

[11] 刚性承载体（supporto rigido [rigid support]）：传统上将砖、石、金属、木视为画作的刚性承载体，而将织物、纸张视为画作的柔性承载体。——译者注

[12] 那不勒斯博物馆（Museo di Napoli [Naples Museum]）：目前的全称为“那不勒斯国立考古博物馆”（Museo Archeologico Nazionale di Napoli）。——译者注

[13] 第一门（Prima Porta）：罗马郊区的一个地名，其名称源于该地古罗马时代高架渠的一个拱门，因为被古人视为来到罗马的第一个标志，故名“第一门”。——译者注

[14] 尽管潮湿壁画的色调比通常情况下要鲜活的多，但在最终的保护处理时，总是需要将壁画的含水率降下来，甚至降到通常的含水率之下，此时壁画的色调会因失水而比正常情况下还要干枯泛白，因此就需要用固着剂稍微提高一点色调，反映壁画正常含水率时的色调。此外，正确的固着或封护措施应具有可逆性，防止难以预料的负面反应，而虫胶粘着力强，且具有很高的抗溶性，人们可能认为一旦应用虫胶就无法可逆，所以布兰迪在这里强调他们所用的虫胶具有可逆性。——译者注

[15] 抛光工艺（ganosis）：该词源于希腊语“γάνωσις”。用于壁画时，即“上光工艺”（kausis），参见本章注释 6；用于雕塑时，指为雕塑敷设彩色的蜡（基于蜡和油），防止刺眼的耀斑。——译者注

[16] 布兰迪在这里之所以说“粗心解读”，是因为上光工艺（kausis）原本是为了防止朱砂绘制的壁画由于光线直晒而变黑，而抛光工艺（ganosis）用于雕塑则是为了防止刺眼的耀斑。这两个工艺所用的迦太基蜡都不是为了“翻新”。——译者注

[17] 开花（efflorescenze [efflorescence]）：指硫酸盐、碳酸盐、硝酸盐等盐类通过各种水的运动从材料中析出，在材料表面富集、凝结、结晶膨胀，从而破坏材料表面的特殊理化现象，这不仅是壁画，也是其他有形文化遗产的主要病害之一。——译者注

[18] 台伯河岸圣母大教堂（Basilica di Santa Maria in Trastevere）：位于罗马的天主教次级宗座大教堂，兴建于 4 世纪，教堂的底层平面和墙体结构可追溯到公元 3 世纪 40 年代。——译者注

[19]《罗萨诺的紫红法典》（*Codice purpureo di Rossano*）：又名《罗萨诺福音书》，目前保存在罗萨诺大教堂。由于该书的 400 张羊皮纸册页中有 188 张被染成了紫红色，所以被称为紫红法典。这是幸存至今最古老的插图版希腊文福音书，包含了整部马太福音，马可福音的一部分（只缺了一小段），6 世纪东罗马帝国的微缩图，并含有大量插图。——译者注

La pulitura dei dipinti in relazione alla patina, alle vernici e alle velature [The cleaning of pictures in relation to patina, varnish and glazes]

5

与古锈、上光和罩染有关的画作清洗[1]

最近对画作清洗的激烈争论什么作用也没起到，只是使彻底清洗的拥趸和古锈信徒的立场两极分化了。不幸的是，一幅画一旦遭到彻底清洗，除了完全以厚涂法（a piena pasta [in full impasto]）敷设的颜料层之外，一切都荡然无存时，人们就不可能判断，各种罩染[2]是否真的已经被除掉了，一部分老的上光[3]是否至少仍保留下来了。于是，最终就无法判断，古锈，即便灰黯，是否就比由于清洗而裸露出来的生猛画作表面更不可取。

彻底清洗拥趸们的出发点是对古锈概念的批判，他们斥责古锈只是种浪漫概念，也就是说，是用各种情绪化的弦外之音歪曲画作，按照他们的说法，这种弦外之音迎合了对废墟、神秘、朦胧之类玩意多愁善感的浪漫嗜好。

我们最好从头驳斥这种对古锈概念的武断清算。古锈，即便是在浪漫主义时期被人为提升出来，被夸张化了的，也绝不是一种浪漫主义的**发明**。1681 年，在巴洛克的鼎盛期，就在这个脑子最混乱的历史学家也不可能说成是浪漫主义时期的时期，巴尔迪努奇在《托斯卡纳设计艺术词典》里以下述方式定义了“patena”（古锈）[4]：

> 画家所用的术语，他们又称之为皮壳（pelle [skin]），指由于时光作用而呈现在画作上的那种普遍黯淡感，但这种黯淡常常也起着增强画作的作用。

这个定义是如此精确，以至于我们如今仍可完全接受。此外，请注意：这个定义来自一位托斯卡纳人，他总结的是在托斯卡纳地区，在盛行绘图术（disegnativa [draftsmanship]）和理智主义（intellettualistica [intellectualism]）的佛罗伦萨发展出来的绘画做法与理论。这个定义并非来自一位威尼斯人，或一位像阿雷蒂诺[5]那样浸润于威尼斯绘画传统，并认为这种传统比佛罗伦萨的绘画传统更可取的托斯卡纳人。事实上，托斯卡纳的巴洛克绘画即便如今仍以其强烈炫目的色彩而闻名于世，这反而暗示着，当时的画家们更会预先考虑古锈的影响。但这并不是说古锈只是个巴洛克时期的概念。瓦萨里甚至早在《论雕塑》（*Trattato della scultura*）[6]里就已经抄录了他那个时代对青铜器进行**人工做旧**的各种秘方。这也应该引起我们的反思。如果文艺复兴时期艺术家们的敏感性诱使他们厌恶青铜的崭新光泽，厌恶新材料的霸道嚣张，我们难道能想象他们会不试图减弱色彩的突兀炫目，不试图将各种矿物颜料（terre [earth-colors]）、植物漆料（lacche [lacquers]）和天青石颜料（oltremare [ultramarines]）过于俗艳的浮华抑制下来吗？

材料胜过形式全然是对形式的损害：艺术作品中的材料，必须只是形象的媒介，永远也不能是形象本身。[7]我们根本无需从某种美学理论得出这种结论，只需要艺术家（artista [artist]）充满洞察力的敏感性就足够了，他们非常清楚，自己不能，也不屑和工匠（artigiano [artisan]）混淆起来。以材料取胜的艺术作品只是工艺品：它们只是珠宝、花瓶或盘子，既不是画作，也不是雕塑。因此，古锈展现出来的职能就在于抑制材料在艺术作品中的**在场**：恢复材料的媒介职能，使它止步于形象的门槛之外，确保它不再令人无法忍受地滥用力量从而凌驾于形式之上。

需要强调的是，即便发生以下情况，上述考虑也是同样有价值的：人们能证实古老画作的色彩的确仍保持着艺术家原本的施用方式，而且最重要的是，这些色彩在古锈下方仍保持着它们原有的平衡关系。彻底清洗的拥趸们必定会将这一命题视为不言而喻的真理，但事实上这绝对是一种想当然，这种情况并不是不证自明的，而恰恰是无法证明的。[8]

于是，彻底清洗拥趸们的最后避难所，就是假定多个世纪累积起来的灰尘、上光剂等东西被误认成了古锈。正是为了消除这些疑虑，让摇摆不定的人彻底死心，我们乐于提出三个重要例证，从中可以证明，人们通常会发现，他们称为**古锈**的东西是由各种罩染或有色上光构成的。我们的案例选自非常不同且相隔甚远的三个时期，这样才不会使人们误认为这些情况只适用于某个特定流派或个别艺术家。这些案例都来自笔者所在的罗马中央修复研究院，本院一贯反对彻底清洗，正是在这里，作为回报，笔者终于能找到无可置疑的证据，证明我们所采用的那种方法的好处。

当我们检查乔瓦尼·贝利尼[9]在佩萨罗所绘的《圣母加冕》表面时，发现早期一次预兆不详的修复将其表面擦伤了，当时人们曾试图完全清洗，但幸运地半途而废了。我注意到，在圣彼得头像周围，在原本已经完成的画面上以微妙笔触附加上去的金色，被之前的草率修复者在清洗尝试中除掉了。现在，人们都能观察到，正是在金色被擦掉的地方，在天空上方仍覆盖着一层黯淡的上光层，而这个上光层如果是后来才加上去的，必然就会和金色一起被擦掉了。这一决定性的观察使我更坚决反对除掉上光层，尽管除掉上光层正是与这个问题相关的文献[10]以及访问本院的各位专家极力推荐的做法。

当我将注意力转到这幅祭坛画底边绘有圣特伦斯（san Terenzio）的那幅附饰画[11]时，最终确认了我的观点。在这幅画里，在圣特伦斯下方台阶上的某个地方，以前的修复者同样曾试图除掉镀过金的上光层，于是我们发现：贝利尼只是在透视辅助线上用**色体**[12]敷色，而各个石块之间以古罗马构造方式表现的分缝以及青铜扒钉，反而是用**罩染**方式加上去的；一个相当厚实的上光层把所有这一切都**固定住了**，不可能把这个上光层清除掉而不把以**罩染**方式加上去的部分也连带清除掉。我们对这个上光层做了检测，发现它由一种硬质树脂构成，并带有**黄色植物漆料**（lacca vegetale gialla [yellow lacquer]）的痕迹。[13]也就是说，贝利尼用某种有色上光剂为整幅画**敷设了某种基调**（intonare [lay a tone over]）（图 34，图 35）。

图 34 佩萨罗市民博物馆（Museo Civico），贝利尼所绘《圣母加冕》（*Incoronazione della Vergine*）祭坛画细部，底边附饰画《圣特伦斯》修复之后。

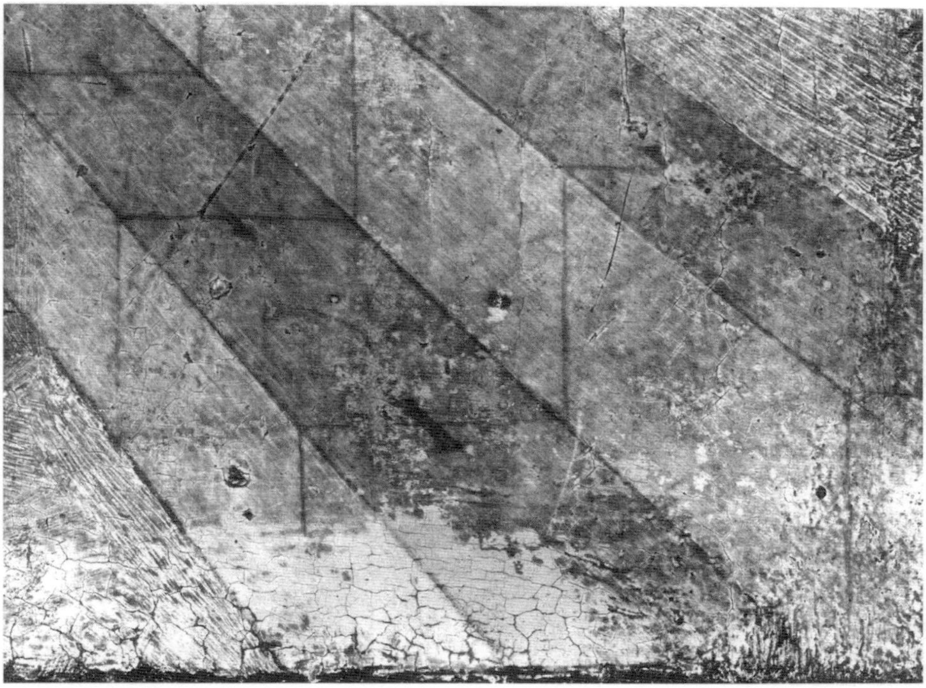

图 35 佩萨罗市民博物馆，贝利尼所绘《圣母加冕》之《圣特伦斯》细部，台阶放大照片。

这一令人震惊的发现足以令我们重新检验与**罩染**及画作清洗相关的所有问题。

什么是“**罩染**”？这无疑是画作完成的一个步骤，是旨在校正或修改局部色调或整体色调的一层薄色。如果你愿意，也可以说这是种**应变之策**（ripiego [expedient]），是种最后时刻的手段，是种独门秘方。而且正因为这是种应变之策，所以不会轻易告人。这种做法不属于官方宣扬的绘画技法。尽管我们对相关文献的研究不能说毫无缺漏，但我们相信阿美尼尼[14]首次使用了这一术语，而这一点具有重大意义，因为阿美尼尼反映的是托斯卡纳人和罗马人，而非威尼斯人的画法。巴尔迪努奇后来给出了如下定义：[15]

> **罩染**（Velare [To glaze]）：用薄层进行遮盖。对我们的画师（artefici）来说，罩染意味着用少量的颜料和大量的蛋胶（或者用门外汉的话说，就是水样的或稀释的东西）在画布或画板上晕染着色，其目的不是完全遮盖已涂绘过的表面，而是使之变得温和，令人愉悦地黯淡下来，几乎就像在画面上笼上一层犹如蝉翼的薄纱。

当读到写于1681年的这样一段文字时，人们不禁要问，是良心的缺失，还是学问的匮乏，到底是哪种因素使有些人直到现在还忽视罩染的存在；即便罩染不是某种通则，但至少在16世纪的威尼斯绘画中还是时不时存在的。当然，尽管巴尔迪努奇如此明确说明了罩染，但**罩染**事实上仍以一种几乎非法的地下状态存在于绘画中。《秕糠词典》[16]没有引述这个术语，直到托马塞奥[17]编著的词典才出现了这个术语，这绝非偶然。不过，早在托马塞奥之前，在米利齐亚（Milizia）1827年编著的词典里就可以找到这个词，而且该词典收录的大量秘方和其他详细说明令人信服地表明：罩染在画家的**画室**里扮演着某种秘而不宣但却兴盛的角色。[18]

> **罩染**（Velatura [Glazing]）：敷设某种淡淡的着色层，尤其用于油画，其目的是**罩住**（velare [veiling]）下方的色彩并使其透亮出来。

> 有些画家从第一笔开始就**罩染**，例如鲁本斯和他的流派就是如此。在这种方法里，如果用于彻底干透的画面，**罩染**就持久且轻薄，起到激发色彩的作用。
>
> 另一些画家，例如那些老威尼斯画派的画家，用不同的色彩罩染首层画面，从而调适作品，并弥补首层画面漏掉的缺陷。
>
> 但这种方法对画作是灾难性的，因为罩染层妨碍了仍然新鲜的首层画面的油分挥发，从而形成某种暗黄色的硬痂，等等。

正如我们所见，直到 19 世纪早期，人们仍清楚地知道什么是"罩染"，[19] 以及威尼斯画派和鲁本斯如何使用罩染。因此，如果有人在清洗鲁本斯的画时，最终将底层突兀生硬的色彩显露出来，难道不该确信他已经永远将那幅画毁了吗?

此外，我们在更古老的文献里也不难发现罩染做法的理论前提。

就威尼斯画派而言，我们在清洗贝利尼画作时——顺便提一下，那是如此早期的一幅画，部分仍带有曼特尼亚的风格（mantegnesco）[20]——了解到的知识完全符合众位威尼斯理论家自己发展出来的色彩理念。**色调**（tono）并非现代评论的发明，反而就当代评论而言，反映了提香那个时代人们的同样看法。请听皮诺怎么说：[21]

> ……每种色彩或单独或混合可以制造出各种效果；但所有色彩都无法依靠其自身属性制造出一丁点自然效果……

这段话很清楚地表明，皮诺希望指出**物理色彩**（colore fisico [physical color]）与**画面形象色彩**（colore dell'immagine pittorica [color of pictorial image]）的差异。鉴于这种区别是如此明确，人们怎么会试图强调色彩的**材料性**，使它们无法不着痕迹地融入形象呢？而且我们在皮诺的论述里甚至发现了另一段更典型的文字：

> ……最重要的是注意让色调的差异性统一起来，在一体（corpo solo）中相伴相生。

这种对色调的关键性预见，在技术上也同样支持“罩染”：人们只能用罩染才能得到那种“**一体**”。而且，我们不只是在皮诺那里才能发现这种对**物理色彩**和**形象色彩**的区分，这种区分不久之后也明确出现在多尔切（Dolce）的书里：[22]

> 任何人都不要相信设色的力量在于选择漂亮的颜色，无论它们是各种漂亮的漆色、漂亮的蓝色、漂亮的绿色，或诸如此类的颜色，因为这些都是它们在没有用于作品之前本身具有的漂亮：设色的真正秘诀在于知道如何恰当操控它们。

这段文字理解起来当无疑义。色彩的物质性必须消失，而且为了让色彩融于形象从而使其物质性消失，罩染这种最终调节手段就成了艺术家秘密贴心且几乎不可见的帮手。此外，古代上光剂的成分几乎总是含有“**石油**”，即石脑油，这清楚地说明了人们对上光剂的期望，不仅正如巴尔迪努奇所说的那样，画作的有些地方“由于颜料的品质和天性，或许会显得干枯沉闷，应该恢复它们的光彩，展现暗部的深度”，[23]而且人们还希望上光剂起到总体上统一色调的作用，由于那时获得的**石油**当然不可能像水那样透明，于是这样形成的上光层本身就提供了某种统一的覆盖效果。

接下来让我们讨论 16 世纪之前的画作。

在中央修复研究院，我们曾对科波·迪·马柯瓦多[24]的《圣母像》进行过修复处理（图 36，图 37），人们传统上认为这幅画作于 1261 年。在教皇亚历山大七世 1625 年编写的指南[25]里，原本写到这幅画上有签名和日期，但这些记号后来消失得无影无踪，以至于法卢斯基[26]在 1784 年认为这块画板是迪奥蒂萨尔维·彼得罗尼（Diotisalvi Petroni）的作品。最近，当我们去掉 18 世纪的画框后，发现了下面的老画框，几乎完好无损，还带有日期、签名和一个厚厚的上光层。显然，这个上光层在 18 世纪对这块画板进行重组之前就存在了；由于这块画板没有任何痕迹显示在杜乔风格的（duccesca）

(a)

(b)

图 36 锡耶纳忠仆会教堂(Chiesa dei Servi)，科波·迪·马柯瓦多所绘《圣母与圣子》(*Madonna col Bambino*)(1261)。
(a) 修复之后；(b) 重新整合过程中，清洗之后的细部。

(a)

(b)

图 37 锡耶纳忠仆会教堂，科波 · 迪 · 马柯瓦多所绘《圣母与圣子》细部。
（a）正在去除后来添加、覆盖在透明上光层之上的上光层；
（b）13世纪纱巾的放大照片，箭头所指之处为一处残缺，可以看出白色的基底和上面透明的黄色上光层，老鹰和其他带饰都绘制于这个上光层之上。

重绘和 18 世纪涂抹式修复之间经历过修复，所有迹象看起来都表明，我们面对的是原初的上光层。琴尼尼[27]曾详尽描述过各种画板的上光处理，事实上如此明白无误，以至于说，如果在文艺复兴原始期的画作（Primitivo [Primitives]）里碰到金底上覆盖上光层的情况，通常就能排除它是原有上光层的可能性，因为那时的上光层还从未铺在金底上过。事实上对这幅画来说，18 世纪时，有人在整个画面，包括那个金底上，敷设了一个新的上光层。[28]我们清除了这个上光层，需要指出的是，用的是**干式**（secco [dry]）清洗法，丝毫没有影响那个后来被发现均匀铺在下面的老上光层。但即便如此，人们仍可能反驳说，那个老上光层如今已经泛黄了，改变了画面的调子，因此也应该除掉。于是，我们就需要证明，科波 · 迪 · 马柯瓦多对于各种色彩原本就不希望保持那种纯色的粗粝光彩，事实上，他甚至**有意将它们掩饰起来**。这幅画就为我们的假设提供了充分的证据。

圣母的纱巾上装饰着圆形鹰纹图案，一旦清除掉 18 世纪在上面的涂抹，就显现出金丝雀黄色，缺乏经验的人可能会误认为这里原本是白色，只是后来才**变黄了**。但是对一些擦伤处（在修复过程中依然可见）的仔细检查表明，尽管科波确实先在白色打底层（preparazione [preparation]）上绘出了各种蓝色调的暗部，但却为整个表面敷设了一层透明且有色的上光剂，随后，他才在这个上光层上面绘出圆形鹰纹图案。

请注意，我们说的是“透明且有色的上光剂”。这里也有充分证据表明那条纱巾原本就是那种颜色，因为当某位杜乔的追随者（可能是尼科洛·迪·塞尼亚（Niccolò di Segna））重绘圣母与圣子的面部时，他为圣母添加了一块**白色**纱巾衬里，假如原来的那条纱巾也是白色，这种添加就毫无意义了。这幅画随后又为我们提供了更多的惊人发现。我们证实，圣母的斗篷和长袍绘制在一个银底上，但这个银底并不代表一种**“悔笔”**[29]，而是作为一个衬底，试图使上面的色彩透明起来，就像被敷设在后世才发明的透明珐琅里那样。

圣母手上垫在圣子下方的织物也采用了和纱巾同样的画法，有着透明的阴影区，有色的上光层，以及叠绘在上光层上的刺绣图案。更令人惊讶的是那个脚凳上的垫子。画家先是在垫子上绘出规则且非常活泼的方格装饰图案，随后又在垫子中间，即**受光**部分，敷设了一层黄色上光，而在那些暗示明暗对比与阴影的部分，则敷设了一层宝石红色的透明上光，从而制造出了典型的闪光绸缎效果。这就**明白无误地**[30]证明科波只是在绘画的最初阶段，为了打底才用纯色，然后通过各种罩染和有色上光完成了这幅画。

我们在特奥菲卢斯长老的《各种艺术清单》里明确发现了对这种独特处理工艺的确认，而这是中世纪在整个欧洲广为人知并为人所用的一部著作。在第 29 章“透明画法”（De Pictura translucida）[31]里，特奥菲卢斯阐释了这种在科波的画里得到最广泛和最完整应用的做法：

> 还有一种为木板上的画作打底的方法，称为透明化，某些人也称为“金灿化”（aureola [golden]），做法如下：取一张纤薄的锡片，既不要上胶，也不要用番红花染色，只要一张简单的锡片并仔细打磨光就可以了。接下来将它覆盖在你要作画之处的上方。随后，用亚麻籽油彻底化开要敷设的颜料，用画笔极其小心地将颜料轻轻铺上去，待其风干。

特奥菲卢斯和科波的差异只在于科波用银而非锡作底，并将这种方法**扩展**到了所有色层。

由此可见，即便对于文艺复兴原始期的画作，我们也有必要记住，起着罩染功能的有色上光层是可能存在的，不能假设这种处理方法本质上是例外的，必须从相反的假设出发：首先总是要假设存在这种罩染。

我们也绝不能认为这种情况只存在于被强烈着色过的厚实上光层，就像人们在科波的画里普遍看到的那种做法。[32]为此，我们将提出第三个例证，即现藏于佩鲁贾的美术馆[33]，贝诺佐·戈佐利（Benozzo Gozzoli）绘于 1456 年的那幅画（图 38，图 39），这幅画遍布着不带上光的**罩染处理**证据，这里的

(a)

(b)

图 38 佩鲁贾美术馆，贝诺佐 · 戈佐利所绘《圣母与圣徒》(*Madonna e Santi*)(1456)。
(a) 修复之后；
(b) 圣彼得细部，箭头所指之处为清除掉一个蜡滴之后，显现出来的原有罩染。

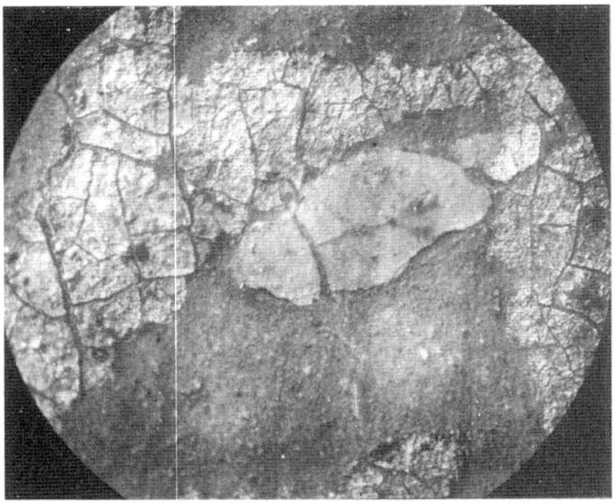

（a）

（b）

图 39 佩鲁贾美术馆，贝诺佐·戈佐利所绘《圣母与圣徒》。

（a）蜡滴仍在原位时的放大照片（这个蜡滴在金色图案边缘，两片枝叶图案之间），人们可以清楚地看到，这个蜡滴周围并没有堆积起来的上光层，而从蜡滴中间的垂直裂缝瞥下去，可以看到里面的底层材料和周围画面的底层材料是一样的；

（b）圣彼得斗篷细部，箭头所指处为剥取掉那个蜡滴之后，画面上层，即罩染层，在画面底层的投影。

罩染不是统一敷设在整个画面上，而是用各种不同的色调使局部色彩变得柔和或富有变化。从修复的观点看，戈佐利的这幅画之所以引起我们的兴趣，首先在于它从未被上光过，或者说最多也就是有个非常稀薄的上光层。这对于托斯卡纳画派和翁布里亚画派（Umbra）的画作来说并不罕见：内罗齐奥（Neroccio）、弗朗切斯科·迪·乔吉奥（Francesco di Giorgio）和博卡蒂（Boccati）的一些画仍保持着这种状态。这可能并非有意为之，而是由于为一幅画上光至少要等一年以上，于是，那些要立即交付客户的画就可能没有上光。不管怎么说，就戈佐利的那块画板而言，上面只有一层雾蒙蒙的半透明层，根据我们能做的检测来看，这源于某个不确定时期的石腊涂层，必定是人们为了使这幅画**重新鲜活起来**（rianimarlo [revive]）抹上去的。画面上当时还有几滴蜡，被我们用揭取操作清除掉了。但揭露出来的不是整个画面，而是戈佐利为了完成最终设色敷设的罩染面。我们发现圣者的斗篷原本**涂的**是玫瑰红色，**随后**用淡蓝色罩染过，于是变成了紫罗兰色；[34] 而圣母的蓝色斗篷则用绿色罩染过，在这层罩染下面仍可看到**不易腐蚀**的天青石色（lapislazzulo [lapis lazuli]）。简而言之，这幅画里没有一处衣物的效果不是用非常轻薄的罩染做出来的。因此，画作清洗是一项极其微妙的操作，当我们不得不清除掉变得不透明的树脂时，却不能触动那种非常微妙、没有任何上光层保护的罩染。然而，就我们正在进行的修复而言，效果非常好。

于是，我们就能得出简要的结论：鉴于证据表明，在所有时期和所有流派里，无论在实践上还是在相关文献里，均无可置疑存在罩染和有色上光，我们就必须推翻传统的清洗做法，总是假定存在**古老的罩染**和**上光**，并且每次都有义务对它们的不存在提出**证明**。其次，即便能证明画作里不存在古老的上光和罩染，但也总不排除以前的修复已经将它们清洗掉的可能性；因此，带有时光古锈的画作不能比清除掉古锈而**显露出来**（svelato）的画作更符合艺术家的思想。[35]

[1] 本文以英文发表在《伯灵顿杂志》，1949 年，7 月号。（1963 和 1977 年的意文版均将本文的发表时间注为 1959 年，但经查实，本文的确如英文版所注，发表于 1949 年。此外，布兰迪原本以英文发表的这篇文章是经 Brent Sverdloff 翻译过的，且有漏译，为了尽可能保持布兰迪的思想原貌，此次仍主要基于意文版译成中文。——译者注）

[2] 罩染（法、层）（velature [glazes]）：古典蛋胶画和油画技法之一，原意为“遮盖”，这里指的是用很薄的颜料在原有色层上进行透明性敷盖，利用颜料的光色透叠效应呈现色彩。这是一种间接产生光色效果的技法，不同于用不透明的厚涂颜料一次性表现色彩的直接画法。相对于一次性敷色直接获得色彩效果的画法，罩染能获得层次丰富且鲜活的色彩效果，比直接画法显得明亮滋润。因此，此类画作的清洗不应将各种罩染层彻底清洗掉，显露出最底部粗粝生猛的画层。而且在布兰迪看来，各种时光因素造成的材料老化或堆叠效应，即古锈，也具有和罩染同样的美学作用，也不应无条件清洗掉，这对于其他有形文化遗产上的古锈处理尤其具有启发意义。——译者注

[3] 上光（剂、层、法）（vernici [varnish]）：现代油画里通常指的是为最终的画面敷设一层透明的保护剂，既能防止画面老化，又能获得特定的光泽效果。这种保护层会随着时光的推移老化泛黄，因此在画作修复时，通常会被清洗掉。但正如布兰迪指出的那样，在以前的用法里，上光剂不一定是液态的，也不一定是透明的，同样也不一定敷设在最终的画面上，其成分也不固定；其作用也不仅在于保护，还可能和罩染配合使用，被当成真正的艺术表现手段。就这种意义而言，将“vernici [varnish]”单纯翻译为“上光（剂、层、法）”并不合适，但考虑到目前的通用译法，为了便于理解，中译本此次仍将“vernici [varnish]”译为“上光（剂、层、法）”。——译者注

[4] F. 巴尔迪努齐（F. Baldinucci），《托斯卡纳设计艺术词典》（*Vocabolario toscano dell'Arte del Disegno*），佛罗伦萨，1681 年，119 页。

[5] 彼得罗·阿雷蒂诺（Pietro Aretino，1492—1556）：多才多艺的意大利文学家，擅长写讽谤文章。真实姓氏不详，出生在阿雷佐，因而自称阿雷蒂诺（即阿雷佐人）。早年在佩鲁贾习画，1527 年定居威尼斯，后来在威尼斯去世。——译者注

[6] G. 瓦萨里（G. Vasari），《著名画家、雕塑家、建筑家传，阿雷佐画家乔吉奥·瓦萨里著，附有加埃塔诺·米拉内西新写的注释与评论》（*Le vite de' più eccellenti pittori, scultori ed architettori scritte da Giorgio Vasari, pittore aretino, con nuove annotazioni e commenti di Gaetano Milanesi*），[1568 年；1878—1885 年，第 2 版，九卷本]，Sansoni 出版社，佛罗伦萨，1906 年，第 1 卷，163 页。

[7] 这个论点是我在《和卡尔米内论绘画》（见前引书）里提出的艺术理论的必然结果。

[8] 布兰迪这里所说的是，我们在一幅画里看到的设色及其平衡关系也许是原本的设色及其关系，但由于我们无法退回画家刚刚画出那幅画的时候（这也是布兰迪一直强调的），所以在逻辑上无法明确证明这一点，即便这些设色在古锈之下，从而使人们认为那些古锈保护了原有的色彩关系时也是如此。事实上，某些颜料由于其物理性质及基底材料的关系，即便上面有古锈保护，也会变色，而且由于各种颜料的变色程度不同，即便去除古锈，仍无法保证能展现原有的色彩平衡关系。因此，不能假设一旦清除掉古锈，就可以恢复原有的设色及其关系，从而鼓吹彻底清洗。——译者注

[9] 乔瓦尼 · 贝利尼(Giovanni Bellini，约 1431—1516)：威尼斯画派的主要奠基人之一。——译者注

[10] 例如，C. 甘巴（C. Gamba），《乔瓦尼 · 贝利尼》，Hoepli 出版社，米兰，1937 年，76 页及以后各页。

[11] 附饰画（scomparto）：此处为意译，愿意是“隔间”，指的是整幅祭坛画右下角被装饰线条分隔出来的一小块独立画板。——译者注

[12] 色体（corpo [body colour]）：指一次性调制出来的厚重且不透明的颜料体。——译者注

[13] 中央修复研究院的化学实验室主任利贝蒂博士（Dr. Liberti）进行了这项分析。

[14] G. B. 阿美尼尼（G. B. Armenini），《论绘画的真正准则》（*Dei veri precetti della pittura*）[拉文纳，1587 年]，比萨，1823 年，140 页：“但是布料上的草图要被罩染起来……”；以及 141 页：“再次回到画布，为了罩染它们我们使用……”；随后就是对这种做法的全部技术说明。

[15] 《托斯卡纳设计艺术词典》，见前引书，174 页。

[16] 《秕糠词典》（*Vocabolario della Crusca*）：五卷本，由秕糠学会（Accademia della Crusca）编写。该学会于 1583 年在佛罗伦萨成立，宗旨是研究和捍卫意大利语的纯洁性和规范性。“秕糠”（Crusca）意为像筛去面粉中的秕糠一样，清除语言里的杂质，因此该词典排除了许多民间词汇。——译者注

[17] 这里指的是尼科罗 · 托马塞奥（Niccolò Tommaseo，1802—1874），19 世纪意大利语文学家、作家、评论家。他在 1861—1874 年编著了七卷本的《意大利语言词典》（*Dizionario della Lingua Italiana*），是当时最著名的意大利语词典之一。——译者注

[18] F. 米利齐亚（F. Milizia），《图绘艺术词典》（*Dizionario delle Belle Arti del disegno*），第 2 卷，博洛尼亚，1827 年，514 页。

[19] 罩染（velatura）译成英文有两个对应词："glaze"指敷设在浅色基层上的深色画层；"scumble"指敷设在深色基层上的浅色画层。法语里最接近的词是"glacis"，德语里是"Glasur"。所有这些词当然和"velatura"这个在意大利的实践和应用规则中成熟起来的概念不完全吻合。因此，我建议仍用意大利原词。

[20] 安德里亚·曼特尼亚（Andrea Mantegna，约1430—1506）：意大利文艺复兴早期最重要的画家和雕塑家之一，贝利尼的姐夫，影响了贝利尼的早期画作。——译者注

[21] P. 皮诺（P. Pino），《绘画对话录》（*Dialogo di pittura*）[1548年]；Pallucchini出版社，威尼斯，1946年，108页和109页。

[22] L. 多尔切（L. Dolce），《绘画对话录》（*Dialogo della pittura*）[1557年]；佛罗伦萨，1735年，222页。

[23] 《托斯卡纳设计艺术词典》，见前引书，180页。另见110页对"石油"（olio di sasso [stone-oil]）的定义："石油……换而言之就是石脑油（nafta [naphtha]）（普林尼，《自然史》，第2卷，第18章），或原油（olio petroleo [petroleum oil]）……在摩德纳公国（Stato di Modana [State of Modena]）可以找到这种油……"（摩德纳：意大利北部城市。——译者注）

[24] 科波·迪·马柯瓦多（Coppo di Marcovaldo，约1225—约1276）：活跃在13世纪中期的佛罗伦萨画家，融合了意大利和拜占庭的绘画风格，对其后几代意大利画家产生了极大影响。目前唯一确认由他所绘的画作就是本书讨论的《圣母像》。——译者注

[25] 教皇亚历山大七世（Alessandro VII，1599—1667）：原名法比奥·基吉（Fabio Chigi），编有《锡耶纳绘画、雕塑和建筑作品目录（1625—1626）》（*Elenco delle Pitture, Sculture e Architetture di Siena, 1625-1626*）——译者注

[26] 焦阿基诺·法卢斯基（Gioacchino Faluschi）：曾在锡耶纳做过档案管理员，著有2卷本的《锡耶纳城的著名之物》（*Cose notabili della citta di Siena*）。——译者注

[27] 琴尼诺·琴尼尼（Cennino Cennini，约1370—约1440）：一位受乔托影响的意大利画家。他被载入史册主要是由于写下了《艺术之书》（*Il libro dell'arte*），该书也被译为《工匠手册》（*The Craftsman's Handbook*）。这是一部关于文艺复兴时期艺术操作工艺的书，包含各种颜料、画笔、木板画、壁画的技术与技巧信息，包括对打底稿、铺底色、蛋胶敷色的详细说明。尽管比较粗糙，琴尼尼还是提供了对于油画的早期讨论。——译者注

[28] 利贝蒂博士的分析表明：在原初画框上发现的上光剂由不太硬的达马脂（Dammar）类树脂构成；而18世纪在整个画面上覆盖的上光剂却由"珂巴脂"（coppale [copal]）类硬树脂构成。

[29] 也就是说，这里的银底并不是为了遮盖下方的画作。——译者注

[30] 明白无误地（lippis et tonsoribus）：拉丁谚语，出自古罗马诗人贺拉斯（Orazio）的《讽刺诗集》（*Satire*），原意是连“理发师和眼睛不好的人”都知道的事。——译者注

[31] 以下这段话引自 1843 年的莱比锡老版本：特奥菲卢斯（Théophile [Theophilus]），《论各种艺术》（*Essai sur divers arts*），即《各种艺术清单》（*Diversarum Artium Schedula*），第 29 章，48 页。

（《各种艺术清单》，或名《论各种艺术》（*De diversis artibus*），原本由拉丁文写成，署名“特奥菲卢斯长老”（Theophilus Presbyter），作者可能是一名本笃会长老，活跃于 1070—1125 年。该书是中世纪关于各种艺术技巧与材料最著名的一本书，也是最早提到油画的一本书。布兰迪引用的版本，书名和作者名均为法文，引文则为拉丁文。——译者注）

[32] 即便在科波的画里，人们也能清楚地看到只以稀薄且透明的颜料敷设的各种罩染，例如，圣母宝座靠背上的织物皱褶。

[33] 这里指的是佩鲁贾的翁布里亚国立美术馆（Galleria Nazionale dell'Umbria, Perugia）。——译者注

[34] 英文版将此处所说的“圣者”译为“圣保罗”，接着还有一小段：“圣彼得的斗篷原本是黄色，随后用一种更深的黄色罩染过。”图 38（a）中的圣者左起依次为使徒彼得、施洗者圣约翰、圣哲罗姆和使徒保罗。——译者注

[35] 以本文的论点为基础，我于 1948 年 5 月在布鲁塞尔博物馆、卢浮宫、斯特拉斯堡大学、巴塞尔博物馆协会，以及 1948 年 6 月在巴黎举办的国际博物馆协会大会上做了一系列说明性讲座。本文中提到的与修复有关的各种简要信息，取自《第五届修复展图录》（*Catalogo della V Mostra di restauri*）（该展览由中央修复研究院于 1948 年 3 月举办）。在本文发表后，卡贾诺·德·阿泽维多博士（Dr. Cagiano de Azevedo）提醒我注意到如下这份 15 世纪有色上光剂秘方：“配制液态上光剂的另一种方法——取 1 磅亚麻籽，将它放入一个新的光滑容器。然后取半夸脱明矾石粉和相近分量精细研磨的红铅与朱砂，以及半盎司仔细剁碎的香料。将所有这些原料混合在一起，放入前面所说的油里煮开。”（参见：O. 奎里尼（O. Guerrini），C. 里奇（C. Ricci），《颜料之书，15 世纪的各种秘方》（*Il libro dei colori, Segreti del secolo XV*），博洛尼亚，1887 年，164 页。）这不仅证明意大利在 15 世纪已经开始应用各种有色上光剂，而且证明当时的人们很清楚这种配方。

'Some factual observations about varnishes and glazes'

6

对上光与罩染的一些实际观测[1]

本文的标题用意大利语来说就是“Alcune osservazioni di fatto intorno a vernici e velature”，取自尼尔·麦克拉伦（Neil MacLaren）和安东尼·沃纳（Arthony Werner）在《伯灵顿杂志》1950 年 7 月号上发表的那篇文章。鉴于此文是以一种绝望的态度被构思、策划并写出来的，试图反驳我们早些时候以《与古锈、上光和罩染有关的画作清洗》为题发表在同一份杂志上（1949 年 7 月号）的那篇文章，我们的这篇文章也很乐意再以此为题。我们所说的“绝望的试图”并非过度夸张。事实上，对这个主题各种合情合理的观点分歧并没有带给我们多少不安（由于当事人之间此前没有任何争执，这或许有利于更全面、公正地将各自的观点展示出来），真正令我们不安的是，有人在**垂死之际**（in articulo mortis）还要为伦敦国家美术馆实施的不幸“清洗”辩护，至今仍从无可置疑的原则高度支持那种清洗，而我们的文章则间接给了那些原则致命一击。这就解释了与本文同名的那篇文章令人费解的腔调：妄图一股脑否定美学和逻辑学，在对各种历史文献**随性**（ad libitum）解读并引用的基础上，用既轻率又站不住脚的评论，宣称有足够的信心确定“启示录”[2]的含义。于是，我们立即予以反击，在《伯灵顿杂志》1950 年 10 月号上发表了一封公开信。如果现在用更多的篇幅讨论这个问题，我们将更详尽、甚至可以说细致入微地，一步步考证他们的评论是如何站不住脚，在我们所反对的论点上既缺乏美学依据，也缺乏史实依据，而当他们不只是在瞎猜时，对所引文献的解读又是怎样断章取义。

相反，他们的论断在画作清洗领域**显然**沦为了一种彻底清洗的必要性和局部清洗的**机会性**（opportunità）的经验主义声明。对彻底清洗的拥趸来说，将各种对立立场简化为这种经验主义的说法无疑是有利的，这些人将自己标榜为科学派，并妄图将这场争议本身限制在有争议的**个人品味**领域。但是将这场辩论简化为这些初级措辞，更多地只是为了**掩盖**和**隐藏**这个问题的理论前提，然而不管人们如何经验地推论这个问题，其理论前提仍在。他们缄口不提三段论的大前提，相信已经压制了逻辑的必要性，并假装不关心这个问题。但他们这么捏造出的**盖然性论辩**[3]恰好变成了“虚假论据”（falso supposto [specious argument]）这一众所周知的诡辩术。

显然，对绘画艺术作品的任何干预都无法忽视**画作**是艺术这一事实，正因如此，画作就有着既作为**艺术作品**，又作为**史实**无法抑制且不可分割的两个基本方面。因此，在它的材料中，即它的物质依据中，除了形象将其自身揭示出来的各种手段之外，除了被固着在一种人类精神记录[4]里的那一历史环节之外，人们不能、也不应看出任何别的东西了。由于上述前提是无可否认的，否则，我们就否认了使艺术作品成为艺术的那些东西，从而也就否认了把修复当成艺术作品干预的那些问题本身，因此，所有的此类干预都无法逃避有待修复的画作是艺术作品这一事实。相应地，最终的结论就是，我们**永远**不可能将修复干预的实践方面同作品要求的美学与史实考虑分割开。即便我们以**完全**不影响画作本身审美享用的方式干预它的承载体——我这里说的不是承载体的**外观**，当这种干预可能被认为纯粹旨在保护材料，因此只与这一具体实践问题有关时，我们也必须考虑这种艺术作品作为史实记录的**史实方面**，必须最大限度避免**实质性**[5]改动，只有**公共福祉**，即拯救作品，才能作为证明这种实质性改动的**最高律法**。[6]人们必须明白，在作品的美学方面与史实方面发生冲突时，总应该让那些令艺术作品之所以成为艺术的方面，即美学方面获胜。

说过这些我们长期以来坚持的观点之后，应该清楚的是，如果人们像那篇文章的作者们那样，宣称正在谈论修复问题，与此同时却避而不谈“这个问题的美学方面”，那么就完全游离于艺术与史实之外了。

此外，他们发表了一个看起来最显而易见且毫无争议的原则声明：“这样说就足够了，人们无可争议地认为，那些致力于画作保护与修复的人的目的就在于，以尽可能接近原创者意欲让画作被看到的状态而将它们呈现出来。”此时，他们就继续绕开了艺术和史实这个**雷区**。这种主张似乎是显然易见、不证自明、无可辩驳的，但这却是人们所能提出的最阴险的主张，尤其在绘画领域是如此。任何一位保护者或修复者都不能提出这种**主张**，因为这恰恰是种无法证明的主张，他们认为可能恢复出假想的原初面貌，而对这种面貌唯一有效的见证只能是它**被创制出来时的**，也就是说，没有经历过任何时光流逝的作品本身，这在史实上是荒谬的。然而，**整体清洗**（pulitura integrale [integral cleaning]）却恰恰盲目追求这一目标：对艺术作品的处理就好像它游离于艺术与史实之外，在时光中是可逆的，就像一片氧化后的材料能恢复原初的物理纯度与光泽。这也是为什么我们说，**古锈**概念远非仅是个浪漫的发明，而是个已被进一步提炼为旨在尊重艺术理性与史实理性的概念。因此，这是个非常宝贵的工具，既体现了艺术家很可能已经预见到的时光在画作上的流转，也体现了画作的材料在其原初粗粝性（crudezza [roughnesses]）的消退中最终达成的新平衡。而且，早在古锈概念刚从意大利出现时，人们就已经在按这种含义建构这个概念了，我们从巴尔迪努奇的词典里引述的定义也明确说明了这一点。在巴尔迪努奇的定义里[7]，可以说已经冒出了两个思想，一是认可时光留在作品上的**印记**（orma [mark]），二是认可古锈的**美学价值**。而且，我们还必须强调，即便在古代，即便在这一概念的内涵还没有如此全面时，这一概念的苗头也已出现在了与艺术作品相关的各种实践特征里。

事实上，我们既可以从**抛光工艺**[8]，也可以从**墨化**[9]实践里，看出一种与提出古锈保护要求的目的相似的美学目的，也就是说渴望**褪去**

(spengere) 材料的**火气** (iattanza),从而不使之促进我们所说的形象的**非同体性** (inconsunstanzialità [inconsubstantiality])。在**抛光工艺**里,人们其实是用各种混合物消磨掉大理石和青铜的粗粝感,在抛光修饰中使材料**折旧** (ammortizzata),使之透明和非物质化起来。而根据普林尼对阿佩莱斯[10]的记述,在**墨化**实践里,人们渴望褪去色彩的过度鲜亮感,为之赋予在时光流逝中才有望产生的更平和的平衡性,下面这句明白无误的话毫不含糊地说明了这一点:"使色彩的鲜亮不再刺眼……" (ne claritas colorum aciem offenderet...)。**抛光工艺**和**墨化**的相同目的说明了,我们现在所认识到的古锈之作用,早在古典古代就已经不限于三维造型作品。因此,无论从词源还是从史实看,麦克拉伦和沃纳的观点——古锈只是个为雕塑艺术才出现的概念——是完全错误的。与此同时,他们否认瓦萨里提到的、也在各种古典文献里确凿反映的青铜做锈处理,[11]其美学目的和我们目前在古锈保护中认识到的美学目的是一样的,这种否认只不过标志着肤浅的历史评论罢了。

在继续分析古锈、上光、罩染这三个术语时,那两位作者为上光剂所下的定义甚至和现代用法联系了起来,而这是不确切的,因此从这个环节开始就证明他们在误导了。事实上,上光剂并不**必然**是一种有机溶剂里的树脂溶液。上光剂仅仅是一种液态覆层而已:甚至从语义学上讲,上光剂也不必然和透明有什么关系。从词源学上来说,如果这个称谓源于"βερονίχη"[12]这个词的意大利语变体,而"βερονίχη"这个词看起来从古代晚期直到中世纪早期,已经成为琥珀及其各种代用品的通用称谓,那么正如下文所述,这就解释了各种古代文献为何给**上光剂**这个名词加上限定词"**液态的**"。其目的与其说是为了表明某种**一致的** (costante [consistent]) 上光剂类型,还不如说是为了把像干树脂那样的上光剂和其溶液区分开。

至于法语里**罩染**(glacis)的定义(对应于意大利语"velatura"或英语"glaze"的意义而言),那两位作者求助于 R. 德·皮莱斯,特意从 1766 年的《绘画实践基础》[13] 里引述了一段关于名词“glacis”和动词“glacer”的文字。我们对此必须提出一个首要且基本的保留意见。在如今的用法里，人们倾向于没什么差别地使用“glacis”和“velatura”这两个词，但它们最初涵盖的语义范围却是不同的。不管其引申用法如何，我们可以清楚地看到，“glacer”和“velare”这两个动词在各自语言里仍保留着它们的原始含义。动词“glacer”表示的是某种液体凝结并保持透明性与光泽感的特定物理现象，而动词“velare”指的是**部分隐藏**。我们无法准确地说，在法语和意大利语里，这两个动词何时开始隐喻地指称某种独特的处理方式，从而表示在绘画里意欲获得的某种效果。然而，与此同时，可以肯定的是，“glacis”这个词在古法语里是个军事建筑术语，而且，直到《论建筑等诸艺术的原则》1690 年的第 2 版，费利比安仍只以这种特定含义收录这个词。[14] 德·皮莱斯为 1677 年所著的《绘画知识对话录》(*Conversations sur la Connaissance de la Peinture*) 末尾附加的小词典《绘画术语》(*Termes de peinture*) 甚至没有收录这个词。这一切意味着，即便各种**画室**非常清楚“glacer”的做法，人们也还没有将这个词提取出来，作为精确定义的术语传播出去。事实上，如果说名词“glacis”直到 18 世纪才为人们所接受；那么对于动词“glacer”，我们至少发现两个文献昙花一现地用过这个词。最古老的文献看起来应该是《皮埃尔·勒布伦奇事随笔集》(*Recueil des essaies des Merveilles di Pierre Lebrun*)(1635 年)，[15] 其中第 19 段是这样表述的：

> 醇化是通过一种如此柔和的色彩叠合，以至于使一种色彩近乎消融于另一种色彩而实现的；**罩染**，意味着赋予最后的醇化与最终的微妙画层，从而获得带有白色光泽、紫色光泽、绿色光泽、黄色光泽等光彩效果。(L'adoucissement se fait par une si douce liaison des couleurs qu'elle se perde quasi l'une dans l'autre, ***glace***, c'est mettre les derniers adoucissements et la couche dernière delicate qui donne l'esclat avec le blanc glacé ou pourpre glacé, verd glacé, jaune glacé, etc.)

对该词的另一次引用出现在德·皮莱斯为迪弗雷努瓦《论图画艺术》法译本（1673 年）附加的“评注”里：[16]

> 正因如此，罩染过的色彩就有了一种鲜活度，是最鲜艳、最明亮的色彩永远无法模拟出来的……对于最初的白色和其他**暴烈的色彩**来说，为其敷设的**罩染**的确使之变得富有活力与光彩了。（C'est par cette raison que les couleurs glacées ont une vivacité qui ne peut jamais etre imité par les couleurs les plus vives et les plus brillantes ... tant il est vray que le blanc et les autres ***couleurs fières***, dont on peint d'abord ce que l'on veut ***glacer***, en font comme la vie et l'éclat.）

从这里摘录的两段古文献来看，我们清楚地看到**罩染**是种尚未被理论化的**画室**做法，但人们已经开始提到这种做法，并认为是**有道理的**（giustificata [justified]），因为除了敷叠一个透明的层次之外，没有其他方式可以获得**同样的色调光彩**（eguale brillantezza del timbro del colore [equal brilliance of tone]）。

所以说，表示缓坡或城堡陡坡的“glacis”只是后来才变异为动词“glacer”的一个派生词，并被德·皮莱斯理论化了，这正是麦克拉伦和沃纳从 1776 年版的《绘画实践基础》里引述的如下段落：

> 罩染色只不过是某种透明色罢了，人们可以透过它看到后面的背景层。在深棕色上敷叠的罩染使之更浓烈，在浅色和白色上敷叠的罩染使之更生动更明亮。（Une couleur glacée n'est autre chose qu'une couleur transparente au travers de laquelle on peut voir le fond sur lequel elle est couchée. On glace sur les bruns pour leur donner plus de force, et sur les couleurs claires et blanches pour les rendre très vives et éclatantes.）

由于德·皮莱斯试图给出各种实用配方，因此他在这一段里进一步解释了**罩染**的方法和实际用处。但需要注意的是，这本《绘画实践基础》是对他那本更理论化的《绘画原则教程》的补充。[17]而《绘画原则教程》出版于 1708 年，对绘画的阐释不再是实用性的，而是**原则性的**，即理论化的；于是其中对**罩染**的讨论，出现了不再从经验主义技术角度，而恰恰从美学角度谈及**罩染**目的的成分：将它作为一种旨在实现**总体和谐**，即画作色彩布局平衡的手段。原文如下：

> 在结束本文对色彩和谐的审视之前，我将说，如果这种色彩甘美是表现真实所必需的，那么罩染就是它非常强有力的实现手段……
>
> 为了指导那些对这门艺术没有实践经验的业余绘画爱好者，我再说一遍，罩染是由各种透明或半透明，因而非常轻薄的颜料构成，用画笔将颜料轻轻涂抹在以更浅的色彩绘成的作品上，从而为被敷叠的色彩赋予甘美的效果，使之与周边的其他色彩和谐相处。
>
> （Avant que de quitter cet article qui regarde l'harmonie dans le coloris, je dirai que les glacis sont un très puissant moyen pour arriver à cette suavité de couleurs si nécessaire pour l'expression du vrai ...
>
> Je dirai encore pour instruire les amateurs de Peinture qui n'ont point de pratique en cet art, que les glacis se font avec des couleurs transparentes ou diaphanes, et qui par consequent ont peu de corps, lesquelles se passent en frottant legèrement avec une brosse sur un ouvrage peint de couleurs plus claires que celles qu'on fait passer par dessus, pour leur donner une suavité qui les mette en harmonie avec d'autres qui leur sont voisines.）

通过对德·皮莱斯这段话的解读，我们可以认为，从纯技术角度来说，法国的**罩染**（glacer）做法和意大利的**罩染**（velatura）做法在某个时候可能发生过交流。

事实上，除了出发点不同之外，意大利语里“velatura”这个词的历史演变和法语里的“glacis”没什么不同。法语里的“glacer”意味着人们想展示一种近乎宝石的透明感；相反，在意大利语里，“velare”的意图是**褪去**（spengere [quench]）色彩的声调（timbro），降低这种声调。在画室实践里，意大利语里的“velatura”最初可能用于打算用一种色彩覆盖另一种色彩。瓦萨里用动词“velare”指某种拜占庭处理工艺，即用各种色彩覆盖绿调子的打底层，从而获得肤色般的色调，这个证据稍稍暗示了动词**罩染**将具有的特定含义。正如我们已指出的那样，看起来直到阿美尼尼那里，[18] 这个词才首次仅仅用来特指**透明感**。由此可见，法语“glacer”和意大利语“velare”的共同点是透明性，法国人最初是为了纯化色彩的色调发展出了这种**透明性**，而意大利人则是为了褪去色调的火气。但是这两种语言在语义侧重上的不同，并不排除法国人在不用厚涂法而保持色彩纯净色调的同时，也希望用**罩染**节制其辛烈程度。德·皮莱斯所用的表述方式——“**暴烈的色彩**”——已经清楚地表明了这一点。同样，意大利人也致力于在保持色调新鲜性的同时，不让色彩过于强烈和粗浮。因此，当巴尔迪努齐的《托斯卡纳设计艺术词典》（1681 年）[19] 首次明确提到**罩染**时，他对罩染操作的描述结合了这种处理所能制造出来的愉悦效果；也就是说，更多地从美学而非技术角度描述这个词。这样，意大利的**罩染**就能和法国的实践与理论结合起来了。

因此，这两个词的对照史充分证实了我们的观点：罩染处理最初是种画室做法，是为了获得各种特定效果的**应变之策**，是为了在不覆盖性重绘的情况下掩盖缺陷的**补救措施**。即便在晚期的法国和意大利教本里，与“velature”和“glacis”危险的烹调相比，毫无疑问，直接**用厚涂颜料**[20] 绘制**色体**也是更炫技的壮举。[21] 基于如此受限且双向的历史，如果再像麦克拉伦和沃纳那样坚持断言，“根据普林尼的著述，公元 8 世纪的《卢卡手稿》，以及许多 16 世纪之前的其他手稿”，当时的人们完全清楚，并且已经将“velatura”或“glacer”的做法理论化了，就十足愚勇了。如果他们能具体指出相关段落，尤其是那些他们确信能鉴别为“glacis”或“velatura”的段落，而不是他们臆想出来的结论，那该多好啊！但从普林尼那里找不到此类文字，除非人们想在我们引用过的、描述**墨化**的那些文字里看出**罩染**。但那段文字没有提到局部化的罩染，提到的只是在整个画面上统一敷设的**上光剂**而已。如前所述，那种做法的目的更接近古锈而非罩染的目的。即便不考虑其目的，其实践方式也和罩染不同，而且普林尼甚至补充说，在阿佩莱斯之后再也没人成功地这么干过。在普林尼另一段与**涂紫**（purpurissum）有关的文字里，他提到了一种将两种颜色叠加起来以获得**铅红色**和**紫色**的技术。然而，尽管这种处理方法可能令人想到罩染，但也与罩染的**透明感**无关，只不过是制造出了一种新的、独立存在的色彩。至于《卢卡手稿》[22]，那里只有一份使锡看起来像金的上光配方。而这和罩染的绘画实践毫无关系。反过来说，所有更古老的文献对罩染做法只字不提的事实已经暗示了，它具有实用的应变之策和秘密的补救措施的独特性质。例如，罗宾（Robin）对瓦特雷所著《绘画艺术词典》（1790 年）[23]的注解已经清楚地说明了这一特征："对艺术而言，罩染是种有效的完善方式，**是对第一个画层漏掉的各种缺陷的补救措施。**"（Le glacis est un moyen efficace de perfection pour l'art, et ***un remède aux défauts echappés dans la première couche.***）

因此，如果这段话的最后那句完全吻合我们之前的论断，无需再说明的话，相反，我们认为，对于那两位英国作者对画作被罩染过（"velate"或"glacées"）部分的稳定性所炫耀的那种惊人**平静**，还需要相当多的评论。他们说：

> 各种画作从久远的时代起就已经被清洗、修复过了，而且，从一些案例保留下来的记录来看，显然，大多数古老的画作在其生命长河里必定得到过时常清洗……。除极少数情况外，人们可以安全地清洗色体，对这一点来说，通常是没有争议的。正如布兰迪教授的文章表明的那样，对完全清洗的反对意见，主要**基于人们害怕在清洗处理时可能清除掉或损害以古锈、罩染**（glaze）（＝"glacis"或"velatura"——布兰迪注）**或上光形式体现出来的原创者的意向性。然而，这种恐惧源于未能充分理解各种上光和罩染面的可溶性。**

照此看来，问题在于我们有着过分的非理性恐惧，然而，我们并不是唯一，也不是最先怀有这种恐惧的人。请听瓦特雷（罗宾）怎么说：

> 就这方面而言，值得注意的是，那些对绘画实践一无所知而掺和画作清洗的人，几乎从不知道将罩染过的部分和没有罩染过的部分区分开：**因此就会发生这样的情况，他们希望清除掉某些地方所有看起来像积垢和蒙尘的东西，由此也成功清除掉了除最底层之外的所有东西，直到这时才认为面对的是画作的真正色调。**[24]（A ce propos, il n'est pas inutile d'observer que les gens ignorans dans la pratique de peindre et qui se melent de nétoyer les

tableaux, ne savent presque jamais distinguer les parties glacées de celles qui ne le sont pas: ***d'où il arrive que, voulant enlever tout ce qui leur paroit crasse et saleté dans certains endroits, ils parviennent aussi à tout ôter jusqu'à la première couche exclusivement, qui alors leur paroit être le vrai ton du tableau.***)

因此，毫无疑问，在 18 世纪的法国，画家很清楚“glacis”和“velature”是多么娇贵，修复者如今的自负一丁点都不比过去的修复者逊色。但那两位英国作者反而严厉斥责我们此前没有说明**罩染**是多么娇贵，非常容易受到溶剂的损害。请注意这种推理毫不费力的强词夺理。麦克拉伦和沃纳从来没有告诉过读者，我们至少对 18 世纪之前人们如何施用“velatura”或“glacis”一无所知。但是，他们却忠于“虚假论据”的诡辩术，毫无依据地信口宣称存在某种单一不变的**罩染**做法，声称：“历史文献里的大量证据表明，18 世纪之前用于罩染的媒剂要么由油单独构成，要么由油和少量上光剂的混合物构成。”毫无疑问，这是那篇文章所有说法里最具**欺诈性**的说法。事实上，他们根本无法像样地提出哪怕一份 18 世纪之前与“glacis”或“velature”的应用方式有关的确凿**文献**。那么，他们为何做出那种断言？因为众所周知，亚麻籽油老化后会获得显著的稳定性，因此，人们可能就会认为，伦敦国家美术馆所用的各种**温和**溶剂应该不会那么轻易去掉亚麻籽油做出来的罩染。这才是导致他们发出那个如此毫无必要声明的狭隘心理。正是基于这种虚假信仰，这两位作者批判了利贝蒂博士对贝利尼在佩萨罗所绘的那块圣特伦斯画版上的有色上光层的分析，**因为他没有考虑到其中可能存在亚麻籽油**（原文如此），仿佛贝利尼真的必然用了这么一种上光剂或是油性罩染。对于油画里的**罩染**可能是一种做法，而蛋胶画里的**罩染**可能是另一种做法的线索，麦克拉伦和沃纳甚至无动于衷。过去，当所有画家仍在用蛋胶作画时，他们难道非得只用油料，或者混合某种硬树脂的油料敷设**罩染**？！其实，即便是 18 世纪才有的，可能最古老的明确说明**罩染**做法的文献，也就是这两位作者自己引用的，出版于 1776 年的德·皮莱斯的《绘画实践基础》，也对油画和蛋胶画里所用的**罩染**方法与成分进行了明确区分。[25]

然而，这两位作者完全不理不睬那些对他们造成不便的种种疑问，由于在他们对罩染做法的自以为是里，确信各种上光剂的存在早于18世纪，他们接下来开始说明各种古代上光剂的成分。他们在这种说明里隐藏着一个不为人知的意图，即，试图证明那些上光层是如此牢靠，以至于任何现代溶剂都无法将它们清除掉；我们并非完全反对他们对上光层的这种看法，但是我们明确反对他们的论证方式。因为，我们并没有说**所有**罩染都非常娇贵，我们的反对只是源于下述事实，即，罩染做法只是到很晚的时期才出现在人们的历史意识里，此时，作为欧洲绘画基础的5个世纪已经过去了。其次，即便我们能将这种做法上溯到普林尼或希拉克略所著的某个文献，但是，如果宣称所有画家都以同样的方式使用这种方法，仿佛在献祭时重复标准祭词那样，这就是一种不可原谅的想当然了。因此，这样的一个类似前提就足以粉碎麦克拉伦和沃纳为各种现代溶剂鼓吹的安全系数。当我们知道他们无法引证哪怕一份明确谈论罩染做法的古代文献时，那种信手拈来的想当然就变得像狂野的任性那样恶劣了。因为，直到我们这个时代之前，所有人显然只是按他们自己喜欢的方式应用这种做法。另一方面，总是要考虑到罩染做法的**偶然性**和**局部化**，我们可以说，即便某种溶剂不会改变画作的一个地方，也无法确保它不腐蚀画作的其他地方。因此，当我们在修复报告里看到，人们在画作的一个地方验证了某种化合物，于是就无条件认为这种化合物**能不造成任何损害地**适用于清除掉这幅画的整个上光层时，这就是一种**伪科学主义**（falso scientifismo）。这种可怕的经验主义将自己伪装成科学，显然无视了伽利略所说的“实验再实验”，它们已经破坏了无数杰作，使文明付出了惨痛代价！

让我们回到上光这个话题。我们已经看到，麦克拉伦和沃纳基于伊斯特莱克和梅里菲尔德[26]收录的古老文献，声称人们知道在意大利绘画里存在三种普遍的上光剂类型：**液态上光剂**（la vernice liquida [liquid varnish]）、**软液态上光剂**（la vernice liquida gentile [mild liquid varnish]）和**普通上光剂**（la vernice comune [common varnish]）。对这两位非意大利语作者来说，在这种情况下误读是非常可能的事，但对我们来说，从更严谨的文献学来看，**液态**、**软液态**和**普通**这些修饰词根本算不上精确的命名法；这些修饰词并不表示一致的配方，就像早期的所有规范那样，只反映了当时的不精确用法。而且，非常重要的一点就是，这些命名并不是同时出现的；它们在不同的文化**区域**，以不同的**语言用法**，根据作者的不同出现于不同的历史阶段。

我们已经提到过，将修饰词**液态**加在**软态**前面的最古老的意大利文献就是琴尼尼的那份文献[27]，是为了将上光剂（粉末状或颗粒状树脂）和溶于某种溶剂的树脂区别开。指称粉末状树脂的**上光剂**用法一直持续到 17 世纪，尤其对洒在书写纸张上的上光剂是如此。此外，在伊斯特莱克引述的琴尼尼的那段话里，我们可以看出，**液态**这一修饰词，只具有相对于干态上光剂而言的、被溶解的上光剂的有限含义，例如，“用液态的上光剂”，还有“拿你的液态且清澈的上光剂”，这里的修饰词**清澈**也清楚说明了第一个修饰词的单纯限定意义。[28] 这里的限定词和定义混合物固定且不变**构成成分**的严格命名术所用的限定词还相去甚远。而且琴尼尼也没有给出这种上光剂的成分，但麦克拉伦和沃纳却根据私人信息向我们保证，琴尼尼买到了成品的上光剂……。对于相信琴尼尼甚至将“上光剂”当成山达脂的同义词而使用的观点，我们并没什么意见，但是这和认为液态上光剂总是通过将山达脂溶于亚麻籽油而制成完全是两回事；这中间存在不可逾越的鸿沟，任何正确的文献学方法都无法证实这种说法，因为琴尼尼并没有提到这一点，而且即便在那个时代也充斥着各式各样的配方。

我们接下来讨论他们所谓的“软液态上光剂”。一直到罗塞洛那里（1575 年）[29]，我们才能看到唯一提到这种上光剂类型的地方。在他的书里也有一份**液态上光剂**配方，其名称**“上光树胶”**（gomma da vernice [gum for varnish]）表明的液态含义，就像已经讨论过的那样，也就是说，仅指混合物的流动状态。在他的那本书里，随后一章的标题是“配制液态且软态的上光剂”（A far vernice liquida e gentile [To make liquid and mild varnish]）。不用说，那两位作者错误地忽视了连词“且”，而这个连词说明这些形容词是限定性的修饰词，而不是严格意义上的术语头衔。同样，这部书的第69章名为“制作一种精细且干燥上光剂的方法”（Del modo di fare una vernice finissima et essiccante [How to make a very fine and drying varnish]），其平行对比含义非常明显。

此后，**软液态上光剂**作为一种类型就消失不见了，取而代之的是一种非常少见的品种，即罗塞洛的《论宇宙的奥秘》里提到的那个品种。

至于**普通上光剂**，这里的修饰词显然指的是各种最**通常的**、目前仍大量使用的上光剂，当然并非专指用于绘画的上光剂。我们从阿美尼尼那里，以及麦克拉伦和沃纳从伊斯特莱克那里引用的各种文献里已经看到了这种提法。在菲奥拉万蒂的著作（1564年）[30]的第67章里，“如何制备为各种大型器物上光的普通上光剂”（del modo di fare la vernice commune da vernicare cose grosse [how to make common varnish to varnish large things]），他对**普通**这个词的表述方式消除了任何可能引起歧义的怀疑，这个词只不过指的是用于各种家用目的的粗糙上光剂而已：“为各种大型器物上光”。这些配方和绘画又有什么关系呢？

在比雷利的书里（1601年）[31]，第372章，“**被有些人称为普通的上光剂**”（Vernice da alcuni detta comune），**普通**一词也有相似的有限意义。尽管这里有了某种术语命名的苗头，但被我们立刻否定了。因为这种上光剂的构成和成分远非那么固定，以至于比雷利在同样的标题下，又列出了其他**两种**配方。

在“马尔恰诺手稿”[32]里，甚至还有个配方名为“优质的普通上光剂，适用于任何需上光之物”，这是同另一种“优质的清澈且脱水的上光剂，用于油彩及所有画作”相呼应的一种命名方式，当然，后者说的并不是制备一种“**固定成分的上光剂**”，在这里，“**普通**”和“**适用**”对等于“**优质**”和“**清澈**”。

因此，对我们来说，尽管不能完全排除**液态**和**普通**这两个限定词可能指的是两种通用类型，尤其指的是两种不同品质程度的类型——一种是更精细的类型，另一种是日常使用的类型，但是人们不可能将这些类型化的限定词理解为专指两种**标准化**了的，总是用相同配料和相同溶剂制成的上光剂类型。当我们谈到各种溶剂时，尤其要强调这个问题。因为我们对下述想法没有意见：至少在中世纪时代最初的若干世纪里，上光剂在意大利已经变成了山达脂的同义词，任何溶解的上光剂被认为大致上基于这种物质，或是基于这种物质的各种代用品，并带有各种添加剂。然而，对于作为山达脂近似物或配合物的各种树脂和树胶，我们肯定不能把亚麻籽油、坚果油或罂粟油视为它们固定且通常的载体。

评论家和修复者必须永远牢记的是，不仅在同一世纪里，而且在同一位画家那里也一直体现着这些未知数。人们从来不知道，也从来不能肯定，一位早期画家可能使用的各种已知材料的数量和类型。

另一个不容忽视的事实在于，我们得到的绝大多数上光剂配方并非来自那些研究绘画的论著，而是五花八门的汇编集，那里应有尽有，包括从染发到不让狗叫的各种秘方（比雷利）。此外，我们也已经看到，琴尼尼并没有给出上光剂的配方；而在阿美尼尼、巴尔迪努齐、德·皮莱斯和奥兰迪（Orlandi）专门研究绘画的文献所提供的配方里，我们发现，各种上光剂的成分主要并非基于亚麻籽油、坚果油或其他油类，而是像葡萄酒精、云杉油、石油或石脑油这样的溶剂。从任何角度来看，后一类配方对麦克拉伦和沃纳都非常不利，因此他们试图尽量压缩这类配方。于是，他们开始统计并指出，在伊斯特莱克和梅里菲尔德的文献收录的 47 个配方里，只有 7 个含石脑油。经验主义的一大特色就是信任统计：这种信任在这里比通常更错得离谱，因为唯一应予以考虑的统计数据并不是配方的数量，而是其中用于绘画的有效配方的数量。例如，对蛋胶画而言，47 种配方里可能只有一种普遍使用的配方。

此外，我们还要看这些配方是如何**汇编出来的**。我们并不打算写一本讨论上光剂的专著，对这里的问题来说，只需指出下述事实就足够了。几乎所有的上光剂配方都源于各种配方簿，而其记述方式是早在希拉克略那个时代就初具雏形，并在比雷利那里达到顶峰的——如画的，而非绘画的——巫术和炼金术的大杂烩方式。在那些光怪陆离的大杂烩里，极少提及绘画。因此，现在对这些配方提出的第一个问题就是：它们到底是干什么用的？我们知道：在大多数情况下它们是为木材、火枪、十字弓、弩、鲁特琴等物上光用的。而前面引述过的“马尔恰诺手稿”，即《各种艺术奥秘书》里，出现了一种固定的上光剂配方，也就是那些溶在烧酒里的最精细的上光剂，而且这部手稿指出，只有这些上光剂才适用于各种细密画和绘画。菲奥拉万蒂说得很明白：“除了上面给出的各种上光剂，还有一些不用油制成的上光剂，它们都非常漂亮。”在阿莱西（Alessi）那里，“漂亮且稀有的上光剂”也是基于烧酒制成的。即便连比雷利也没有漏写一种不含亚麻籽油，而以松节油、香和山达脂为基础制成的“快干”上光剂配方。可以肯定的是，这些上光剂是用来绘画的，因为人们明确提到了这一点。1731 年，当博南尼[33]细致地总结在他以前的基础论著中给出的各种上光剂配方时，他首先列出溶解在烧酒、松节油、云杉油里的各种上光剂，然后才列出基于亚麻籽油的上光剂。更不用说费利比安在列出各种上光剂时（1690 年）[34]，以带有松节油和山达脂的上光剂命名了一些上光剂，以基于烧酒或松节油加烧酒的上光剂命名了其他上光剂；他甚至漏掉了基于亚麻籽油或坚果油的上光剂。

最后，让我们讨论各种石脑油上光剂，对于它们的使用，我们这里有比各种常见配方簿的一般性说明更可靠的文献资料，也就是说，提到了哪些画家用了这类上光剂。阿美尼尼[35]最先提到这种上光剂，他证实整个伦巴第（Lombardia）都在用基于石脑油的上光剂，“因此，柯勒乔和帕米贾尼诺（Parmigianino）用的就是这种上光剂。”所以说，在伦敦国家美术馆最近一次修复《岩间圣母》（*Vergine delle Rocce*）时，画面上被剥掉的那个上光层必定就是由这种上光剂构成的。

巴尔迪努齐同样也提到了石脑油是某种上光剂的基础，而奥兰迪在他的《绘画入门》（1719 年）[36]里引述了 3 种基于石油（即石脑油）的上光剂，并依次评论，“这是最微妙的上光剂，是它们中最有光泽的”；关于第二种，“这是可赋予任何所绘之物美丽光泽的上光剂”；他明确说第三种“上光剂被称为奇尼亚尼骑士（Cavalier Cignani）上光剂”，由乳香滴和石油构成。在奥兰迪列出的其他上光剂中，有 2 种基于松脂、松节油精和云杉油，4 种基于烧酒，仅有 4 种以亚麻籽油或坚果油为溶剂。此外，我们注意到，那份由松节油精和松节油构成的上光剂配方规定：**这种混合物应在阳光下晒八天**。这种观察十分重要，而且也只有奥兰迪写到了这一点，因为阳光晾晒的规定通常意味着，当不确定上光剂的成分时（例如对于琴尼尼所说的那些上光剂），人们（尤其是伊斯特莱克）就希望从这种线索推断出其溶剂必然是由亚麻籽油构成的。

尽管麦克拉伦和沃纳试图尽可能压缩各种石脑油上光剂，但也无法将其完全排除在外。于是他们试图否认这些上光剂有某种颜色，并强调：各个时期的许多配方要求对油进行提纯，或者提到这种上光剂必须是**清澈的**，等等。但显而易见的是，这里的推测只不过是混淆是非：**上光剂**的**着色**是一回事，其**不纯净度**则是另一回事。说一种上光剂应是透明且清澈的，并不意味着它必定是**无色的**。的确，在阿美尼尼、圣马可图书馆的《各种艺术奥秘书》和奥兰迪那里，明确提到了一种清澈的上光剂配方，但这些文献旨在说明的是这类上光剂具有特殊的而非普通的用途。相反，对上光剂问题最权威的作者伊斯特莱克自己也承认，各种古老的上光剂多多少少都被着色过。[37] 考虑到麦克拉伦和沃纳从伊斯特莱克那里引用了如此多的文献，却恰恰对这一点避而不谈，这种疏漏就无法令人接受了。伊斯特莱克绝非空穴来风地声称，基于山达脂的上光剂（这无疑是最古老的上光剂，而且正如我们所见，它甚至就是**上光剂**这个称谓本身的起源）带有一种基础性的红色。中世纪画家是如此习惯用这种有色上光剂，以至于认为它是必不可少的，甚至当找不到时，就不得不寻找各种类似的替代品。因此，卡尔达尼发现，[38] 当人们用蛋清作上光剂时，通常用红铅为之染色。这就是我们为何要提到那位博洛尼亚人的手稿《色彩奥秘》（*Segreti per colori*）里的配方，在一份名为**“以其他方式制备液态上光剂”**的配方里提到了加入**红铅或朱砂红**，或者**红铅和朱砂红**。

麦克拉伦和沃纳认为这里的**红铅或朱砂**是作为干燥剂加进去的，于是怀疑这种上光剂是否用于绘画。但是，我们提到的这种上光剂被称为**液态的**，而非**普通的**或**粗质的**，因此在所有上光剂里，这种上光剂可能最适合于画作。除了这个事实之外，还必须指出的是，这种上光剂不含山达脂，而含香。我们此前也没有注意到，伊斯特莱克不仅引述了这一配方，将红铅或朱砂正确无误地解读为着色剂，而且还将这一配方同另一份 1466 年的关键配方进行了相互印证，后一份配方**简单明了地**说："**当找不到**液态上光剂时，制备新的上光剂取而代之。"这种上光剂显然是山达脂上光剂的替代品，其成分如下："亚麻籽油、乳香、**红铅**、香和融化的白色树脂。"也就是说，其中的两种成分，即红铅和香再次出现在那位博洛尼亚人所写的配方里，于是，我们就再也无法怀疑，红铅是作为着色剂引入这种上光剂里的。

当我们看到伊斯特莱克说，在 14 世纪[39]的英格兰，人们将**用于绘画的上光剂**分为**红上光剂**（vernisium rubrum，或许含山达脂）和**白上光剂**（vernisium album）时，同样也并不令人意外。这里无需对**红**和**白**的含义争论不休，只需将第一组词译为**液态上光剂**，第二组词译为**清澈的上光剂**，即可得到意大利语的对应词。此外，伊斯特莱克还说："绿色和黄色上光剂也并非不常见"。事实上，人们对番红花的使用看起来并不仅限于通过上光模仿金色（如今的"麦加上光剂"）[40]。梅里菲尔德和伊斯特莱克已经收集了各种罩染里使用番红花的大量信息。

综上所述，我们拒绝所有理论层面上对我们的轻率抨击。此外，他们绝望地试图诋毁我们在修复戈佐利绘于佩鲁贾的作品、科波·迪·马柯瓦多绘于锡耶纳的作品、贝利尼绘于佩萨罗的作品时，对各种普遍性修复问题，以及对清洗这一特殊问题所作出的宝贵贡献。我们接下来必须对他们的这些评论进行回击。事实上，就这些修复项目而言，我们已发表了大量报告和相关附件，在这里本不必再多啰嗦了，然而，我们认为仍有必要展示那些评论是多么阴险且毫无根据。

在贝利尼绘于佩萨罗的祭坛装饰屏里，我们已经有了一些服务于修复目的的根本性发现：在各个光轮**下面**，整个画面上覆盖着暗色调化的古老上光剂；在那个祭坛装饰屏所有画板里最亮的那块画板上，也就是描绘圣特伦斯的那块画板上，贝利尼用罩染完成了一些部分，并用一种稠密的黄色调上光剂进行了**固着**。(图 34，图 35)

对第一个问题来说，我们注意到在圣彼得头上光轮的某处，就是以往的鲁莽修复擦掉（用媒染剂而非金箔施加上去的）金色的地方，和画面所有其他部分一样，也能看到同样黯淡的上光层。然而，如果上光剂是在描金后才敷设上去的，在那些描金已经消失的地方，应该看起来更浅，就像**一个负像那样**。人们能很明显看出这一点，我们只能相信是译成英语将它搞得含糊不清了，否则的话，就完全无法解释那两位作者回应时的自鸣得意了。他们说，经过 11 年之后，油性上光剂会变得几乎不可溶，因而就有了并不令人惊奇的**稳固性**，即便上光剂是在清除掉描金之后才敷设上去的也是如此；因此，那个呈现出黯淡上光层的斑点只能说明，这个上光层是在原来的修复破坏描金之后才敷设上去的。我们必须驳斥这种说法，在任何情况下，描金覆盖过的画面和没有覆盖过的画面总会有色调上的**差异**，因此，即便在为这幅画上光之前已经清除掉了描金，也同样会在那幅画上留下某种像负像那样的踪迹。这幅画上均匀满布的黯淡上光层——既覆盖在那些整体色调降低的地方，也覆盖在金色笔触消失的地方——无法完全**隐藏**这种踪迹，这种差异仍会显现出来。如果 A 不是 B，即便为 A 和 B 都添加上 C，A 仍然不会变成 B。人们丝毫不可能推翻这种矛盾律。

更不用说，所有那些诡辩似乎忘了一个不容置疑的事实：在大多数情况下，各种画作，无论是油画还是蛋胶画，都曾被上光过。但这两位作者却继续极为随意地强调笔者说过的一段话，借题发挥：“在中央修复研究院，我们不可能清除掉那块圣特伦斯画板上的泛黄上光层而不把贝利尼用罩染敷设出来的**石块**分缝也清除掉”，暗示笔者愚蠢之极，以至于没有注意到那些石块分缝“是用来遮盖更早期破损处的后期修复部分”！

幸运的是，鲁道夫·帕卢基尼[41]为我们解了围。他根本没有指责我们把老的修复部位错当成了罩染，只是责怪我们，没有挽救那个凄惨金黄色上光层之上的未知层次或者说古锈！多亏了帕卢基尼，那块画板才没有用**苛性碱**清洗，有人竟向他兜售如此荒谬的想法。麦克拉伦和沃纳的批判至少反映了那些为了挽救如今该死的修复做法，甚至不得不否定阳光的人们的极度痛苦。

作为上述讨论的一个推论，请记住这两位作者的文章——既没有文献依据，也没有分析——试图维护的观点就是：在 18 世纪之前，所有罩染都是用亚麻籽油，或亚麻籽油与上光剂的混合物做出来的，相似地，各种上光剂几乎完全基于亚麻籽油。否则的话，他们为何强调中央修复研究院忽视了对圣特伦斯画板上那个著名金黄色上光层里的各种**溶剂**进行鉴定？显然，在这种论调里潜伏着他们宣扬的那种煽动性方法，也就是说，他们认为，一种溶剂如果在画作的某个小角落测试下来是安全的，就能确信画作的所有其他地方对这种溶剂具有不变的抗性。相反，一旦我们**认识到**人们以前故意或偶然地清洗掉了圣特伦斯画板上的上光层，从而使画家为台阶上那些**石块**敷设的**罩染修饰**消失了，我们就可以毫不犹豫地说，对这个金黄色上光层可溶性的任何其他测试都是犯罪，因为这将对这幅画造成新的且毫无意义的残害。此外，上光剂的可溶度根本就是个虚假标准，因为正如麦克拉伦和沃纳明确承认的那样：“**11 年之后**，亚麻籽油上光剂对各种溶剂的抗性就和存在 400 年之久的上光剂一样了。”（图 35）

接下来，我们讨论科波·迪·马柯瓦多绘于 1261 年的《圣母像》（图 36，图 37），它简直成了彻底清除上光者（sverniciatori [de-varnishers]）痛苦失望的源泉。事实上，对这个问题有各种无可辩驳的**文献**，有助于提高我们对画作的**审美解读**能力。我们首先要提到的文献是特奥菲卢斯的“透明画法”以及围绕它展开的其他文献，也就是穆拉托里发表的《卢卡手稿》里的“论金属箔片的染色”（De tictio petalorum），以及《小钥匙书》里的“为锡箔片染色”

(Tinctio stagneae petalae)，尽管伊斯特莱克也引述了这两篇文献，但从没有像我们分析科波作于1261年的《圣母像》那样，将它们和一个具体且可验证的历史古迹确切联系起来。

面对各种类似的文献证据，无论它们是以前的还是当代的，人们别无选择，只能毫无偏见地承认：为了获得**有光泽**的色调，将**有色且透明的上光剂**敷设在锡箔片或银箔片上不仅存在于理论上，而且也是一种**实际存在的**做法。在近4个世纪之后，勒布伦和德·皮莱斯都承认——现在和永远——只有通过罩染才能实现这种效果。然而，那两位作者对这一应当承认的事实却避而不谈，紧紧抓住一个纯粹次要的问题不放，也就是说，我们在那个18世纪画框下面发现并保存下来的老上光层，是否能被认为是**13世纪的真正**上光层。我们对18世纪画框下面隐藏了2个世纪之久的上光层，以及这幅画在安装了18世纪画框之后才敷设上去的上光层进行了分析，得出了不同的结果。就分析结果本身来说，这样一种差异就已经**要求**（imposto [demanded]），而非**批准**（autorizzato [authorized]）要保护那个老上光层。而且不仅如此：圣母头上的**纱巾**画出来的方式也对我们提出了这种警示。

如果科波在画圣母的斗篷时，采用的是特奥菲卢斯的“透明绘制”技术，即那种无疑最初旨在模仿金色的技术，那么，类似的类推将**令**他认为，也可以用**同样的罩染技术**，把紫色和蓝黑色这样的色彩敷设在银箔片上，即便这是不必要的。事实上，他在画圣母的纱巾时，采用的是如下工艺：首先，在白色基底[42]上用浓重但却相当液态的蓝色颜料画出头巾皱褶的阴影部分；然后用模具**干印出**各个小圆环。接下来，**均匀地**敷设上一层透明均质的黄色上光剂，最后再在这个上光层上，在各个圆环里用（厚涂颜料的）色体画出那些帝国之鹰。我们注意到，无法把那个透明上光层的黄色调归因于多个世纪以来的时光流转；因为就在这幅画完成后不久，即50年多一点的时间之后，杜乔的某位追随者，可能是尼科洛·迪·塞尼亚，在重绘圣母脸庞时，又在周围加了一层白色纱巾（图36（b））。如果原来的纱巾**当时**也是白色，后加的纱巾就完全不合理了。此外，那个**浓稠的黄色上光层**的着色法同敷设在圣母身体部位**银箔片**（petula arienti）上的**浓稠的黑色和紫色上光层**也是一致的。只有一种技术——锡耶纳金银匠敷设各种透明釉料的某种前奏性技术——引导着科波这位画家。一旦我们注意到这一不同寻常的特征，就会接着发现其他支撑这一特征自身的证据，它们都竞相证明了这种技术的使用与延伸：尤其是那个脚凳上的垫子。那么，麦克拉伦和沃纳提出了什么反对意见呢？首先，他们认为，我们在那个画框下面发现的、已被隐藏起来达 2 个世纪之久的上光层不可能是原初的上光层，因为在杜乔的追随者重画的头部上也发现了相同的上光层。现在，如果不作定量化学分析，我们没有绝对的把握断言，圣母脸庞上的上光层和 18 世纪画框下面的上光层是一样的。由于我们没有做这种化学分析，而且也不可能这么做，否则几乎就会完全破坏幸存下来的上光层，因此即便我们有疑问，我们也不会这么做。另一方面，一旦我们清楚认识到，科波将这种**透明画法**也延伸到了纱巾和垫子，算得上谨慎的推断就是，正如我们说过的那样，科波也会考虑将那种红色调上光剂用在画面其他部分，而这就更有理由让我们不惜一切代价尊重上述的那个上光层。即便人们发现那个上光层和圣母脸上的上光层是一样的也是如此，因为那些上光层都是如此久远之前就敷设上去的，中间仅隔了 50 年，成分上甚至可能都没什么差别。有人认为纱巾上各个圆圈里的老鹰是画在那个上光层**下面**的，我们完全拒绝这种看法。这也是人们的误解之一。那些可能在锡耶纳看过这幅画的人或许认为，对那条纱巾的叠绘给出如下**次序**是合适的：底层是黄色，在上面绘出老鹰，再在上面敷设上光层。与此同时，重要的是这些人会认识到纱巾的**黄色**并非源于上光剂的变质。尽管如此，我们还是要再次说明我们的观测，当时，锡耶纳美术馆馆长卡利教授（Carli）也在场，我们对这条纱巾拍了 2 张新的放大照片。尽管是黑白的，但是即便最顽固的人也能看出来，其叠绘次序就是我们已经说过，而且是从一开始就发表过的（图 37（b））。也就是说，底层是白色而非黄色，黄色不是由**色体**绘出来的，而是透明地铺在那条纱巾的**蓝色**暗部上。**结果，蓝色暗部变绿了，而在黄色上光层的小块残缺处，显现为原本的蓝色调**。如果黄色是不透明的，就不可能这样。此外，在右侧，即杜乔的追随者后来重画的部分和那块 13 世纪纱巾的交界处，人们可以明白无误地看出来，那块后画的**白色**纱巾叠加在科波所画纱巾的黄色上光层之上（图 37（a））。

至于他们最后的意见，"画在脚凳中部的宝石红色……很明显是后来沿着这幅画板上的一根裂缝重画出来的"，这一说法仅仅告诉我们，他们误解了作为证据留下来的重绘样本，甚至没有注意到科波在脚凳垫子的各个暗部上敷设的红色透明上光层，这些上光层尽管残存不多，但明显不会弄错。在不改变织物上绘制出来的方格编织纹路的情况下，科波用这种上光层使之有了某种圆胖感。同样的技巧也用在圣母宝座上的另一块垫子上，以及宝座靠背的织物褶皱上，**虽然做了罩染，但却没有用透明上光剂**。人们必须知道**如何解读**一幅画。

最后，对于戈佐利 1456 年绘于佩鲁贾的那幅画上的罩染（图 38），我们在写给《伯灵顿杂志》的信里已经回答了这个**争论不休的问题**，而且还发表了一张那个被清理掉的蜡滴的新的放大照片。

为了进一步挫败我们的对手，我们再次发表了另一张展示在那幅画表面上实施**剥取**（strappo）的放大照片（图 39（b）），还有一张展示那个蜡滴仍在原处的放大照片（图 39（a）），按照麦克拉伦和沃纳的说法，那个蜡滴应该被累积起来的上光剂包围着，**但事实并非如此**。[43] 因此，我们可以下结论了，各种无可辩驳的证据说明对我们的抨击是毫无根据的。我们回应了所有的批判，没有留下一个疑点。我们有充分的理由抱怨：对我们的那些评论是如此浅薄，如此毫无理由而自鸣得意。但是，我们更想唤起对手们的良好判断力，因为他们对伦敦国家美术馆的修复担负着如此重大的责任。我们希望他们认识到，他们的批判使我们的古锈理论比以往更有效了，希望他们放弃这种毫无意义的阻挠，坦率承认犯下的错误，以及造成的伤害。

在比利时，为了修复《神秘羔羊的崇拜》(*Adoration de l'Agneau mistique*)，各方评论家和相关负责人举办了一次国际大会，人们一致采纳了我们一段时间以来为之奋斗的审慎清洗标准，这最雄辩地表明了**真理终将胜出**。甚至连麦克拉伦本人也出席了这次大会，而且没有提出异议，也不再支持整体清洗了。我们欣慰地注意到了这一点，并希望随着将人身攻击和固执己见埋葬掉，能从这些乏味的纷争中诞生所有人都期待的真诚且有效的合作。

[1] 刊于《中央修复研究院通报》，第3-4期，1950年，9-29页。

[2] 这里的“启示录”(Rivelazione [Revelation]）指的是各种历史文献。——译者注

[3] 盖然性论辩（entimema [enthymeme]）：或称“省略推理法”、“省略三段论”，是一种三段论法格式，即，在忽略大前提的情况下推演出可能但不必然的结论。——译者注

[4] 原文是“monumento”，即作为史实记录的古迹性作品。——译者注

[5] 实质（sostanza [substance]）：对物质文化遗产来说，相对于布兰迪所说的本体，特指外观以内的所有物质性实体。实质意味着一尊雕塑或一个建筑构件外观以内的所有部分，一幢建筑的所有室内元素，一个街区街道外立面以内的所有部分。在可能的情况下，最大限度地不进行实质性改动是物质文化遗产保护的基本要求之一，否则就会引发极大争议、常常被保护界诟病的立面主义（facadism），即只保留保护对象的外观。——译者注

[6] 公共福祉（salus publica）：拉丁语，意为总体上、整体上的好处（good of the whole）。古罗马学者西塞罗提出“公共福祉是最高律法”(salus publica suprema lex esto)，布兰迪用来说明“整体利益优于局部利益”，也就是说，相对于美学要求，拯救艺术作品，使之在物质依据上不至消亡是保护的最高准则。——译者注

[7] 《托斯卡纳设计艺术词典》写道：“画家所用的术语，他们又称之为皮壳（pelle [skin])，指由于时光作用而呈现在画作上的那种普遍黯淡感，但这种黯淡常常也起着增强画作的作用。”

[8] 关于“抛光工艺”(ganosis)，参见：维特鲁威，第793段；以及普林尼，第35章，第40段。关于“墨化”(atramentum)，参见：普林尼，第35章，第36段。参见：L.博雷利(L. Borrelli)，载于《中央修复研究院通报》，第2期（1950年），55-57页。

[9] 墨化（atramentum）：通常指矿物源、植物源或动物源的黑色液态物质。在古罗马，该词指用于任何目的的黑色颜料，主要指三类物质，一类是用于书写的墨水，一类是用于染革的颜料，一类是画家用于某些目的的上光剂。据信，阿佩莱斯用燃烧象牙的方式制作黑色上光剂。——译者注

[10] 阿佩莱斯（Apelle [Apelles]）：生活于公元前 4 世纪，古希腊著名宫廷画家，普林尼在《自然史》中认为他是空前绝后的艺术家。相传亚历山大大帝只要阿佩莱斯为他作画。——译者注

[11] 瓦萨里，米拉内西，《论雕塑》（见前引书），第 1 卷，163 页；普林尼，第 34 章，第 9 段。

[12] 参见 C. L. 伊斯特莱克（C. L. Eastlake），《油画史材料》（*Materials for a history of oil painting*），伦敦（1847—1849 年），229 页。他在那里指出：优斯塔休斯（Eustathius，12 世纪）在《荷马评论》（*Commento ad Omero*）中说，荷马时代的希腊人将琥珀称为"上光剂"（veronico [βεϱονίχη]），这种用法一直延续到《小钥匙书》（12 世纪），该词在这部文献里已经以变化后的属格形式"verenicis"出现。后来，山达脂作为琥珀的首个替代品，成了上光剂的代称。

[13] R. 德 · 皮莱斯（R. De Piles），《绘画实践基础》（*Elemens de la Peinture pratique*），巴黎，1766 年，117 页。请注意这是若姆贝特（Jombert）的修订版，我们不知道他为原版增加了多少内容。伊斯特莱克（《油画史材料》，见前引书，第 1 卷，433 页，注释）提到了 1648 年的初版，他说初版当时已非常罕见；现在则甚至在巴黎的国家图书馆也找不到了。根据若姆贝特 1766 年为《绘画原则教程》（*Cours de peinture par principes*）所做序言结尾处的说法，该书的原名是《绘画实践初级要义》（*Premiers elemens de la Peinture pratique*）。若姆贝特宣称他希望为该书制作一个新版本。

[14] 安德烈·费利比安（André Feliben），《论建筑等诸艺术的原则》（*Des principes de l'Architecture, etc.*）。巴黎，1690 年，第 2 版。在该书末尾附有一个"建筑学及其他艺术术语词典"（Dictionnaire des termes propres à la Architecture et aux autres arts）；在"Glacis de la contrescarpe"词条下，他提示读者参照"Esplanade"这个词，而后者被解释为"有覆盖的道路的护墙"（Parapet de chemin couvert）。而在戈德弗鲁瓦（Godefoy）的《古代法语词典》（*Dict. de l'Ancienne Langue Française*）（巴黎，1898 年，第 9 卷，701 页）里，"galcis"仅是个明确的军事术语，意为"缓坡"（scarpata dolce [gentle slope]）。

[15] 参见，M. P. 梅里菲尔德（M. P. Merrifield），《原始论文集》（*Original Treatrises*），伦敦，1849 年，777 页。

[16] 请注意，迪弗雷努瓦（Dufresnoy）的《论图画艺术》（*De Arte graphica*）里并没有配方，而德 · 皮莱斯在翻译时加上了"评注"（Remarques），这或许是其后各种相关论著的原始核心。我们这里引述的是 1673 年的第 2 版，217 页。

[17] R. 德 · 皮莱斯，《绘画原则教程》，Estienne 出版社，巴黎，1708 年，338-339 页。1776 年，若姆贝特再版了这部《教程》，但并未改动我们引用的那段文字（266-267 页）。

[18] 瓦萨里，米拉内西，《论雕塑》，第 2 卷，276 页。“帕里 · 斯皮内利传”（Vita di Parri Spinelli）：“他是第一位在绘制湿壁画时省略在肉色下敷设绿褐色调（verdaccio）打底层的人，而当时人们常用肉色的笔刷，以水彩式的明暗对照法在这种打底层上罩染，就像乔托和其他老画家过去所做的那样”；G. B. 阿美尼尼，《论绘画的真正准则》[1587 年]，比萨，1823 年，140 页：“但是布料上的草图要被罩染起来……”；以及 141 页：“再次回到画布，为了罩染它们我们使用……”；随后就是对这种做法的全部技术说明。

（“verdaccio”是早期湿壁画的一种重要做法，指混合黑、白和黄色颜料，根据颜料的不同比例，产生灰调子或黄调子的柔和绿褐色，用于确定基调，形成完整的单色草图层。在湿壁画里，也常常留下不带任何叠加色彩层、纯粹以绿褐色绘成的建筑细部，一个著名例子就是西斯廷小礼拜堂的天顶画，其中作为构图元素的所有建筑细部均保持着清晰可见的绿褐色草图状态。在油画里，佛兰芒画派的画家也采用类似技术。——译者注）

[19] 为了方便读者，我们再次引用这段话：“罩染：用薄层进行遮盖。对我们的画师来说，罩染意味着用少量的颜料和大量的蛋胶（或者用门外汉的话说，就是水样的或稀释的东西）在画布或画板上晕染着色，其目的不是完全遮盖已涂绘过的表面，而是使之变得温和，令人愉悦地黯淡下来，几乎就像在画面上笼上一层犹如蝉翼的薄纱。”

[20] 厚涂颜料（pleine pâte）：法语，原意为“完全的膏体”。在油画术语里，“pâte”指的是在调色板上调制出来、准备敷设在画上的新鲜颜料。——译者注

[21] 罩染是利用各种颜料的层次叠加获得特定光色效果的技法，这需要一定的预见性和技巧，因此，布兰迪说这是一种不断添加“作料”从而调制出特定效果的“危险烹调”；但和罩染相比，预先在调色板上用各种颜料调出单一色彩的色体，从而一次性地表现色彩无疑更大胆。——译者注

[22] L. A. 穆拉托里（L. A. Muratori）汇编出版了以“卢卡手稿”（Manoscritto lucchese [Lucca Manuscript]）为名的各种配方集，收录在《意大利中世纪阿雷佐古物集》（*Antiquitates Italicae Medii Aevi Aretii*），1774 年，第 4 卷，674-722 页。人们在卢卡的卡皮托拉雷图书馆（Biblioteca Capitolare）发现了这部手稿，马比荣（Mabillon）也在这个图书馆里研究过这部手稿，认为出自查理曼大帝（Carlo Magno [Charlemagne]）时代。如前所述，这是一个配方簿，重点是皮革染色、金属镀金等等；唯一可能涉及绘画的条目就是下述上光剂配方：“论为各种色彩赋予应有的轻透、鲜亮品质”（De lucide ad lucidas, Super colores quale fieri debet），该配方列出的成分多达 12 种。伊斯特莱克出版了这个配方（《油画史材料》，见前引书，第 1 卷，230 页）；《小钥匙书》也收录了这个配方。然而，在这份文献里提到的另一个配方，即那个用锡模仿金的配方，“为金属箔着色”（De tictio petalorum）与罩染丝毫无关，正如我们将看到的那样，这与特奥菲卢斯的“透明画法”联系了起来。L. 博雷利引述的普林尼的那段文字，载于《中央修复研究院通报》，第 2 期（1950 年），55 页。

[23] 瓦特雷（Watelet）和莱韦斯克（Levesque），《绘画艺术词典》（*Dictionnaire des Arts de Peinture*），Prault 出版社，巴黎，1792 年，第 2 卷，422-429 页。（瓦特雷，法兰西学院院士，在 1786 年留下了这部未完成的词典；莱韦斯克，法国铭文与美文学院（Accademia di Iscrizioni e Belle Lettere）院士，也是圣彼得堡工艺美术学院（Accademia di Belle Arti di Pietroburgo）的一员，完成并出版了这部词典，其中包括瓦特雷所写的词条。）

[24] 同上，也见于第 3 卷，594 页，“清洗”（nettoyer）词条。

[25] 参见“用油对色彩进行罩染的方式”（De la manière de glacer les coulers à l'huile），117-119 页。“用蛋胶对色彩进行罩染的方式”（Manière de glacer les couleurs en détrempe），239 页；这一页给出了用于蛋胶画、由“白皮手套碎屑和羊皮纸碎屑”（rognures de gants blancs et raclures de parchemin）制成的胶的配方。

[26] 伊斯特莱克，同前引书，第 1 卷，223 页；梅里菲尔德，《原始论文集》，第 1 卷，253 页及以后各页。

[27] 即附文五提到的琴尼尼的《艺术之书》，但布兰迪在本书中事实上并未具体提到《艺术之书》里的上光剂名称。——译者注

[28] 我们对液态这个词的解读就是，该词仅仅是和上光剂的固态相对而言的，卡尔达诺（Cardano）描述山达脂或“桧树树脂上光剂”（juniperi lacryma vernix）的段落完全证实了我们的观点：“用干的上光剂和亚麻籽油制成液态上光剂”（ex sicca vernice et lini oleo fit liquida vernix）。（希罗尼米·卡尔达尼（Hieronimi Cardani），《论微妙》（*De subtilitate*），里昂，1558 年，349 页。）

[29] 初版：T. 罗塞洛（T. Rossello），《宇宙的最高奥秘》（*Della Summa de' Secreti Universali*），威尼斯，1575 年，现在已经找不到了，我们引述的是第 2 版：蒂莫提欧·罗塞洛（Timoteo Rosselli），《论宇宙的奥秘》（*De' segreti universali*），威尼斯，1677 年（藏于威尼斯的圣马可图书馆（Biblioteca Marciana），23058 号）。

[30] 初版：L. 菲奥拉万蒂（L. Fioravanti），《理性奥秘》（*Segreti rationali*），威尼斯，1564 年，几乎不可能找到了。我们引述的是第 3 版：莱昂纳多·菲奥拉万蒂（Leonardo Fioravanti），《理性奥秘概要》（*Del compendio dei Segreti rationali*），威尼斯，1660 年（1597 年的第 2 版和 1675 年的第 4 版同样罕见）。

[31] G. B. 比雷利（G. B. Birelli），《著作集》（*Opere*），Marescotti 出版社，佛罗伦萨，1601 年，第 13 书，541-542 页。

[32] 《各种艺术奥秘书》（*Libri di segreti d'arti diverse*），也被称为“马尔恰诺手稿”（Manoscritto Marciano）（圣马可图书馆，威尼斯，5003 号，coll. Is. III, 10），载于梅里菲尔德的《原始论文集》，见前引书，第 2 卷，603-646 页。

[33] P. 菲利普·博南尼（P. Filippo Bonanni），《论通常所说的中国漆》（*Trattato sopra la vernice detta comunemente cinese*），罗马，1731 年。

[34] A. 费利比安，《论建筑等诸艺术的原则》，见前引书，419 页。

[35] G. B. 阿美尼尼，《论绘画的真正准则》，见前引书，第 2 书，第 9 章。

[36] F. 巴尔迪努齐，见前引书，180 页；P. A. 奥兰迪（P. A. Orlandi），《绘画入门》（*Abecedario pittorico*），博洛尼亚，1719 年，图版四。

[37] 伊斯特莱克讨论各种着色上光剂的这个段落和其他段落可见于：《油画史材料》，见前引书，第 1 卷，247 页和 270 页；第 2 卷，27-28 页，以及 38 页的注释。

[38] 《论微妙》，见前引书，第 8 书，349 页："一旦用最稀薄的蜡或蛋清，混以调制好的红色或加入硝石的白垩取代它（上光剂）……除了增加保护之外，混以蛋清和这种红色也会得出紫色调。"（Olim loco eius [vernicis] cera tenuissima, vel ovi albo ac sandice factitio, vel creta cum nitro utebantur ... Ovi albo et sandice etiam color purpureus praeter tutelam addebatur.）

[39] 1963 和 1977 年版的《修复理论》此处均写的是"14 世纪"，而 2005 年的英文版此处写的是"15 世纪"。——译者注

[40] "麦加上光剂"（mecca）：在西班牙语版里将"mecca"译为"corladura"，即在抛光的银片上敷设的，使之看起来像金色的某种上光剂。——译者注

[41] 鲁道夫·帕卢基尼（Rodolfo Pallucchini，1908—1989）：生于米兰，意大利近现代著名艺术史学家和重要艺术策展人，1946 年创办具有重要影响力的杂志《威尼斯艺术》（*Arte Veneta*），1947—1954 年任威尼斯双年展秘书长，长期从事意大利文艺复兴时期画作，尤其是威尼斯文艺复兴画作的研究与保护。——译者注

[42] 基底（imprimitura）：见本书 276 页注释 2。——译者注

[43] 关于佩萨罗祭坛装饰屏的修复，我们已写过多篇文章，参见：《第五届修复展图录》（*Catalogo V Mostra di Restauri*），罗马，1948 年；《伯灵顿杂志》，1949 年 7 月号；《中央修复研究院通报》，第 2 期（1950 年），57-62 页；《意大利大百科全书》（*Enciclopedia Italiana*），"修复"词条。

关于科波·迪·马柯瓦多所绘《圣母像》的修复，参见：《第五届修复展图录》，同前引书；《伯灵顿杂志》，1949 年 7 月号；《意大利大百科全书》，"修复"词条；《艺术通报》（*Bollettino d'Arte*），1950 年，160-170 页。关于戈佐利那幅画的修复，参见：《第六届修复展图录》，罗马，1949 年；《伯灵顿杂志》，1949 年 7 月号；《中央修复研究院通报》，第 2 期（1950 年），57-62 页。

Togliere o conservare le cornici come problema di restauro
[The removal or retention of frames as a restoration issue]

7

作为修复问题的去除或保留画框 [1]

全世界的博物馆正经历着一场与各种作品的展示、照明和保护有关的总体性巨变，以至于诞生了一门新学科，即博物馆学，这是一门非同寻常地融合了科学、历史、美学和时尚的学科。在这种背景下冒出了一个以前从未有过的重要问题：画框问题。这种重要性源于如下事实：直到 20 年前，即便画框只是沦为了简单的饰线（listello [fillet]），也几乎没人讨论画框的必要性。然而，至少对当代画作而言，如今的普遍趋势却是丢掉所有的画框遗迹。尽管人们在处理历史和风格上约定俗成的作品时如此止步不前，但古代和当代艺术的界限正不断前移，就像行人的视野不断前移那样。如今，即便对于更古老的画作，人们有时也开始去掉它们的画框了。笔者自认是这种做法的引领人之一。约 20 年前，即 1942 年，当我们在中央修复研究院举办一个修复展时，大胆展示了各种不带画框的老画（布雷西亚尼诺 [2]、本韦努托·迪·乔瓦尼 [3] 的画），我们把它们挂在一个支架上，在支架的木板条和画作之间只有裸露的黑色幕布。[4] 为了给我们的大无畏鼓气，我们还特意从康德的《判断力批判》（*Critica del Giudizio*）引用了一段话，它对官方和非官方因循守旧的冲击，甚至超过了去掉画框的无畏亵渎。这段话是这样的："假如装饰本身不是建立在美的形式中，而是像鎏金画框那样，只是依靠这种吸引力推销对那幅画的仰慕，此时它就称为**虚饰**（ornamento [ornament]），且破坏了纯粹美。"对于当时那种看似离经叛道的行为，我们搬出康德，当然并非想作为赦免的借口，而只是因为我们想从美学，而非通常的室内装饰观点提出画框问题。尽管康德对绘画并不特别敏感，但他无疑抓住了画框附加的卖弄炫耀功能。但除了这种卖弄炫耀之外，画框还具有一种尽管对艺术作品本身而言次要的精确功能，对这种功能的鉴识也提供了解决画框问题的可能性。

画框的功能首先在于它是一种空间连接（raccordo spaziale [spatial junction]），我们揭示出来的这种作用，比其外形和鎏金明确表现出的作用更隐秘，更具实质性。换而言之，它必须解决两个过渡：首先是观赏者所处环境的物理空间和画作空间性的过渡；其次是画作的空间性和悬挂它的那堵墙面的空间性的过渡。笔者并非一厢情愿地推导出了画框的这两种内在功能，因为我们发现，对画作自我显现出来的活动来说，形象的空间性、墙面或建筑的空间性、观赏者的物理空间，这三种相关元素中的每一个元素都同时参与互动，无法被认为是相互独立的。为了确保画作的这种“显灵”，就必然需要对时间进行某种定格（sospensione [suspension]），定格出作品在永恒当下中的显现。于是人们就感到需要通过创建某种连接、某种过渡、某种定格，控制这种相互作用。画框的发明就是为了解决这种连接与定格需要的方式之一。注意，这只是方式之一。事实上，从古希腊古罗马到东方的艺术史里，即便在遥远的过去，我们也看到了各种各样的解决方案，这些解决方案都展现出或多或少的评论性呈晰度（lucidità [clarity]），人们在这种评论性呈晰中才得以界定观赏者和画作之间、画作和背景之间的双重空间关系。日本卷轴画的纸框与绢框，或是围绕“景片”[5]的假的庞贝建筑同样也是解决方案。尽管这些解决方案都不可避免地和当时的“品味”有关，但另一方面也并非全然随意而为。它们既非最终的，也非任意为之的解决方案。事实上，一旦人们感到需要一种、甚至两种连接，其解决方案并不会通过数学逻辑自动形成，而是不得不**被发明出来**。于是这种**发明**就不能不考虑各种形式构想，而那些形式构想本身也是设计出那种解决方案的那个时代的遗产。从这点出发，我们就会考虑另一个基本问题，也就是说，连接问题关乎对画作的**当下**享用，而非画作本身。这种连接并不影响作为纯粹现实的画作，而是在画作在观者的当下意识里将其自身揭示为纯粹现实时起作用。这中间有着实质上的差异，因为这种连接将不影响作品的永恒当下，除非这种永恒当下必须在某个意识的史实当下中显现出来。因此可以说，我们永远无法一劳永逸地解决连接问题，甚至画作的原创者也不能，除非一幅画毗邻的各种空间条件被彻底固定了下来。如果这些条件发生了变化，连接的解决方案也必然不可避免地有所不同。但这并不是说仅仅为画作赋予一个不同外形的画框就解决问题了，相反，必须从画作放置背景的空间性出发解决这种空间条件的变化。这里的讨论已经前进了一步，接下来需要更深入地探讨那些和画作放置背景的毗邻空间性有关的问题。这种背景通常被认为是一堵墙。而任何墙体都具有特定的空间价值，这不仅在于它是内墙或外墙的物理事实，更在于建筑的建筑学组织（impostazione）赋予它的特定资质。我们用“组织”这个词表示的意思是建筑学对某个特定空间主题的处理：无论是内墙还是外墙，墙体都会内在地具有某种不同的空间意义，而且会在表现空间主题的各种不同历史表达中外在地呈现出来。因此，拜占庭建筑学处理室内主题所产生的墙体，其空间价值就不同于莱特[6]的建筑学处理同样的室内主题所产生的墙体；而莱特的墙体和伯鲁涅列斯基[7]某个建筑里的墙体相比，其空间价值的差异甚至更大。就我们关注的具体问题而言，墙体基本上有两种空间含义。它要么被当成板面（piano [plane]），要么被当成表面（superficie [surface]）。[8] 如果它被当成板面，就必须按照两个不同板面的连接建立起它与画作空间性的连接；如果它被当成表面，这个问题将根据画作的空间特征有所变化，直到画作本身的空间性也能被当做某种表面设立出来的程度，甚至在背景表面和画作表面之间能创造出某种隔离空间层次的简单跳跃就够了。然而在这种情况下，尽管看起来起主导作用是画作的空间性，但事实上，解决方案的基础总是首先取决于墙面呈现出的空间信息。由于我们并不希望显得只是将某种个人解读**强加于**史实之上，让我们回忆一下阿尔伯蒂（Alberti）的话就足够了，他认为每堵墙“自身都应保持在它的金字塔里”（tiene in se sua piramide [keeps its pyramid within])。由于直到现代建筑 1910 年前后出现之前，文艺复兴透视法的空间性一直延续着，因此我们可以说，在这之前的各种建筑里面，一堵墙无论存在于室内还是室外背景，都保持着隐含的透视结构。于是——当然不是独一无二，即便在文艺复兴早期也从来不是独一无二的——透视性墙体所要求的解决方案，从文艺复兴早期开始，一直达到巴洛克对这种透视性墙体的最高认知，不断改进和调整着。

这段简短的**附带说明**只是旨在得出以下几点结论。首先，用画框物化了的空间连接是个建筑学问题，而非绘画问题。其次，只有当画作原初的空间环境未发生变化时，尊重并**现状保持**画作原有空间连接的史实要求才是有效的。

从这两个主张出发，我们能得出一些推论。基于第一个主张，事实上就要承认为画作进行环境氛围定位的必要性，**但是不能采取风格连续的虚假标准**。而画作所处的建筑环境将**决定**有待采用的空间连接的命运。因此，为一幅 15 世纪的画配上 15 世纪的画框并非一种强制标准。

依据第二个主张，环境自身就是艺术作品的情况限定了我们必须绝对维持现状。必须补充说明的是，即便在这种情况下，一件无与伦比的作品被放在原初的狭小角落里，由此造成的不良可视性往往也是令人难以忍受的。然而，除了这种情况之外，对某种空间连接的保护从来都不是不言自明的，而是可以并应当加以讨论的问题。

一旦认识到这一点，我们就能克服我们的保留态度，正像在我的各种理论文章里通过对修复的定义所做的那样，把连接问题，即画框问题自然地带回修复领域。保留还是去掉画框，这种操作和全部或部分尊重艺术作品上的添加没什么不同。为一幅画配上一个画框甚至也是史实的一部分，是那幅画在某个时代的品味中流传下来的部分史实。正如我们保留了科波绘于 1261 年的《圣母像》上那个以杜乔风格重绘过的头部，我们也会保留皮蒂美术馆（Galleria Pitti）里那些多余的画框，因为皮蒂宫本身就是一个艺术古迹，是一个近乎完全原状的整体。这样的例子不胜枚举，但我们必须以单独的，而非一成不变的方式逐一解决。因此，我们不仅应当保留湿壁画周边的灰塑或大理石边框，以及含有韦罗内塞（Veronese）或丁托列托（Tintoretto）布上画作的鎏金天花板；而且，当我们面对一组体现特定时期画框的藏品时，也值得考虑它们的布置问题。

然而，应该避免的是过于简单地去掉老画上的画框，但却没有以其他连接取而代之，而且我们希望人们现在清楚地认识到，我们面对的不是一个品味问题。这就是热那亚的白宫美术馆（Galleria di Palazzo Bianco）所犯的错误：不是解决，而是忽视了这个问题。斯卡帕[9]在威尼斯美术学院（Accademia di Venezia）为一些作品采用的解决方法就很好（图 40）：在画作周围设置出空荡荡的环形走廊。不过显而易见的是，我们没什么通用秘诀可以推荐给大家。

当我们最初着手处理这一课题时，[10]一个具体案例——巴黎国立网球场现代美术馆（Jeu de Paume）新的布展方式触动了我们，其潜在意图是最大限度尊重印象派画家对画框的品味，甚至在很多情况下对画框进行重建也是如此。我们并不质疑这种意图；事实上，我们承认，组织者的设想源于极好且值得赞许的史实顾虑。然而，恰恰由于我们不是以史实方式，而是以空间连接的“造型性 - 建筑性”关系，理论性地提出画框问题，因此在原则上就无法赞同最终仍基于复建理论的定位。这种复建理论代表了修复思想的一个历史阶段，但也仅仅是一个阶段而已。

无论基于那个**时代的品味**，还是基于那些艺术家本人已经明说或暗示的偏好——尽管我们肯定不乏对各位印象派画家的文献记录，[11]这种史实标准也不能获得更大的权威性。事实上，画框并非艺术家的事业所在，除非艺术家也是他自己的画框的观赏者；就像对绘画的法则（legge [law]）而言存在着一种**真实**解读那样，只有当艺术家对画框的解读变成法则，另一种法则时，才可能有画家对画框的**真实**解读。[12]西斯廷小礼拜堂（Sistina）或卡拉齐兄弟[13]在法尔内塞画廊（Galleria Farnese）拱顶上画出来的画框（尽管是画出来的，但仍是画框）[14]就是这种情况：在这些画框里，各种画面形

（a）

（b）

图 40　威尼斯美术学院（建筑师：斯卡帕）。（a）（b）展室。

成了一种新的且总体性的艺术作品——正像我们所说的那样，形成了另一种法则。因此，莫奈（Monet）早就想去掉他各种晚期作品（1915—1923 年间）上的画框也就不足为怪了。《睡莲系列》（Nimpheas）无拘无束的自然主义需要恰恰要求将这种**生活截面**（tranche de vie）转化为观者的体验空间本身，因此，莫奈甚至感到他的画需要的是氛围和空间的连续性，而非各种连接物。但画毕竟仍是画，而展示一幅画的解决方案主要取决于背景的空间性。我们对背景的理解将决定它与画作空间性的连接方式。反之则不成立。

从舍宅为馆的住宅式博物馆，例如雅克马尔 - 安德烈博物馆 [15] 或波尔迪·佩佐利博物馆（Poldi-Pezzoli）[16]，即那种连同家具、瓷器、地毯等物品，作为历史环境重建出来的博物馆，我们最终迎来了另一种博物馆，即基本上为了在其中充分享用艺术作品而建造出来的**建筑学空间**。在那些艺术作品和这种**建筑学空间**之间的空间连接恰恰将精确地衡量**产生这种建筑学空间的时代的评论意识**。

但是对这种**连接**来说，不可能存在由原来的艺术家预制出来的解决方案，也不可能存在基于品味史耐心重建出来的解决方案。博物馆学是一种**预防性修复**——这就是我们的箴言。预防性修复意味着为作品的保护、可视性以及将其传承下去设立各种最佳条件，也意味着保持作品的空间性在与其环境相联系时所产生的各种具象性需要。

至此，我们本应能指出如今的某个完美博物馆，但遗憾的是我们一个例子也举不出来。因为人们还未充分考虑过一面墙在现代建筑学里所能获得的新价值，或一面墙在古代建筑学里所具有的那种毋庸置疑的价值，也未充分考虑过一面古墙在多大程度上能被转换为现代建筑学。人们只是从画的角度，而不是从墙的角度出发，简单地提出这个问题。这种一开始就错误的出发点导致了单纯去掉画框的错误解决方案，就像在历史主义的复建中，或是在对历史传统以画框名义传承下来的各种复杂三维连接进行示意图式的解读而导致的错误解决方案那样。[17]

在艺术家和门外汉那里，又有谁没有听说过那种已经没人再知道如何设计、发明画框外形的抱怨呢？于是人们会清楚地发现，问题不在于创造力的无能，而在于理论上的不可能。随着建筑学空间主题的改变，一幅画之于一面墙的连接将再次作为画框问题显现出来。

目前，我们只能根据当前的条件提出这个问题，而这些条件排除了如下情况，即画作和其环境的空间连接必然或仅能依靠画框，在老画框和新墙面之间不存在新的调解物，即便对展示古画的新博物馆来说也是如此。但是，这些条件也排除了仅靠去掉画框就会自发地产生连接。正如福音书[18]告诫的那样，不能把新酒装在旧瓶里，反之亦然。相反，我们应该像拿起一个装着老酒、满是灰尘的酒瓶，并这么**放置它**：灰尘显得不脏，而是像古老性和真实性的珍贵证明。

我们既不应清洗那个酒瓶，也不应弄脏那面墙。让我以这个平淡无奇的忠告结束这部《修复理论》的最后一章。

附言

我们饶有兴致地看到**完形心理学**的观点证实了我们对画框的上述讨论。阿恩海姆[19]发现画框是图底关系的例证之一——而图底关系则是形式心理学研究出来的最富有成效的关系之一。尽管人们如今认为画框源自窗户的想法是值得怀疑的，但并不怀疑画框的建筑学性起源；或者说带有画框的画之于墙面，就如同“图”之于“底”。但是除了“画框 - 画作”与墙面的这种总体关系之外，在画框和它所叠加的画作之间也存在着这种图底关系。因此，只要人们感到需要将画作的空间性从背景空间中隔离出来，就会自然地一直使用画框，把墙面只当成这种背景空间里某种漫不经心的限定。然而，正如阿恩海姆所说的那样：“画家开始减少画面空间的深度，并强调平面度……画作开始从画框那里‘抢夺轮廓’，也就是说，旨在创造出画面外部限定的轮廓，而非画框的内边。”这样一来，画框之于画作的图底关系就开始失效了。“画框适应着它的新功能，要么缩窄成一条细边，仅是一个轮廓；要么甚至向后倾斜（‘反向性剖面’[20]），从而将画面作为一个带有边界的表面建立出来——直接躺在墙面上的‘图’。”

[1] 《中央修复研究院通报》，1958 年，36 期，143-148 页。

[2] 安德鲁·德·布雷西亚尼诺（Andrea del Brescianino）：意大利画家，生于锡耶纳，1507—1525 年活跃于锡耶纳画坛。——译者注

[3] 本韦努托·迪·乔瓦尼（Benvenuto di Giovanni）：15 到 16 世纪意大利画家与艺术家，生于锡耶纳。——译者注

[4] 参见，《艺术》，1942 年，366 页及以下各页。

[5] 景片（pinakes）：这里指的是古希腊古罗马剧场放置在柱子之间或墙壁上、类似幕布的景板。参见：Oscar G. Brockett and Franklin J. Hildy，*History of the Theatre*，Pearson Education Limited，2013。——译者注

[6] 弗兰克·劳埃德·莱特（Frank Lloyd Wright，1869—1959），美国著名建筑师，现代建筑运动四大师之一，“有机建筑”理念的创始人。——译者注

[7] 关于建筑空间的各种维度本身，以及不同历史时期建筑空间主题的所有内部和外部问题，请参见我的《和伊莱阿奈特论建筑》，Einaudi 出版社，都灵，1956 年。

[8] 将一幅画挂在墙上类似两个板面叠加，而在墙上直接绘画则类似在一个表面上创造出另一个表面。——译者注

[9] 卡洛·斯卡帕（Carlo Scarpa，1906—1978）：意大利著名建筑师和艺术策展人，其设计以富有传统寓意的现代手法反映了他对历史和艺术意义的深刻揭示。——译者注

[10] 载于《观点周刊》（*Il Punto*），罗马，1959 年 3 月 14 日，第 11 期。

[11] G. 巴赞（G. Bazin）专门对这些问题进行了非常宝贵、敏锐、微妙的讨论，参见他为《印象派画作图录》（*Catalogue des peintures impressionistes*）所作的“序言”，巴黎，法国国家博物馆，1958 年，XIV-XXIII 页。

[12] 众所周知，艺术家在创作大多数画作时并不考虑画框问题，即便艺术家在画作完成后为之配上特定画框，也只是为了衬托画作，而非将其作为和画作等同的艺术创作。根据个人理解的不同，人们往往为同一幅画配上不同的画框。只有当艺术家将“画框”当成画作本身的有机构成部分创作出来时，才可能真正体现艺术家对这种“画框”的艺术解读。此时，“画框”本身才是画作有机且不可分割的一部分，才体现艺术家真正的创作法则。——译者注

[13] 安尼巴莱·卡拉齐（Annibale Carracci，1560—1609）：多才多艺的意大利著名艺术家，他最著名的作品就是为罗马宏大的法尔内塞宫绘制的大型壁画。他的哥哥阿戈斯蒂诺（Agostino Carracci，1557—1602）和堂兄卢多维科（Ludovico Carracci，1555—1619）也参与了这幅壁画的绘制。——译者注

[14] 这种构成方式有一个专门的意大利术语“quadratura”,可译为“透视法壁画”或“幻觉装饰”，是 17 世纪艺术家在绘制幻觉性壁画（affreschi illusionistici）时提出来的，指的是在平顶或拱顶的壁画中仿画建筑结构，虽然是画出来的，但看起来像是真正的建筑构件，从而为壁画本身提供某种透视场景。——译者注

[15] 雅克马尔 - 安德烈博物馆（Jacquemart-André，原文为“Jaquemart-André”）：曾是安德烈（Édouard André）和他的妻子雅克马尔（Nélie Jacquemart）的宅邸。——译者注

[16] 波尔迪 · 佩佐利博物馆（Museo Poldi Pezzoli）：位于米兰的一个艺术博物馆，1881 年首次向公众开放，用于展示艺术收藏家波尔迪 · 佩佐利（Gian Giacomo Poldi Pezzoli）和其母亲特里武尔齐奥（Rosa Trivulzio）的丰富藏品。——译者注

[17] 布兰迪在这里提到了三种不是从墙面和画面的关系出发，尤其不是从墙面出发而导致的错误处理情况：①单纯去掉画框；②根据风格复建画框；③对历史上以画框名义传承下来的连接方式进行概括的示意式恢复，譬如将原来带有复杂线脚的画框改为更简洁的画框。——译者注

[18] 马太福音 9: 17：也没有人把新酒装在旧皮袋里，若是这样，皮袋就裂开，酒漏出来，连皮袋也坏了。唯独把新酒装在新皮袋里，两样就都保全了。——译者注

[19] R. 阿恩海姆（R. Arnheim），《艺术与视知觉》（*Art and Visual Perception*），加利福尼亚大学出版社，1957 年，192 页。

[20] 反向性剖面（reverse section）：传统画框的斜面向画面方向倾斜，即向内限定画面，使人的目光聚焦于画框之内；而现代画框的斜面往往向外倾斜，向墙体倾斜，因此，人的目光就会自然地从画面向外延展，从而实现某些现代派画作的“无边”效果，或是使画面显得向观赏者凸出。——译者注

补充阅读材料

La creazione dell'Istituto centrale del restauro [The creation of the istituto centrale del restauro]

创建中央修复研究院

（1938 年 7 月在警司会议上的报告）[1]

如今人们一致认为，艺术作品修复是一项严格意义上的科学活动，准确地说是一种文献学调查活动，旨在发掘并重新强调作品的原有文本，剔除各类改动与叠加，以便清晰且具有史实准确性地阅读这种文本。根据这一原则，过去主要由艺术家实施，且往往将个人解读强加在原有艺术家构想之上的修复，如今的实施者则是在学者的持续指导和监管下的专业技术人员，这样一来，严格意义上的史实与技术能力（competenza [competence]）就取代了通常的艺术能力。

这种方向上的根本性变化导致的结果可归纳如下：

（1）保护性修复（restauro conservativo [conservation]）：对作品的材料进行加固，并采取各种预防性措施，从而使其能抵御各种劣化因素，优先于人们所说的"艺术性修复"（restauro artistico [artistic restoration]）。

（2）"艺术性"修复：也就是说以评论性本质的确切要求为限定条件，旨在使受到覆盖性重绘、糟糕的修复、氧化后的颜料、污物、残缺等扰乱或混淆的作品的风格特质价值显现的一系列操作。在作品的风格统一中，应杜绝对残缺部分的任何随意整合，引入任何具象性元素或新的色彩价值，哪怕这些东西被认为是"中性的"。在对画作的各个部分进行必要的加固之后，其修复应局限于只对绘制过的表面进行清洗，并在可能的情况下减弱由残缺导致的难看的色彩对比。清洗时应使所有幸存的原始部分凸显出来，尊重艺术家最终添加上去的笔触或可能的**悔笔**。清洗处理不能仅仅基于机械数据（例如，材料对各种溶剂的抗性）或是含糊的谨慎标准，而应基于准确意识到所欲达成的效果，也就是说，要对作品的风格特质以及它在艺术家风格发展中的地位进行评论性检验。

残缺部分的色彩整合同样完全有赖于修复师及其指导者的素养和评论敏感性——仅仅把残缺本身未经改变的证据留在那并不能解决这个问题。事实上，这种操作的结果不仅应具有流畅易读的可能性，也应提供史实上的精确解读。因此，为了减少这种中断造成的干扰，仅仅遵循通常的“品味”标准是不够的（例如，老的“整体调子”原则，或是各种便捷的“中性色调”补救方法，或者更糟，复制原作的图形和色彩特性）。人们必须具体案例具体分析，仅仅依据在史实上对作品的各种风格特质的精确评估，只有在这个基础上，才能避免在原始文本上加入与其内在一致性无关的、毫无意义的插入或注解。

（3）严谨地实施修复所需的评论性与科学性准备：即全面了解待修复作品的各种风格特质、外部影响因素和保存状况。这不仅需要对作品进行评论性和史实性检验，研究与之相关的所有文献，也需要进行一系列技术调查。现代科学如今为这种技术调查提供了种种重要手段，例如放射线照相术、伍德灯[2]、对各种颜料以及其他后期叠加材料的化学分析等等。

然而，我们必须记住，在大多数情况下，实证科学对艺术作品修复的贡献仅限于修复工作的准备阶段，因为这些调查虽然可为修复师提供必要的数据，但取代不了修复师的工作。

将修复明确限定于各种纯粹的保护性任务，并不意味着机械方法战胜了修复师的知性活动，而只是将修复活动从艺术领域转移到了评论领域。下面仅从实践含义方面详细说明这些原则：

（1）尽管由于每项修复都有其自身的特定问题，要求恰如其分的解决方案，事实上不可能抽象地得出某种修复理论；但是因为每项修复都需要科学的准备工作，而在这种准备工作中无法接受方法上的不同或精度上的偏差，因此，各种修复准则与方法实际上仍可能达成某种协调和统一。

（2）修复师的培养不能再像以前那样，就经验体验的意义而言，要么是通常艺术性的，要么是纯粹技术性的；这种培养必须同时既是技术性又是史实性的。

意大利不能仅仅靠颁布各种法规而使修复准则与方法协调起来。我们在实践上应首先考虑通过某个像中央修复研究院[3]这样的机构解决这个问题，因为这样的机构将可能具有一切必要的技术与科学资源，从而收集、挑选并深入研究意大利国内外在修复领域取得的经验。意大利拥有的艺术遗产就其广度和重要性而言都是无与伦比的，在研究如何保护与提升这种遗产的科学组织上，当然也不能比其他任何国家差。即便抛开这些总体性因素不谈，出于以下实际因素，我们也必须统一和协调意大利的修复准则与方法：

（1）由国家推动并实施的每一项和保护与提升主要由国家拥有并直接控制的艺术遗产有关的科学活动，不能基于个别学者的经验，无论这些经验多么全面而深刻，而必须有赖于包含并总结了此类个人经验的集体经验。

（2）各美术馆和博物馆的主管机构（Soprintendenze [Superintendencies]）和领导层（Direzioni [Directorates]）不必非得拥有旨在研究与修复艺术作品的所有技术资源。在有些重要美术馆和博物馆里已经出现的各种修复工作室（Gabinetti [workshops]）——中央修复研究院不必取代它们，而应指导它们的工作——只有和其所属单位的需要相适应的设备和活动范围；因此，它们无法提供全面的科学统筹或特殊的科学研究，或应该作为中央修复研究院主要任务之一的培养功能。

（3）只有少数重要的修复中心才有专业修复师，适合承担和其任务相称的重大职责。

（4）单个主管机构——由于其主管地域上的局限性，行政管理和科学任务的复杂性，上述资源、设备与人员的缺乏，加上各种其他显而易见的权宜因素——显然不可能创建这种工作室，也就是说，除了进行修复之外，还要开展科学性研究，扩展与厘清各类知识，如各个时代及不同艺术形式在材料使用方面的古老技术，各种艺术作品的劣化原因及消除这些因素的手段，等等。

（5）只有某种中央研究机构才可能收集全套的影像与文献材料，创立一个综合的修复档案馆。该档案馆将起到研究和咨询工具的作用，为该院的协调活动提供各种材料，并为汇编一份完整的、不断更新的、报道意大利修复活动的新闻简报提供服务。

因此，这个中央修复研究院应完成下述任务：

(1) 直接实施那些尤为困难与重要的修复，以及各主管机构无法凭借其自身资源完成的、需要各种特殊技术处理的所有修复(例如,各种金属的修复等等)。

(2) 提供专业咨询，包括为必须现场实施的重大修复（例如，各种湿壁画）提供各种专项研究；并在必要时，派遣技术人员到现场直接实施此类修复。

(3) 开展下述科学研究：古代工艺与材料，艺术作品劣化的有机与无机因素，消除这些因素或是使艺术作品能经受这些因素的途径；并且，就各种修复问题与意大利国内外的科研机构进行交流。

(4) 建立一个装备齐全的艺术作品调查与研究中心。

(5) 维持中央修复档案馆的工作。

(6) 出版一份定期刊行的公报，提供该院和各主管机构在修复科研及实践领域的各种信息。

(7) 起到修复师进修学院的作用。

鉴于这些任务，该院应建立若干专门化且相互协调的分支，分别负责直接修复、科研与教学活动：

(1) 各种机械性修复工坊和“艺术性”修复工作室。

(2) 放射线分析室、伍德灯室、侧光灯室、摄影室和显微摄影室等等。

(3) 各种化学和物理实验室：旨在对各种材料进行分析与年代测定；研究各种劣化因素；检测各种新技术工艺。

(4) 专门研究并修复金属的实验室。

(5) 研究石材（比如,沙岩等石材的加固）以及古迹修复技术要求的实验室。

(6) 修复档案馆，包括图档馆与图书馆。

该院应和各种现有的专门艺术研究机构——譬如佛罗伦萨的硬石工场——保持密切的合作关系，但仅限于承担此类机构的设备无法完成的科研项目，并以修复活动全貌的方式记录此类机构所做的工作。

尽管该院应具有各种专业化的分部，但其职能运转所需的人员不必太多。

为了避免庞大机构带来的财政负担，只有领导层人员、科学实验室的实验员、专业修复师、管理人员、安保和维护人员才能纳入该院的固定编制。各种助理和修复“助手”最好临时雇用，不给管理预算增加负担。那些助理可由各文物与艺术作品管理部门新任命的督察充任，可将他们借调到该院一段时间，在那里完成实习培训，适当地充实他们在本科或研究生层面的理论研究。还可以在刚从考古或艺术史专业毕业的学生里挑选志愿者担任助理，辅助专职人员的科研与教学工作。

该院附属学院的高年级学生同样可以充任修复师的助理和“助手”。

各主管机构与中央修复研究院的关系

中央修复研究院不应、也不必将各机构的修复工作集中到该院，而仅仅应该协调它们的方针，用自己掌握的所有信息与咨询手段协助它们。如果把所有修复活动都集中到该院，实际上就违背了其自身的科研与教育宗旨。而且这样也会扼杀地方上的积极性，甚至还会使该院自己培养出来的修复师丧失职业实践机会。事实上，为了使该院教育工作的直接成果充分满足我们艺术遗产的需要，应该使永久性分配到各主管机构的修复师承担更广泛、更具挑战性的任务，增强他们的有机作用。

毫无疑问，如何在该院和各主管机构之间分配待修复作品是该问题最微妙的方面之一。一方面，该研究院的宗旨不是为了限制，而是为了在各种共同原则的基础上支持与规范各地方机构的活动；而另一方面，该院出于自身的科研与教学目的，也需要持续且充实的修复活动，因此不仅仅需要那些尤为复杂与重要的待修复作品。但实际上，如果考虑下述因素的话，解决这个问题并不像看起来那么困难：

（1）如今对修复服务的需求远远大于我们的供给；

（2）即便在今天，很多地区的画作修复事实上还是个空白，因此不得不从其他城市引进修复师，或是将作品送到那些具备必要修复资源的艺术机构进行修复；

（3）某些最优秀的修复师事实上负责着大多数的修复工作，将必然被该院聘用；

（4）地方的修复活动本身就应受到中央修复研究院的监管，因此，这种监管尽管只是间接的，但也是该院自身科研活动的有机组成部分。

各主管机构和中央修复研究院的互利合作关系可以按照下述制度自然发展起来：

（1）各主管机构将拟提交给该修复研究院的作品向教育部提出报告，并提供他们所掌握的有助于修复前期研究的所有历史资料。

（2）各主管机构的技术人员可以和该院的工作人员一起合作，在修复工作的各主要阶段进行跟踪和监控。

（3）各主管机构应使用已经在分发的17号表格，定期向该院通报当地实施的修复工作的所有信息，中央修复档案馆会把这些信息保存下来，并发表在定期出版的通报上。

（4）中央修复档案馆将对各主管机构的人员及学者开放，并为他们提供咨询。

（5）各主管机构将在任何情况下都可以获得该院员工及其各科学实验室的咨询，从而研究和其所在地区气候条件或特有环境特征（例如，湿度以及相关的寄生植物、昆虫等等）有关的艺术作品保护问题。此外，各主管机构还可以向该院提出技术问题，建议研究课题，要求获得技术数据和资料，等等。

该院的教学职能

最近，各种私人行动计划和培养机构的兴起表明了建立一所国家性修复学院的需求。尽管此类积极举措是值得肯定的，但必须指出的是，任何私立学术机构举办的修复培养活动，也应遵循国立学院的教学大纲和方法；此外，显而易见的是，旨在培养合格修复师的所有教学活动都必须同旨在保护艺术遗产的国家性教学活动紧密协同起来。因此，不单纯出于威信的原因，也恰恰出于教学要求，出于国有艺术遗产的利益，都必须成立一所政府主管的修复学院。

鉴于该院的性质和科研任务，且考虑到修复培训必然需要学生直接参与该院的各项活动，因此，该院应仅限于整合学生在以往的预备性学习中已经掌握的东西。我们也应该研究在各地方性艺术学院的教学计划里加入修复课程的可行性。

我们认为在政府主管的艺术院校的教学计划里加入初步的修复教学内容[4]是非常有益的——这里暗示的是画作修复，因为画作的修复技术处理和艺术-历史教育是密不可分的。这不仅有利于培养意大利非常需要的专业修复师队伍，而且也有利于提高艺术家的历史-艺术修养。事实上，在各艺术院校里学习修复的基础知识将在艺术史和各种具象材料的教学之间建立起一种极好的联系，因为所有的艺术教育必然涉及对艺术作品及其内在风格特质的充分体验，而学习修复，就必然需要密切接触艺术作品，因此对那些打算直接从事艺术创作的人来说，无疑也会产生极高的启迪效果。

中央修复档案馆

建立一个中央修复档案馆将满足文物与艺术作品总局（Direzione Generale Antichità e Belle Arti [General Directorate of Antiquities and Fine Arts]）的各种总体性研究需要，以及各种特殊管理与科研活动需要，满足各主管机构和该中央研究院的各种具体修复需要。

已完成的工程、所取得的效果、所采用的技术工艺的记录资料，以及在修复工程中收集的文献资料和历史数据，都将是艺术史研究的宝贵工具；也将是对管理部门活动完整的、不断更新的回顾。这些材料可以使该中央研究院吸取所有的经验教训，从而协调修复准则，完善修复方法，为确定艺术作品保护与修复领域的科研方向提供有用的信息。

对于待实施修复工程的特定要求来说，该中央档案馆也可提供各种以往案例与问题的宝贵信息。

如果按照作者和材料组织档案的话，就能使人们在修复干预启动之前查阅到在技术上相似的案例中，或是在风格与年代上和待修复作品相似的修复工作中取得的各种成效。针对将实施的工作，档案馆可向各主管机构出借成套资料表格和相关影像文档，从而为咨询工作提供便利。

修复通报

为了使各机构、学者和公众了解该院自身以及各主管机构的工作成果，该院应汇编一份通报，该通报可能包括下述内容：

（1）和修复及其科技工艺处理有关的简短理论文章，各种重大修复项目的详细报告；

（2）各主管机构送到中央档案馆的表格摘要，包括对修复项目的所有相关批示；

（3）国外重大修复项目简讯；

（4）和艺术作品的技术调查研究及修复研究相关的、带注解的参考书目。

教育部发行的官方科学出版物应包含这份通报，该通报的编撰需要各主管机构的技术人员、中央修复研究院以及可能对相关问题做出有益贡献的所有学者的合作。该院的领导和助理员应负责编辑该通报的信息和参考文献。

朱利奥 · 卡洛 · 阿尔甘

[1] 载于《艺术》，第 1 卷，第 2 期（1938-39）。

[2] 伍德灯（lampada di Wood [Wood lamp]）：又称伍氏灯或过滤紫外线灯，其光源发射长波紫外线，可激发某些肉眼难以分辨的物质发出荧光，同时由于它过滤了大部分可见光，便于对荧光进行观察，广泛用于医学、司法科学、艺术作品和珠宝鉴定等领域。——译者注

[3] 1923 年 12 月 31 日颁布的第 3164 号《皇家法令》的第 29 条和第 30 条已经计划建立一所中央修复研究院。

[4] 修复师工会会员最近关于其地位的讨论已经证明需要对修复师的形象予以确切界定：他们应该把自己看成艺术家还是工匠？修复国有艺术作品的任务是否只能委托给那些工匠组织的成员，还是也能委托给工艺美术联合会（Sindacato Fascista delle Belle Arti [Fascist Union of Fine Arts]）的会员？在国立修复学院层面上完成的各种学习将清晰地界定出修复师的形象，从而自动终结这种讨论。

Cultural education in the school of restoration (1940)
修复学院中的文化教学（1940）

将在中央修复研究院成立的修复学院不能真正被称为某种艺术教育机构，即便它和普通艺术学院有某些共同特征，也还是某种性质独特的机构。尽管如此，人们此前一直用类似艺术学院的方式看待修复学院里的文化教学问题。

修复学院和艺术学院的差别在于其最终目的并非培养学生制造艺术，而是尊重和保护已被创造出来的艺术对象。

事实上，自从画作修复脱离创造奇迹的领域，进入更谦逊和受制约的阶段，人们就将画作修复从自以为是的“艺术”领域带入了技术领域，并感到需要某种学术实体传授该技术领域的种种原则，与此同时力图提炼其方法和处理工艺。

甚至早在立法和各种规范规定建立此类修复学院之前，各种私立学院中的某些零星尝试已经表明了这种需要。这些尝试并没有减少该机构的新奇之处，而是证明了必须为之采取种种新举措的重要性与必要性。

作为一所国立修复学院，该机构将以各种预先设计好的培养计划、文凭和职业发展课程，不仅在意大利，而且在全世界开风气之先。

由于规定这所修复学院种种基本轮廓的那些法律表述可能仍显得相当粗略，故而在此说明那些必然曾激发立法者的详细原则，或许不算不合时宜。一旦我们完成了对艺术教学的改革，随之而来的各种法规才会更详尽地发展这些原则。

只需看一眼1939年7月22日颁布的1240号法令第10条所列的学科名单[1]，人们就会发现在该条款的排名里，艺术史（绝非偶然地）有着比制图（disegno [drawing]）更高的权重，甚至化学、物理和其他自然科学的排名都在制图之前。我无法说有多少人明显看出了这种次序；当然，我希望下面的说明对所有人来说都显得是多余的。然而，修复师等于画家的观念仍相当普遍，且受到不加质疑的接受；这种“修复师”和原创出待修复画作的古代艺术家竞争，用魔术般的、偷偷摸摸的方式将他作为一个画家的活动叠加到原创者的活动之上。

该法令显然是为了结束这种做法，并旨在申明：首先，修复是种评论性活动；其次，是种技术性活动；第三，是种需要极度谨慎的整合活动。

修复一件艺术作品意味着只修复这种文本的真实部分，并确保将这些部分保存下去。在理论上，残缺的整合和文献性评论对各种文献的处理与解决方式并没什么不同之处；在实践上，人们必须遵循整合部分可被立刻识别出来的原则，如此一来，整合部分——无论人们对它过去的样子多么确定无疑——就永远不会同作品的真实部分混淆起来了。当我们从这个角度审视修复问题时，当那种模糊修复边界的传奇已名誉扫地时，修复师就不再是作为艺术家，而是作为技术人员进行操作了，其工作必须不断受到在文献学所有原则支持下的评论家的指导与监督。因此，就修复师的文化基础而言，就需要有对艺术史的某种了解：只有这样才能使技术人员洞悉评论家重建作品原始文本时得出的推断；才能提供某种途径，从而理解作品本身以及具有各种具象价值的真正本体；而且，恰恰由于这种了解不限于表面干预，才能为各种辅助性科学处理工艺的应用，以及最佳保护方式的选择提供便利。最终，这将有助于修复师表现出对假设性整合的克制，展现出对作品的绝对尊重，要求对老的和新的，对真正部分和推测部分进行区分。

因此，我们期望修复师像一名临床医师那样非常清楚地了解各种方法和途径，但他也必须认识到这一领域的诊断活动是极其困难的。即便当他进行加固实践时，他也同样必须将这种活动置于具有诊断智慧的人的持续监控与引导之下。

因此，中央修复研究院的院长，作为该修复学院的院长，不是修复师，而是艺术评论家。

在立法说明的帮助下，清除了所有无法排除对于冒名顶替的质疑且使得评价难以进行的混杂元素之后，修复师的形象终于显现了出来。一旦我们祛除了炼金术的光环和各种欺诈性的奇迹，修复师的活动就再次变得坦诚、公开、深思熟虑、严肃起来了。这种修复师，应该像临床医师那样聪慧，像外科医生那样谨慎有为，而这就是这所修复学院的培养目标。

这里的学生在接受为期三年的培养之前应具备普通的文化基础，从而能在良好通识教育的基础上学习艺术史、化学、物理、其他科学与制图等方面的课程，免得再对他们进行通识教育。

因此，这里的学生应具备一定的学历水平并通过入学考试：当然，我们将根据新的修复学院章程决定所需的入学学历水平。

出于两方面的考虑，直接从小学招生的长期教学计划是不可取的：首先这和修复培养的特殊性质有关，这要求非孩子气般的意识和充分发展的责任感；其次，这也和修复研究院自身的性质有关，该院是在实践领域活动的机构，而不仅仅是个说教机构。修复研究院无法接受一群数量太多，年龄太小，或在年龄和通识教育上差别过大的学生的压力。事实上，人们不应忘记，作为某种专业技术人员，修复师所需的培养不仅包括各种理论课程，而且还包括必须在理论支持下的繁重实践。

而且作为各种实训的有机组成部分，该院也将通过其高级修复师的工作协助学生实训，这种协助不应过于繁重。如果我们所招收的年轻人的数量不是非常有限，必然就会妨碍研究院的正常活动。只有这种方式的培养才可能是富有成效的；只有这样，一旦那些学生完成三年培养计划，他们才可能具有真正的工作经验。在一所修复学院里，各种理论课都不能脱离实践应用与示范——即便像艺术史这种在某些人看起来限于口头教学的课程也是如此。对艺术史而言，不应将其视为按年代顺序排列的博识，而应视为对艺术作品详尽证实性的检验，即评论性解读，这对学生来说，相较于记住各种事实，其实要求得更多，并且需要只有日常实践才能提供的分析习惯。除了技术处理工艺之外，学习修复的学生还必须熟悉各种风格问题；尽管学生可以通过化学和物理方面的辅助性处理工艺更清楚地理解技术问题，但要理解艺术史的话，就只能靠他们自己的品位和敏感性了。此外，随着对艺术作品理解的增长，他们对作品也会愈加尊重，而这对于一名优秀的修复师而言，和那些可被测验的技术知识一样是必不可少的。因此，这所学院的任务就是要在学生的意识里培养一种“反驳精神”（spirit of contradiction)，从而使之在任何干预之前，会对有待采取的手段的适用性或危险性进行严肃评估，而这种评估更多地与作品的品质，而非其技术性质有关。

然而，正如不存在不带实训的理论培养，同样也不存在不带理论培养的实训。不能把各类修复技术仅仅当成各种一模一样实际操作的机械重复而讲授：每件艺术作品都是**独一无二的**，不存在完全适用于任何情况的修复处理工艺。由于修复师是技术人员而非艺术家，他们之所以必须学习制图和绘画，并不是将其当成个人表达的手段，而是当成从属于他人的具象语言，因此，也不能认为他们的制图与绘画技术是一种单纯的图形性、绘制性活动。所以必须避免将制图教学同艺术史教学以及对艺术作品的评论性分析割裂开。

同样，化学、物理和其他自然科学在修复课程里也不能独立自主地起作用。尽管这方面的教学在修复中是有用的，但它们在修复学院的课程设置里永远不应占主导地位：它们仅能提供被那个法令恰当地称作“辅助性的”处理工艺，为真正的修复活动提供基础。那些相信通过显微镜、石英灯、X 光或化学分析就能解决一切问题的修复师注定会苦恼的，因为它们仅仅在支持判断时，才是珍贵的、不可或缺的手段，而只有通过大脑，而非仪器才能做出这种判断。

即便对于完全有赖于“物理 - 化学”处理工艺的具体修复而言——例如，各种金属以及电解或氢化处理——这条法则当然也不例外，修复的措施和适当性同样取决于修复师的辨别力、直觉和品位。即便这种修复需要某一领域由科学所决定的更多技术知识，也并不意味着科学家在某一既定环节能取代修复师，更不用说能取代必须随时监督这种工作的评论家了。可以肯定的是，对于现代修复固有的所有科学成分而言，此类教学计划必须保持最大限度的简洁性，以免对某种技能准备增加无用的负担，因此，此类教学应将重点放在两个基本目标上：一是使修复师非经验性地了解所要采用的材料；二是使他能利用化学、光学和放射学提供的科学工具作为支持手段。如果要找个比喻的话，我会不可避免地想到军事学院里的某些训练科目，那些科目必须使学生结构性地了解武器、炸药或方位仪，而且知道如何使用它们，只是出于这种目的才教授并组织起弹道学或地形学的各种概念。

仍有待观察的是，对于使学生从理论性的、实验性的阶段顺利过渡到独立的修复活动而言，一个为期三年的培养计划是否太短了。不管怎么说，那个法令本身原本期望有一个第四年的专业阶段。

不过，对培养充分性的最佳保障在于我们的招生数量必定是极为有限的，这样就能确保他们展开真正的实践,而不仅仅获得口头指导。而在他们实训期间，学生会受到持续跟踪与监管，没有年级和课程上的重叠。事实上，唯一贯穿三年教学计划第一年的课程就是职业发展课程，而所有其他课程则不会在三年里相互重叠。

每隔三年，我们会举办一次入学考试，而且这个入学考试会和奖学金挂钩。感谢博塔伊（Bottai）部长阁下的努力，意大利各大城市决定为修复研究院提供奖学金。事实上，关系到新的修复学院的一个复杂问题就是创建某种新的专业人士分类，而这种分类以前曾是各种相当模糊的资质或会员联盟制度。除了那些令学生无法入学的技术性缺陷之外，建立一所没有入学限制的学院可能意味着培养出一批批将来可能难以找到工作的技术人员，因为国内的修复师需求相当有限，而国外的就业机会也相当少。在美国,即便那里有各种大型公立与私立收藏机构，我发现，坎布里奇、纽约和巴尔的摩的少量修复师就能轻松满足修复需求。

这意味着全球吸收修复师的潜力是相当有限的。对意大利来说，如果除了在各主管机构任职的修复师，那些私人执业的修复师也能成为认真称职的工匠，当然符合管理部门的利益。因此，需要尽可能地促使接受过这所修复学院培养的修复师分布到意大利的每一个城市，无论国家是否能利用他们的服务。由于这所修复学院位于罗马，我们必须小心，不要在罗马本地形成一群找不到工作的专业人员，而且应该期望这所学院的年轻毕业生充分分流出去，确保至少在对各种具象艺术至关重要的各个意大利城市都能见到他们的身影。

修复研究院本身或各主管机构的实践领域将来能用得上这些年轻人，我们相信他们将遵循中央修复学院传授的方法。

意大利的一些主要城市——佛罗伦萨，威尼斯，米兰，热那亚，巴勒莫——都支持博塔伊部长的想法：这些奖学金将确保意大利的所有地区都能分享中央修复学院的教学成果。这些奖学金将有各自的规章制度，并提交教育部长核准。国家将来也可以筹措其他奖学金，这样的话，中央修复研究院的招生就不会受制于各种地域方面的考虑，这样的修复学院才真正是全国性的。

我们培养出来这类人可能对我们的艺术遗产产生要么有益要么有害的影响，我相信没有人对此可以要求更多的保证。此外，事实在于，中央修复研究院的资金还可能用于教师和学生到国外考察学习的费用。

通过和那些仅有的、配得上其称号的修复机构——都在美国——的私人接触，我能确定，在需要时，出于各种文化交流目的，可以和他们建立起有效的合作。这对于我们的研究进展将具有不可估量的作用。

总之，通过毫不犹豫地吸取意大利乃至整个欧洲和美国各种经验的众多前期研究设想出来的这所修复学院，最早可能在 1941 年建立起来。尽管这所学院不可能一下子就成为一个完美的机构，某些地方随后必定会经历各种微调和修改，但（正如博塔伊部长所说的那样）这并不意味着必须改变其基本核心——至少只要艺术作品被认为是某种精神创造物，其核心就不会改变。对这样的作品而言，我们没什么可添加的了，必须保护它的一切。

切萨雷 · 布兰迪

[1] 该法令名为《在意大利教育部成立皇家中央修复研究院》（*Creazione del Regio Istituto Centrale del Restauro presso il Ministero dell'educazione nazionale*），规定了该院的性质、目标与组织构成等内容。其中第 10 条规定了该院附属的修复学院所需教授的学科名单。——译者注

Carta del Restauro 1972
1972 修复宪章 [1]

公共教育部

1972 年 4 月 6 日 117 号通告

为了对文物与艺术作品管理局在艺术遗产保护领域里的具体活动采取统一的准则，在听取文物与艺术作品高级委员会的意见之后，公共教育部重新制定了修复标准。这些标准统称为“1972 修复宪章”，在该宪章之前附有一个简短的报告，之后还附有四个指南，即：

附件 A《文物防护与修复指南》；

附件 B《建筑修复实施指南》；

附件 C《绘画与雕塑修复实施指南》；

附件 D《“历史中心”维护指南》。

上述文件都是本宪章不可分割的组成部分。

Relazione alla Carta del Restauro
关于本《修复宪章》的报告

人们应从最广泛的含义理解艺术作品，艺术作品既涵盖了城市环境和建筑古迹，也涵盖了绘画和雕塑；既涵盖了出土的旧石器文物，也涵盖了民间文化的具象表达体；这些都应受到系统且平等的监护。这导致我们需要制定“技术性-法规性”标准，从而确定保护的界限，无论这种保护被理解为防护和预防，还是被理解为修复干预。就这方面而言，意大利有着光荣的文化传统：其修复实践不断纠正任意的复建式修复，作为对这种纠正的总结，早在 1931 年已编制出一份名为“修复宪章”的文件。虽然那份文件的对象限于建筑古迹，但很容易加以拓展，制定出适用于包括绘画和雕塑艺术作品在内的所有修复领域的通用标准。

不幸的是，那份“修复宪章”从未有过法律效力。此后，由于日益意识到在没有明确技术标准的情况下实施的修复对艺术作品造成的种种危害，为了适应这种需要，人们在 1938 年计划建立针对艺术作品的中央修复研究院，并委任一个公共教育部委员会，制定涵盖从考古到所有具象艺术分支的统一保护标准。这类标准无疑十分宝贵，但这类管理局内部的指导文件同样也不具备法律效力，中央修复研究院此后发展出来的理论与做法也并未普及到意大利所有艺术作品的修复。

这类修复规范缺乏完善的法律效力很快就被证明是极其致命的。一方面在于，在面对修复领域（尤其是古老环境的拆毁（sventramenti）[2] 与改建方面）以往的任意行为时，处于无能为力的状态；另一方面在于，作为战争破坏的后果，当人们面对被破坏或摧毁的古迹时，在一种可以理解但不值得赞许的感伤主义支配下，被迫重拾复建与重建的做法，放弃了意大利修复实践引以为傲的审慎与反复斟酌（remore）[3]。人们也丝毫没有预想到在城市伴随着交通动机的扩张中，被误解的现代性和粗糙的城市规划的种种要求引发的各种缺陷，而这恰恰导致人们不再尊重那种代表本《修复宪章》及其各个附属指南突出成就的、超越了单一古迹狭窄标准的环境观念。至于更可控的绘画与雕塑艺术作品领域，尽管以往也缺乏法律标准，但修复时的高度谨慎避免了像国外曾不幸发生过的、对艺术作品致命的全面清洗那样的严重破坏。然而，方法上的统一证明是必要的，即便对于对私人藏品进行有效干预而言也是如此，因为后者对意大利艺术遗产的重要性，显然不亚于那些国有或公共所有的作品。

[1] 《1972 修复宪章》传统上又被称为“意大利修复宪章”（Carta Italiana Del Restauro），切萨雷·布兰迪和古列尔莫·德·安杰利斯·德奥萨特（Guglielmo De Angelis d' Ossat）合作，共同起草了该宪章。——译者注

[2] 拆毁（sventramenti）：该词原意为“开肠破肚”，尤指城市开发因素导致的整个历史环境内部的实质性改建造成的破坏。——译者注

[3] 反复斟酌（remore）：意大利语的字面意思为“耽搁”、“拖延”，多用于官僚机构，这里显然是褒义。——译者注

Carta del restauro
修复宪章

第一条：所有时代的所有艺术作品均是以“1972 修复宪章”为名的各个指南的防护与修复对象，就其最广泛的含义而言，涵盖了属于任何个人或团体的建筑古迹、绘画和雕塑，即便它们处于支离破碎状态也是如此；涵盖了从出土的旧石器文物到民间文化和当代艺术的各种具象表达体。

第二条：除了第一条所列作品之外，本宪章旨在确保防护和修复的对象，还包括与之相似的，具有古迹、史实、环境价值的建筑群，尤其是历史中心区；以传统布局方式保存下来的艺术收藏品和室内陈设（arredamenti）；以及被认为具有特殊重要性的花园（giardini）和公园（parchi）。

第三条：除了第一条、第二条规定的作品之外，这些指南的条文规定也适用于旨在确保对地面和水下研究所涉及的古代遗存予以防护与修复的各种操作。

第四条：防护意味着所有不涉及对作品进行直接干预的保护措施；修复意味着旨在维护前述条款规定的作品与对象的有效性，促进对其解读和将其整体传承下去的任何干预。

第五条：所有负责历史-艺术性和文化性遗产保护事务的主管部门及科研机构，每年应编制详细的防护与修复工作计划以及地下和水下研究计划，国有部门和其他组织或个人可以开展这些工作，但应在征得文物与艺术作品高级委员会的同意之后，获得公共教育部的批准。

在此类计划中，或在此类计划提交之后，还应以技术报告的形式说明将对本宪章第一条所列遗产采取的所有干预措施，并证明其正当性，包括作品的保护变迁、保存现状、必须采取的干预的性质，以及所需经费。

对于紧急或疑难情况，以及法律规定的情况，此类报告在征得文物与艺术作品高级委员会的意见之后，也应获得公共教育部的批准。

第六条：在对第一、二、三条列举的所有艺术作品实施符合第四条之目的的防护和修复操作时，绝对禁止如下操作：

（1）以风格或类推方式进行的补全（completamenti），即便采用的是简化的形式，即便有图像或造型证据能够说明已完成作品的面貌曾经是或应该显得是那样，也不能实施此类操作；

（2）可能抹去作品时间经历阶段的挪动或拆除行为，除非这些时间经历痕迹限于毁容性的改变，或对于作品的史实价值没有意义，或是使作品产生了赝品效果的风格性补全；

（3）移动、重建或在异地重组作品的行为，除非有更高的保护理由决定了必须这么做；

（4）改变艺术作品、古迹性或环境性综合体、室内陈设综合体、花园、公园等保存至今的各种附属性或环境性条件；

（5）改变或去除古锈。

第七条：出于和第六条同样的目的，允许对第一、二、三条规定的所有艺术作品进行下述操作或重新整合：

（1）在添加起稳固作用的辅助部分，或对有历史依据的小部分重新整合时，应根据情况，或清晰地留出整合的界线，或采用和原对象有差异但协调的材料，尤其是与古代部分的连接处，应具有清晰的肉眼可识别性，此外，在适当的地方应留注签名和日期；

（2）在对画作和彩塑进行清洗时，永远不应清洗到色彩的罩染层，应尊重古锈和可能存在的古老上光层，对于所有其他类型的作品，不应清洗到作品自身构成材料的裸露面；

（3）在根据确凿的文献进行归安、对支离破碎的作品进行重组、对残缺化的作品进行整理、对小的间隙进行重构时，应采用肉眼可清晰识别的技术，或是放置在不同于原有部分层面上的中性区域，或是留下残缺部分使人们可以看到原来的承载体。总之，永远不应重新整合出形象化的区域，或是插入对作品的具象性起决定性作用的元素；

（4）出于稳固和保护目的而对内部结构、基层、承载体进行的改动和新的插入部分，在实施完成后，应做到表面上看不出对原有色彩和材料的改变；

（5）只有当作品的周围环境或传统布局不复存在或被毁时，或是当保护条件要求移动时，方可为其构建新的环境或布局。

第八条：出于第四条之目的而对作品乃至其毗邻部分的任何干预，其干预方式和所用技术与材料应确保未来对其进行新的防护或修复干预的可能性。此外，应事先对所有干预措施进行研究，并以书面形式说明理由（第五条最后一段），整个干预过程应按日期作好记录，最后提交总结报告，在其中要有干预之前、之中及之后的照片记录。此外，对于在物理、化学、微生物和其他学科辅助下进行的所有研究与分析要作好记录。所有这些文献记录的副本应提交相关主管部门留档保存，还应向中央修复研究院提交一份副本。

在清洗时，在操作区域不重要的地方，应保留一个干预之前的样本区域；而在处理添加时，应将去掉的部分尽可能保留或记录下来，并将保留下来的部分或记录保存在相关主管部门的特别档案室或储藏室里。

第九条：相对于目前使用的或暂时接受的修复工艺和材料，如需使用新的修复工艺和材料，必须在中央修复研究院针对性的且明确说明的意见基础上，得到公共教育部的授权；与此同时，中央修复研究院也负责推动公共教育部采取必要的行动，建议修复人员不使用过时的、有害的和未经检验的材料与方法，推荐使用新的方法与材料，并对中央修复研究院之外的专业人员和设备提供的研究成果进行鉴定。

第十条：为了使第一、二、三条规定的作品免受大气污染、气候与温湿度变化的影响而采取的措施不应导致材料外观与表面色彩的可感知改变，不应实质性地、永久性地改变作品史实地传承下来的环境。如果为了更高的保护目的，不得不进行此类改动时，必须十分小心谨慎，并避免引起对作品创作时间的怀疑。

第十一条：专门针对建筑古迹、绘画、雕塑、历史中心整体以及考古发掘的具体修复处理方法，见附件 A、B、C、D 的详细指南。

第十二条：在对技术权限的归属有疑问，或在这方面产生冲突的情况下，公共教育部将基于相关警司或研究机构负责人的报告，并在听取文物与艺术作品高级委员会的意见之后进行裁决。

Allegato a. Istruzioni per la salvaguardia e il restauro delle antichità
附件 A 文物防护与修复指南

除了《修复宪章》的条款规定的总体标准之外，在文物领域，还应考虑对第三条提到的地下考古遗迹的防护，以及地面和水下研究过程中的发现物的保护与修复提出特殊要求。

地下考古遗迹防护的首要问题在于，它必然涉及一系列和政府征收、各种特殊限制的应用、保护区（riserve）及考古公园的创建有关的规定与法律。在不同情况下应采取不同的措施，但都应事先对相关区域进行周密勘测，以便收集地表上可能发现的所有信息，散落的陶片材料，以及也可能在航拍及各种勘探手段（电子勘探、电磁勘探等等）的帮助下才能暴露出来的各种元素的证据。这样才能尽可能全面了解相关地域的考古性质，从而在实施具有制约本质与限制目的的防护标准时，在起草各种管理计划时，在对农业或建筑工程进行监管时，具有更明确的指导性。

至于水下考古遗产的防护，则受到和水下考古相关的法律与规定的制约，旨在防止人们不分青红皂白地、不计后果地扰动古代沉船的残骸及其货物、淹没的遗迹以及沉入水中的雕塑。这类防护要求非常特殊的深谋远虑，需要专业人员首先从意大利海岸开始进行系统勘察，以便最终汇编出一份精确的“海图”（Forma Maris），标明所有的沉船遗址和水下古迹，从而制定水下科学研究计划，对它们展开保护。在打捞古代沉船遗骸之前，应事先准备好收容从海床打捞上来的沉船材料所需的场地和特殊设备，尤其是对于长期且持续受海水浸泡的木制部分，应准备好所有的特殊处理措施，例如带有特殊加固材料的浸泡装置，以及特定的空气与温度调节装置。必须根据沉船的特定状况，研究水下沉船的提升与打捞系统，吸取国际上在该领域的经验，尤其是近年来的经验。在这些特殊条件下进行的打捞——就像正常的地下考古发掘那样——必须根据对象的类型和材料考虑其特殊的保护与修复要求；例如，对于陶瓷材料和双耳罐，应采取所有的预防措施，以便人们能对其容纳的残留物或踪迹进行鉴定，因为它们是古代贸易和生活的宝贵历史材料。还应特别注意检查并固着可能是绘制出来的铭文（iscrizioni），尤其是双耳罐罐体上的铭文。

在地下考古发掘时，发掘和记录的标准应更具体地依据那些与发掘方法相关的标准；发掘操作中的修复必须采取各种措施，以便确保对出土文物，尤其是那些非常容易腐坏的出土文物进行及时保护，从而确保进一步防护与最终修复的可能性。在发现灰塑[1]、绘画、马赛克镶嵌、块形工艺[2]的装饰元素松散的情况下，在对其挪动之前以及挪动过程中，需用石膏浆、纱布和合适的黏合剂将它们固定在一起，以便在实验室里对其进行重组和修复。在发掘玻璃制品时，由于它们是易碎品，因此建议在发掘过程中不对其进行清洗处理。对于瓷器和陶器，不应冲洗或匆忙清洗，因为这必然会损及其表面可能存有的绘画、上光层或铭文。在收集金属物品或碎片，尤其是氧化的金属物时，要特别小心，除采用加固系统之外，可能还需采用合适的支撑系统。应特别注意是否有织物的踪迹或印记。可以通过向留在地面的空腔灌入石膏浆的方式获得植物和易腐有机材料的负模，在庞贝古城的考古发掘中曾大量采用的这种方法，如今已经得到广泛的应用并取得了丰富的经验。

为了落实上述指南，在考古发掘过程中需确保修复人员能随时到场，并在必要的情况下，对发掘与加固进行初步干预。

需特别注意考虑那些在揭取之后，仍要保留或重新固定在原地的艺术作品——尤其是绘画和马赛克镶嵌品——的修复问题。我们已成功验证了适应不同气候、环境和湿度条件的各种承载体、框架（intelaiature）与黏合剂，使我们能将画作很容易地重新安置在古建筑围合的合适环境里，避免与墙面直接接触，确保对它们的保护。在整合时，也应避免为残缺部分赋予类似粗糙灰泥（intonaco）的涂装[3]，同样应避免用上光剂或蜡使色彩重新鲜活起来，因为这总会造成色调的改变，只需细致地清洗原来的表面就足够了。

对于马赛克镶嵌品，在可能的情况下，最好将其重新放回原来的建筑，从而保持建筑完整的装饰效果；在这种情况下，在剥取——利用各种现代方法，无需切割也可大块面地剥取——之后，采用不锈金属芯的加固系统（sistema di cementazione）

仍是最合适、最能抵御环境因素的方法。对于需要拿到博物馆展示的马赛克镶嵌品，如今广泛使用的是坚固、易于控制、由轻型材料制成的“三明治式”承载体。

对于仍原地保有壁画的室内（各种墓穴、小的围合环境、史前洞窟），需采取特殊的防护措施，以抗御气候变化造成的损害。在这些情况下，为了最佳地保护画作，必须维持环境温度和湿度的稳定性。这两个重要因素很容易受到室外因素以及与环境无关的因素的影响，尤其是拥挤的参观人群、过度的照明以及室外气候的剧烈变化等等。因此，即便在游客接纳方面，也需要研究出特别的防护措施，在需要保护的古老环境和外部环境之间设置带有空调系统的缓冲空间。法国和西班牙一些史前古迹壁画的入口处已经采用了这些预防措施，意大利国内的许多古迹也应采用这些措施（例如塔尔奎尼亚的古墓（tombe di Tarquinia））。

对于考古性古迹的修复，除了《修复宪章》和《建筑修复实施指南》规定的总体标准之外，还应考虑那些与特殊的古代技术有关的特定要求。首先，在对古迹进行整体修复时，由于需要对其进行必要的历史研究，应进行旨在探明地基的验证性发掘，此时的操作必须采取逐层发掘的方法（metodo stratigrafico），以便为建筑物本身经历的各种历史变迁与阶段提供宝贵数据。

在修复由乱石工艺[4]、不规则网石工艺[5]、规则网石工艺[6]和夹层砌筑工艺[7]构成的面墙时，如果采用相同品质的凝灰岩块料（tufo）和相同类型的基床[8]，修复出来的部分应稍稍凹进去一些，而对于由新砖修复出来的面墙，应将新砖表面适当地凿毛或划出纹道。对于修复方石工艺[9]砌筑的各种结构，经验表明，用古代方式重制石块的系统方法是合适的；此外，为了获得某种色彩语调（intonazione cromatica），可以用相同石材的碎屑和灰浆混合起来，拌以相同石材的粉末抹在表面。

作为现代修复整合中将表面“稍稍凹进去一点”的替代做法，可以用某种沟槽界定出修复出来的部分的轮廓，或是插入由不同材料构成的细边。在很多情况下，也可通过适当凿刻新材料的表面，对其进行区别性的表面处理。

最后，在每一个修复出来的区域宜放置写有日期的小牌子，或是刻上负责人的姓名缩写或特殊标记。

在使用水泥对古代大理石、凝灰岩、石灰石柱段进行整合时，在水泥表面覆盖上待修复古迹材料的粉末或许也是有用的，但要研究其色调如何同古迹的类型大致保持一致。在古罗马建筑环境中，可以用石灰华（travertino）或石灰石（calcare）整合白色大理石，实践证明它们的结合效果十分成功（例如，瓦拉迪耶（Valadier）对提图斯凯旋门（Arco di Tito）的修复）。对于古代古迹，尤其是古风时期（arcaica）和古典时期（classica）的古迹，在被修复的部分里，应避免将各种不同的、时代错位（anacronistici）的材料混搭起来，从色彩的角度来看，这可能造成刺眼的唐突效果。在这种情况下，采用与古迹相同的建造材料进行修复仍是可取的，但却可以用各种措施使其看上去具有差异性。

考古性古迹的另一个特殊问题是为废墟化墙体覆帽（coperture），在这种情况下，最重要的是保持废墟参差不齐的轮廓，经验证明，为之覆盖一层混合碎瓦片（cocciopesto）的灰浆，无论从美学角度还是从抵御各种气候因素的角度看，都具有最佳效果。对于加固建筑材料和露天雕塑的总体性问题，应避免试用未经充分验证的方法，否则可能导致无以弥补的损害。

此外，尤其考虑到意大利气候环境的多样性，也应研究那些与不同环境相关的不同气候要求，在考古性古迹的修复和保护中做到深谋远虑。

[1] 灰塑（stucco）：指的是在现场塑造出来的装饰性石灰基抹灰。——译者注

[2] 块形工艺（opus sectile）：由规则的几何块体镶嵌而成的装饰性铺装。——译者注

[3] 涂装（tinteggiatura）：建筑上的涂刷饰面。按成分不同分为四种：石灰涂装（tinte a calce）、胶饰涂装（tinte a colla）、硅酸盐基涂装（tinte a base di silicato）、壁画涂装（tinte a fresco）。——译者注

[4] 乱石工艺（opus incertum）：用完全不规则的石块砌筑的面层。——译者注

[5] 不规则网石工艺（opus quasi reticulatum）：用不规则的石片渔网状斜向砌筑的面层。和乱石工艺不同，这里的石材较小，且经过加工，类似较厚的片材而非块材。——译者注

[6] 规则网石工艺（opus reticulatum）：用规则的石块渔网般斜向砌筑的面层。——译者注

[7] 夹层砌筑工艺（opus vittatum）：公元 4 世纪初产生的古罗马建造工艺，用水平向的凝灰岩块层和砖块层交替砌筑而成。——译者注

[8] 基床（tufelli）：饰面背后的墙体。——译者注

[9] 方石工艺（opera quadrata）：用经过加工的规则石块砌筑而成。——译者注

Allegato b. Istruzioni per la condotta dei restauri architettonici

附件 B 建筑修复实施指南

鉴于及时维护能确保古迹长久保存，避免损害加剧，因此，建议在对不可移动资产的持续监管中尽可能考虑各种预防措施，从而避免更大幅度的干预。

同样需要谨记的是，应从实质性保护的角度审视所有的修复操作，尊重后来添加的元素，且无论如何应避免翻新式或复建式干预。

为确保古迹得以存留，应仔细考虑重新利用古迹性建筑的可能性，但其利用方式不得与古迹的史实 - 艺术价值相冲突。适应性利用工作应限于最小限度，一丝不苟地保护外部形式，避免对古迹的类型性特征、结构性有机体、内部流线顺序进行敏感改动。

在为建筑作品制定修复计划之前，必须对古迹进行多方面的仔细研究（研究它在地域环境及城市结构中的地位、与类型学相关的各个方面、形式上的突出点与特质、建造的系统与特点等等）；既要涉及和原作相关的方面，也要包括和其所有后期添建或改建有关的方面。为了获得所有可能的史实数据，在这种研究中，文献学、图像学和档案学等方面的研究也是不可或缺的。修复计划应基于一份完整的包含图纸与照片的测绘报告，也应从各种管理路线及比例系统的量化角度对之进行说明，其中还应包括为了验证结构稳定性条件而进行的详细具体研究。

常常非常细致并总是需要极大责任心的操作构成了和古迹修复相关的实施工作，因此必须将此项工作委托给专业机构，在可能的情况下“经济地”（in economia）实施，但不能以“按面积”（a misura）或“计件”（a cottimo）形式结算。

应对修复进行持续监管和指导，从而确保修复的良好运行，确保一旦出现新的问题、困难或墙体不稳定性时，能立刻干预。最后，应避免损毁——尤其在用镐和锤子操作时——那些在预先调查时未引起重视或可能漏掉的，对于了解建筑，指导修复无疑有用的元素。在刮除建筑涂装或灰泥之前，项目管理者尤其必须确认上面是否有装饰痕迹，例如墙体和拱上的原始颗粒与着色。

修复的基本要求就是尊重并防护各种构成元素的真实性。该原则是指导任何操作决策的先决条件。例如，在墙体歪斜的情况下，即便看起来有拆除并重建的绝对必要，也必须首先研究并尝试在不替换原有砖石砌体的情况下扶直的可能性。

只有在证明极其必要的情况下，才能替换朽坏的石材。

只有在必要的情况下且在最小范围内，才能对墙体的面层进行替换或整合，而且替换和整合部分必须同原有元素区分开，可以用不同的材料或新旧程度不同的表面以示区别，但通常而言更可取的操作方式是在整合区域周边做一道较浅且持久的连续标记，从而表明干预的范围。可以根据不同情况，使用适当的金属片，连续铺设的薄砖屑带，或是视觉上较宽、较深的沟槽实现区别效果。

在采用得到中央修复研究院长期验证并确认其有效性的方法而对石材或其他材料进行加固之前应先进行试验。应采取一切预防措施防止保存状况的恶化；也应采取一切干预措施消除导致破坏的因素。例如，一旦发现铁扒箍或铁栓由于潮湿膨胀而使石材开裂，应拆下造成损害的铁质部件，换上青铜或铜；若用不锈钢替换更好，其优点是不会造成对石材的污染。

应对建筑室外或广场上的石质雕塑进行监测，干预时，应遵照上述实践方式，采用经验证的加固方法，甚至还可以采用季节性的防护措施。只有在无法这么做的情况下，才允许将雕塑转移到室内。

为了更好地保护石质或青铜质喷泉，需降低水位，去除石灰质水垢，定期清洗有害物质。

出于显而易见的史实与美学缘故，甚至是技术缘故，必须保留石材上的古锈。古锈通常起着防护性作用，例如人们证实朽蚀是从古锈的残缺部分开始的。可以清洗掉堆积在石材上的其他物质，如粉屑、烟尘、鸽子粪等，但只能使用植物做成的刷子或气压适中的喷枪。应避免使用金属刷子和刮刀；总的来说，也应避免使用采用自然沙粒、水或蒸汽的高压喷枪，甚至任何性质的冲刷也不可取。

Allegato c. Istruzioni per l'esecuzione di restauri pittorici e scultorei
附件 C　绘画与雕塑修复实施指南

预备操作

在对任何绘画或雕塑品进行修复干预之前，首先要仔细调查其保存状况。在这种调查中，应对可能构成艺术作品的各个材料层次进行评估，查实哪些是原来的，哪些是后来添加上去的，并初步判断这些层次发生修改、添加的年代。然后要起草一份对修复计划而言必不可少的报告，并开始记录修复日志。接下来应对作品拍照，根据不同的情况，除采用自然光之外，还应采用单色光，简单的或过滤后的紫外线，或者红外线进行拍照，这些照片对于记录修复干预之前的状态是必不可少的。即便在肉眼没有观察到叠加层的情况下，仍建议对作品进行 X 光或其他温和的射线拍照。对于可移动画作，还应对其背面拍照。

这些照片应纳入修复日志。如果在照片上发现可疑元素，应指出这些问题的性质。

在拍摄记录之后，如果发现作品包含数个层面，或是为了确定打底层的状态，应在作品各层——包括承载体——不重要的地方尽可能少地提取一些样品，以便绘制出分层剖面图。

在一幅自然光拍照的照片里应清晰地标出各种测定点，而且在修复日志里也应包括对照片的说明。

对于绘制在墙体、石材、陶土或其他（不可移动）承载体上的画作，需要确定承载体的潮湿状况，确定是否有因冷凝或毛细作用导致的湿气渗入，为此需要对墙体的灰浆及混杂物进行取样分析，测定其湿度。

当注意到或只是怀疑有真菌滋生时，需进行微生物分析。

对于未涂绘或上光过的雕塑，最重要的问题是确定其构成材料的保存状况，如果需要的话，应对其进行 X 光拍照。

修复干预实施过程中的保障措施

各种预先调查将引导修复干预朝正确的方向前进，将决定是只对画作进行简单的清洗，还是固定或转置，或是清除重绘部分，乃至对碎片进行重组。然而，尽管这种调查对于了解绘画作品，对于确定其所采取的技术可能非常重要，但并不总是会带来科学的答案，因此，对于修复中有待使用的各种材料的谨慎和实验，不应被视为针对待修复画作中所用技术——基于经验而非科学的——某种泛识的多余疑问。

对于清洗，主要可采用机械和化学这两种方式。无论采用哪种方式，都不应影响对画作进行直接干预及控制（例如在使用佩森·柯普勒盒（cassetta Pethen Koppler）及类似工具时）的可见性与可能性。

采用机械方法（手术刀）时，必须用不同放大倍数的画镜（pinacoscopio）进行控制。

采用化学方法（各种溶剂）时，所用溶剂必须具有可被立即中和的性质，而且也应具有挥发性，且不会持久残留在画作的各个图层中。在使用溶剂之前应进行实验，只要分层剖面显示至少可能存在一个上光层时，就应确保所用溶剂不影响画作的原始上光层。

在清洗处理之前，无论采用何种清洗手段，无论画作是在何种承载体上，都应仔细检查画作的稳固性，并对起翘或松散部分进行固着。根据不同情况，可以局部固着，或用均匀满涂的固着剂固着，同时也可以用不会对画作的保护产生危害的恒温热源使固着剂渗透进去。但无论怎样固着，都应严格遵循不在画作表面留下任何固着剂痕迹的准则。因此，在固着之后，应在画镜下仔细检查。

当需要对画面进行总体的防护性罩层（velatura）[1]处理时，由于需要在承载体上实施各种操作，因此必须在对画面起翘和松散部分进行加固后方可实施这种防护性罩层，而且罩层应采用非常易溶的黏合剂（collante），且不同于固定画面起翘或松散部分的固着剂。

如果画作承载体是木制，且受到了蛀虫、白蚁等的侵蚀，就必须用对画作本身无害的杀虫气体进行处理。要避免用液体浸泡。

对于可移动画作，当承载体或基底[2]，或两者的状况要求我们将其清除掉，或至少需要将承载体清除掉而更换基底时，必须用手术刀将老的基底一点点剔除干净；除非承载体已经糟朽而基底保存状况良好，否则，只将承载体削薄是不够的。对于基底的保护，在条件允许的情况下，总是建议保持它相对于画作表面的原始形构。

在替换木质承载体时，绝对不能用由木板条复合成的新承载体替换，只有当绝对确信新承载体和替换掉的原承载体具有相同的膨胀率时，对刚性承载体进行这种替换才是可取的。无论如何，将转置画布固定到承载体上的黏合剂必须易于溶解，不仅对画作本身无害，而且对于将画作的各个图层固着到转置画布上的黏合剂也无害。

如果原来的木质承载体状况良好，只需扶直、加固或补嵌，必须谨记的是，除非出于画作美学享用的目的而真正必要时，否则，对古老且依然稳定的木材不进行任何干预就总是更可取的。如果要进行干预，就必须准确地依照尊重木材纤维纹理的各种技术规范。为此必须先做一个切片，确定木材的种类与膨胀率。任何添加上去的部分必须采用小块的风干陈木，确保植入的材料尽可能具有与老承载体同样的惰性。

对于补嵌，无论采用什么材料，必须从根本上确保它所固定的木材能自然活动。

对于画布上的画作，当需要转置时，应逐步地、有控制地清除已糟朽的画布；当可能涉及基底（或打底层）的转置时，应遵循和画板同样的标准。对于没有打底层的画作，即那些将非常液态的颜料直接敷设在承载体上的画作（例如鲁本斯的各种草图），不可能再进行转置。

在为画作换衬（rintelatura）时，无论以何种方式换衬，都必须避免过度压实，或对画作膜层进行高温处理。严禁将画布上的画作转置到刚性承载体上（即贴画处理（maruflage）），因为这是损耗最大的做法。

对于新的画框，不仅要确保它具有适当的张力，而且，由于温湿度的变化可能导致张力的变化，还应尽可能确保它具有自动恢复相应张力的能力。

壁画修复实施过程中的保障措施

对于可移动画作，为了确定其所使用的技术而进行的研究有时并不能带来确定的结论，而且至少就目前而言，有时甚至也无法确定画作的大致范畴，如蛋胶画、油画、蜡画、水彩画（acquarello）、粉彩画（pastello）等等；同样，对于壁画，无论是绘制在打底层上的，还是直接绘制在大理石或其他石材上的，等等，确定其所使用的媒剂（medium）有时也很成问题（例如古典时期的壁画）。但另一方面，无论是对壁画实施清洗、固着、剥取还是揭取操作，确定其所使用的媒剂甚至更是不可或缺的。尤其在不得不实施剥取或揭取处理时，在用可溶性黏合剂为画面敷设各种防护性罩层之前，必须确认这种黏合剂的稀释液（diluent）不会溶解或腐蚀待修复画作所用的媒剂。

对于壁画里的蛋胶画，或湿壁画里总的来说用蛋胶画出来的部分，即无法在壁面完全潮湿时敷设特定色彩的地方，也必须进行预防性固着。

当壁画的色彩多多少少处于积灰状态时，在除尘时应特别留意，尽可能少地除掉原本的粉化颜料。

对于色彩的固着，必须首先考虑无机固着剂，这种固着剂尽可能少地改变原来的色调，而且在时光历程中不应是不可逆的。

应对粉化的颜料进行化验，确定其中是否有真菌形成，并找出可能导致真菌滋生的原因。一旦找出其原因，要施用适当的除菌剂，且必须确保不对壁画产生损害，而且能被容易地清除掉。

当需要确定将画作从承载体上取下来的方式时，在成功概率相等的各种方法中，应选择“剥取”，因为这种做法有望恢复出含有草图（sinopia）[3] 的预备层；对各种湿壁画来说，也因为这种方法能将画作膜层（pellicola pittorica）从已糟朽或病变的残余灰泥层上释放下来。

对于将在上面重新放置画作膜层的承载体，需最大限度保证其稳固性、惰性与中性（pH 值为中性）；承载体的尺寸应和画作保持一致，中间没有接缝，因为随着时间的推移，接缝不可避免地会造成画作表面起翘。用来将附有画作膜层的画布固着在新承载体上的黏合剂必须能非常容易地用一种不损害画作的溶剂溶解掉。

当我们更希望将揶下来的画作保持在——当然是经过加固后的——画布上时，必须以下述方式和材料研制配套画框，使其具有最高的稳固性、弹性，以及可随气候等各种因素的变化自动恢复张力的能力。

在将镶嵌画中的马赛克镶片拔出来时，需确保将那些并不在一个完全平整表面上的镶片恰当地拔出来，以便能将其重新放回并固定在原来的位置。在为之敷设各种罩层和加固支撑体之前，必须确认镶片的保存状况，如有必要，需对其进行加固处理。需特别注意的是，应保持其表面的色调特征。

雕塑修复实施过程中的保障措施

在确认雕塑的材质并在可能的情况下确认其所使用的技术之后（无论它们是以大理石、其他石材、灰泥、混凝纸浆（cartapesta）、陶土、上釉的陶土，还是经过或未经绘制的生土材料制成的），即便对于那些未绘制过且需要清洗的部分，也绝不可冲洗，因为即便这种冲洗不影响材料，也会侵蚀古锈。

因此，对于地下或水下（海里、河里等）发掘出的雕塑，如果上面有垢壳，必须首选以机械方式清除，如采用溶剂，则既不应影响雕塑的材料，也不应影响固着在上面的材料。

对于糟朽的木质雕塑，所用的固着剂必须确保不改变木质材料的原始外观。

如果木材受到了蛀虫或白蚁等的侵害，需使用合适的气体进行处理，但应尽可能避免用液体浸泡，因为即便上面没有绘制部分，这种做法也可能改变木材的外观。

对于支离破碎的雕塑，当需要用螺栓或支架等固定时，应选择那些不会氧化的金属。对于青铜雕塑，假如在古锈下方没有活动性腐蚀的迹象，需特别注意保护那些“高贵的古锈”（patina nobile）（氯铜、硫酸铜等等）。

与重新安置修复后的艺术作品有关的总体注意事项

作为绝对的行为准则，如果艺术作品的修复需要是由其所在地，尤其是墙体的温湿度状况引起的，而对其所在地或墙体并未进行过旨在确保艺术作品保护与防护的处理（环境整治、加装空调等等），就绝不能将修复后的艺术作品再放回原位。

[1] 即用各种薄的织物对画面进行防护性覆盖。——译者注

[2] 基底（imprimitura）：该词的字面意思是“首层”（primo strato），源于中世纪，文艺复兴时期尤其在意大利已经成为一个标准化的绘画工艺术语，由敷设在木、金属、布或其他承载体粗糙底面上的首层材料构成，以便提供合适的绘制表面。敷设基底的目的，一是将真正的画层和承载体隔开，防止承载体的肌理、坑洼等对绘制的影响，为金属类承载体上的画作提供更好的颜料附着力，也防止木、画布类承载体上的颜料散晕；二是确定画面的整体色调，调整暗部和亮部之间的色调关系，此时的基底往往带有各种颜色。传统上，画作的基底基于各种胶和其他配料。早期意大利画板用几层越来越细的石膏粉（gesso）混合胶敷设基底，从而制备出一个白色反光、象牙般光滑的绘制基底。16 世纪时，画家也开始在画布上敷设一层薄薄的石膏基底。到 16 世纪末，人们开始用一层带有这种石膏基底的画布作为板上绘制的基底。由于石膏必须和水溶性胶结合，在这种基底上的画作尤其容易受潮，引发保护问题。因此，早在 16 世纪，人们便用混合油料的土质颜料（earth pigment）为画布敷设基底，这种做法一直持续到 17 世纪末。但这种基底会造成画作表面发乌，导致结构与视觉问题，所以有些画家会在这种基底上再敷设一层更浅的基底。到 18 世纪，画家开始直接用更浅的粉红色或灰色油性基底。尽管早在 17 世纪，画家已经能买到带有预制基底的画布，但 19 世纪以来广泛使用的带有预制基底的商业性画布同样带来了大量保护问题。——译者注

[3] 通常是由赭石颜料绘制出来的。——译者注

Allegato d. Istruzioni per la tutela dei "Centri Storici"
附件 D “历史中心”维护指南

历史中心的鉴识不仅应考虑那些传统意义上老的城市“中心区”，就最广泛的意义而言，也应考虑任何具有特殊史实证言价值，或突出城市规划（urbanistiche）与建筑学特质的所有人类聚居地；其结构可以是紧凑一体的，也可以是零散的，尽管可能随着时间的推移经历过部分改变，但仍是过去或过去的各个后续时代之间形成的。

上述聚居地的史实性质指的是其作为过去文明的证言，以及城市文化记录的价值；这种史实性质甚至独立于其固有的艺术、形式或独特环境风貌价值，可能不仅丰富或进一步增强了其建筑学价值，也丰富或进一步增强了其城市规划结构自身所具有的意义与价值。

历史中心的修复干预旨在用各种通常的或特殊的方法与工具，确保这些综合体在时光中形成的特有价值保持下去。因此，修复措施不应只限于保护单体建筑或孤立环境的形式特征，而应实质性地保护整个城市规划有机体的全部特征，以及共同界定这些特征的所有元素。

为了使本“指南”中的城市规划有机体即便在其历时的延续中，即便在其展开的文明且现代的生活中也能得到充分防护，首先必须在其最宽广的城市与地域背景里，在其与未来发展的关联里，对历史中心进行重组；其目的也在于协调各种城市规划行动，以便通过适宜的地域干预规划，从城市外部出发，达到防护与恢复历史中心的目的。通过这些（城市规划工具实施的）干预措施，我们可以构建出一种新的城市有机体，将历史中心里那些就保护性康复[1]而言，和其恢复不契合的功能排除在外。

这种协调工作还应考虑与更全局性的地域环境背景相关的防护要求，尤其是那些已经和我们所继承的各种历史结构紧密相关的、具有特殊意义价值的地域环境（例如，佛罗伦萨周围环抱的丘陵、威尼斯的潟湖、古罗马百亩法[2]整治过的波河流域、普利亚大区的（pugliese）圆锥顶石屋[3]地区等等）。

只有通过各种单体元素的防护才能实现整体性有机体的防护，此时既要考虑各种建筑元素，也要考虑构成各种外部空间（街道、广场等）与内部空间（开放的庭院、花园、空间等）的其他元素，以及其他有意义的结构（城墙、城门、要塞等等），乃至所有串联起整体并或多或少突出决定其特征的自然元素（自然轮廓线、水道、独特的地形地貌等等）。

对于作为整体构成部分的各种建筑元素，不仅应保护决定了其建筑或环境表达的各种形式面貌，也应保护其作为各种功能的表现方式体现出来的类型学特征，这些功能反映了人们在历史长河中对各种元素本身特有的使用方式。

在任何修复干预之前，应从“史实的 - 评论的”（storico-critica）仔细解读出发，评估城市规划、建筑学、环境、类型学、构筑等方面的所有价值。其结论并非旨在确定某种操作上的差异性——因为必须用统一的标准对那些鉴定为历史中心的整个综合体进行处理——而是旨在确定，在城市规划与建筑层面上，称得上必要的“保护性康复”干预的不同程度。

对于这里所说的“保护性康复”必须明确说明的是：首先，这意味着维持“道路 - 建筑”的总体结构（保持布局（tracciato）、保护道路网、街区边界等等）；其次也意味着维持环境的总体特征，这既包括对那些最有意义的古迹性与环境性轮廓进行整体保护，也包括对其他元素或单体建筑有机体进行调适，使之符合现代生活需要；只能考虑对这些元素本身进行例外的、局部的替换，而且替换的程度必须同保护历史中心结构的总体特征相协调。

在城市规划层面上的主要干预类型有：

1. 城市规划的结构调整

其目的在于检验地域或城市结构是否形成了统一的关系，并在缺乏这些关系时予以校正。尤其重要的是分析历史中心过去和现在在地域和功能上所扮演的角色。在这方面要特别注意分析，城市规划及当代建筑的发展与历史中心的关系，并且尤其要从功能角度出发，从各种功能方向的兼容性出发，对之进行结构性调整。

城市规划的结构性调整干预必须一直持续到使历史中心摆脱那些导致混乱与劣化的功能性、技术性或通常而言的使用目的。

2. 路网的重新组织

必须分析对历史中心的结构产生冲击的道路联系与交通流，并对其进行调整，其主要目的在于减少各种病理现象，使历史中心的使用重新定位到与其历史结构相兼容的功能。应考虑引进那些与历史中心的生活需求紧密相关的公共设备与服务设施的可能性。

3. 环境装置（arredo urbano）的调整

这种调整涉及各种街道、广场和所有现存开放空间（内部庭院、空间、花园等），其目的是在建筑与室外空间之间建立一种同质的（omogenea）连接。

在建筑层面上的主要干预类型有：

1. 建筑的结构稳定性与卫生状况康复处理

此类干预旨在保持建筑的结构以及对它们的平衡使用，应依照《建筑修复实施指南》规定的各种技术、方式和注意事项。在此类干预中，尤为重要的是尊重有机体类型学方面的、结构方面的和功能方面的特质，避免改变其特征的改造。

2. 有机体内部的功能更新

只有当这种要求对建筑的持续使用而言是绝对必要时才允许这么做。在这类干预中，最重要的是尊重建筑在类型与建造方面的特质，严禁任何改变其特征的干预，严禁清空建筑结构，或是引入那些过于扭曲有机体“类型 - 建造”平衡的功能。

上述干预类型必不可少的操作工具有：

（1）对历史中心和地域之间，历史中心和整个城市之间的关系进行结构性调整的总体规划；

（2）对历史中心区最重要的各种元素进行结构性调整的详细规划；

（3）针对一个街区或一组有机组织起来的元素的分区实施规划。

［1］ 康复（risanamento）：对应的英语是“rehabilitation”，常被译为“再生”、“更新”，但其语义是通过某种“治疗”使建筑遗产不仅在物质肌体上，而且在社会功能上恢复“健康”；就此而言，“再生”与“更新”仅是“康复”的手段或表征之一。——译者注

［2］ 百亩法（centuriazioni）：古罗马所用的一种方格网状土地丈量与分配系统，在古罗马人对波河流域（Valpadana）的殖民过程中被普及与标准化起来。直到如今，意大利一些地区的景观结构仍带有古罗马百亩法的痕迹。——译者注

［3］ 圆锥顶石屋（trullo）：由毛石建造起来的圆锥顶房屋。——译者注

文献目录

依据 Massimo Carboni, *Cesare Brandi, Teoria ed esperienza dell'arte*, Milan: Jaca Book, 1992。第二版出版于 2004 年，由 Enrico Petti 修订并更新。带 " * " 号部分为《修复理论》英文版中列出的主要文献。——译者注

Saggi e contributi di storia dell' arte
艺术史方面的文章与贡献

Monografie, saggistica e libri d' arte
艺术类专著、文章和书籍

Rutilio Manetti, Stabilimento Arti Grafiche Lazzeri, Siena, 1931, pp. 214, XL tavv.; seconda edizione, Olschki, Firenze, 1932. *

La Regia Pinacoteca di Siena, Libreria dello Stato, Roma, 1933, pp. 383, 86 ill. *

Mostra della pittura riminese del Trecento. Catalogo a cura di Cesare Brandi, Stabilimento Tipografico Garattoni, Rimini, 1935, pp. 235, 148 ill. (Saggio introduttivo riedito in *Tra Medioevo e Rinascimento*, 2006). *

Morandi, Le Monnier, Firenze, 1942; seconda edizione (con l'aggiunta di un *Poscritto*), 1952, pp. 61, LX ill. (Riedito in *Scritti sull'arte con temporanea*, Einaudi, Torino, 1976 e in *Morandi*, Editori Riuniti, Roma, 1990). *

Giovanni di Paolo, Le Monnier, Firenze, 1947, pp. 141, 111 ill. *

Quattrocentisti senesi, Hoepli, Milano, s.d. (1949), pp. 294, 248 tavv. (Riedito, senza l'apparato delle note, in *Tra Medioevo e Rinascimento*, 2006). *

Duccio, Vallecchi, Firenze, 1951, pp. 175, 127 tavv. (Riedito in Pittura a Siena nel Trecento, Einaudi, Torino, 1991). *

La fine dell'avanguardia e l'arte d'oggi, Edizioni della Meridiana, Milano, 1952, pp. 232. (I saggi *La fine dell'avanguardia e L'arte d'oggi* sono ripubblicati in *Scritti sull'arte contemporanea II*, Einaudi, Torino, 1979). *

Picasso, Florence: Vallecchi, 1947. *

Duccio di Buoninsegna. La Maestà, Edizioni d'Arte «Sidera», Milano, 1954, pp. 19, XXXVI tavv. (Riedito in *Tra Medioevo e Rinascimento*, 2006).

Il Tempio Malatestiano a Rimini, Edizioni Radio Italiana, 1956, pp. 204, 100 ill., 3 tavv. a colori. (Riedito in *Tra Medioevo e Rinascimento*, 2006). *

Gli affreschi di Pietro Lorenzetti ad Assisi, Edizioni d'Arte «Sidera», Milano,1957, pp. 42, 21 tavv. a colori. Ristampa, Edizioni Mediterranee, Roma, 1958. (Riedito con il titolo *Pietro Lorenzetti: affreschi nella Basilica inferiore di Assisi*, in *Pittura a Siena nel Trecento*, 1991). *

Paul Gauguin, Serie Arte Garzanti, s.d. (1959), 42 tavv. (Introduzione di Cesare Brandi; commento alle tavole di John Rewald).

Spazio italiano ambiente fiammingo, Il Saggiatore, Milano, 1960, pp. 35, 8 tavv. (Riedito in *Tra Medioevo e Rinascimento*, 2006). *

Ritratto di Morandi, All'insegna del pesce d'oro, Milano 1960, pp. 63, XIX ill. (Con una iconografia di Giorgio Morandi a cura di Vanni Scheiwiller).

Canaletto, Mondadori, Milano, 1960, pp. 205, 126 ill.

Quarantun disegni di Giacomo Manzù, Einaudi, Torino, 1961. (Riedito in *Scritti sull'arte contemporanea*, 1976).

Georges Braque. L'opera grafica, Il Saggiatore, Milano, 1962, pp. XXXII-86, 70 ill. (Riedito in *Scritti sull'arte contemporanea*, 1976). *

Burri, Editalia, Roma, 1963, pp. 234, 342 ill., 48 tavv. a colori, 86 in bianco e nero. (Contributo al Catalogo Generale dell'opera di Burri a cura di Vittorio Rubiu. Il saggio di Brandi è stato ripubblicato in *Scritti sull'arte contemporanea*, 1976). *

Studi per la Porta di San Pietro di Giacomo Manzù, Edizioni del Milione, Milano, 1964, pp. 91, 37 tavv. (Parzialmente ripubblicato in *Scritti sull'arte contemporanea*, 1976).

Giacomo Manzù. La Porta di San Pietro, Erker Verlag, St. Gallen, 1964; testo in italiano e tedesco. (Riedito in *Scritti sull'arte contemporanea*, 1976; e in AA. VV., *Manzù. Le Porte*, Silvana Editoriale, Milano, 1989). *

Struttura e architettura, Einaudi, Torino, 1967, pp. 246; seconda edizione riveduta e ampliata, 1971, pp. 331; prima edizione nei «Reprints» Einaudi, 1975. *

La prima architettura barocca, Pietro da Cortona, Borromini, Bernini, Laterza, Bari, 1970, pp. 178, 43 ill. *

Morandi lungo il cammino, Rizzoli, Milano, 1970, pp. 104. (Appendice con 24 disegni inediti).

Scritti sull'arte contemporanea, Einaudi, Torino, 1976, pp. 429, 51 ill. *

Afro Roma, Editalia, Roma, 1977, pp. 236, 52 tavv. a colori, 40 in bianco e nero. (Vicenda critica a cura di Vittorio Rubiu, Contributo al Catalogo Generale a cura di Valeria Gramiccia. Il saggio di Brandi è stato ripubblicato in Scritti sull'arte contemporanea II, 1979). *

Scritti sull'arte contemporanea II, Einaudi, Torino, 1979, pp. 170, 46 ill. *

Disegno della pittura italiana, Einaudi, Torino, 1980, pp. 596, 149 ill. *

Giotto, Mondadori, Milano, 1983, pp. 191. *

Disegno dell'architettura italiana, Einaudi, Torino, 1985, pp. 293, 245 ill. *

Morandi. Introduzione di Vittorio Rubiu. Con il carteggio Brandi-Morandi 1938-1963 a cura di Marilena Pasquali, Editori Riuniti, Roma, 1990, pp. 249, 44 ill.

Pittura a Siena nel Trecento, a cura di Michele Cordaro, Einaudi, Torino, 1991, pp. 214, 79 ill. *

Scritti di architettura, a cura di Giovanni Carbonara, testo & immagine, Torino, 1996, pp. 93.

Tra Medioevo e Rinascimento. Scritti sull'arte da Giotto a Jacopo della Quercia, a cura di Maria Andaloro, Jaca Book, Milano 2006, pp. XXXV – 373.

Corsi universitari, saggi e conferenze
大学课程讲义、会议论文

Nicolò di Ser Sozzo Tegliacci, «L'Arte», xxxv, fasc. III, 1932, pp. 223-236. (Riedito in *Pittura a Siena nel Trecento*, 1991).

Il pittore Filippo De Pisis, «Dedalo», XII, Fasc. v, maggio 1932, pp. 390-407.

Ein «Desco da parto» und seine Stellung innerhalb der toskanischen Malerei nach dem Tode Masaccios, «Jahrbuch der Preussischen Kunstammlungen», III, Berlin, 1934, pp. 154-180.

Lo stile di Ambrogio Lorenzetti, «La Critica d'Arte», I, 1935-36, Sansoni, Firenze, pp. 61-68. (Riedito *in Pittura a Siena nel Trecento*, 1991).

Conclusioni su alcuni discussi problemi della pittura riminese del Trecento, «La Critica d'Arte», giugno 1936, pp. 229-237. (Riedito in *Tra Medioevo e Rinascimento*, 2006).

Giovanni da Rimini e Giovanni Baronzio, «La Critica d'Arte», settembre-dicembre 1937, pp. 193-199.

Vitale da Bologna, «La Critica d'Arte», x (agosto), 1937, pp. 145-152. (Riedito in *Tra Medioevo e Rinascimento*, 2006).

Giotto, «Le Arti», I, Fasc. I, ottobre-novembre 1938, pp. 5-12; II, Fasc. II, dicembre-gennaio 1939, pp. 116-131. (Riedito in *Tra Medioevo e Rinascimento*, 2006).

Cammino di Morandi, «Le Arti», I, 1939, pp. 245-255. (Riedito in *Morandi*, 1942; 1952; in *Scritti sull'arte contemporanea*, 1976; in *Morandi*, 1990).

Visione del Veronese, «Arcobaleno», Venezia, dicembre 1939, pp. 1-13.

Giovanni di Paolo, «Le Arti», III, Fasc. IV, aprile-maggio 1941, pp. 230-250; III, Fasc. V, giugno-luglio 1941, pp. 316-341. (Riedito in *Giovanni di Paolo*, Le Monnier, Firenze 1947).

Pietro di Giovanni di Ambrogio, «Le Arti», V, Fasc. III , febbraio-marzo 1943, pp. 129-138.

L'architettura fiorentina del Rinascimento, «Il Quattrocento», 1954, pp. 117-204.

Il linguaggio figurativo del Pinturicchio. Discorso ufficiale in occasione della celebrazione del V centenario della nascita, pubblicato in «Perugia», 5 settembre-ottobre 1955, pp. 3-24. (Riedito in *Tra Medioevo e Rinascimento*, 2006).

Giotto recuperato a San Giovanni Laterano, in AA.VV., *Scritti di Storia dell'arte in onore di Lionello Venturi*, I, De Luca, Roma, 1956, pp. 55-85. (Riedito in *Tra Medioevo e Rinascimento*, 2006).

Il vecchio e il nuovo nelle antiche città italiane. Conferenza tenuta all'Associazione Culturale Italiana, Torino, 17 febbraio 1956. Pubblicata in «Quaderni ACI», XXI, ed. ACI, Torino 1956. (Riedito in *Terre d'Italia*, 1991, 2006).

Filippino Lippi o l'ultimo quattrocentista. Prolusione inaugurale tenuta il 19 maggio 1957 nel Salone del Palazzo Comunale di Prato nel V centenario della nascita, pubblicata in AA.VV, *Saggi su Filippino Lippi*, Arnaud, Firenze, 1957, pp. 33-50.

*I cinque anni cruciali per la pittura fiorentina del'400, in Studi in onore di Matteo Marangon*i, Vallecchi, Firenze, 1957, pp. 167-175.

Perché il Palladio non fu neoclassico. Prolusione al Secondo Corso del Centro Internazionale di Studi d'architettura Andrea Palladio, Vicenza, estate 1960. (Pubblicata in *Essays on the History of Architecture presented to Rudolf Wittkower*, I, Phaidon, London, 1967, pp. 116-121. Ripubblicata in *Struttura e architettura*, 1967, 1971).

La tutela dei centri storici. Conferenza tenuta alla facoltà di Architettura dell'Università di Palermo, 11 maggio 1962.

Picasso, in *Enciclopedia Universale dell'Arte*, Vol. X, Venezia-Roma, 1963, pp. 579-587; *Encyclopedia of World Art*, Mc Graw-Hill Book Company, Inc., 1964.

Lo spettatore integrato. Conferenza tenuta all'Associazione Culturale Italiana, Torino, 13 marzo 1964. (Pubblicata in «Le Conferenze dell'A.C.I.», Fascicolo Quattordicesimo, pp. 9-19).

Forma e compiutezza formale in Michelangiolo. Internationaler Kongress für Kunstgeschichte in Bonn, 1964, Verlag Gebr. Mann, Berlin, 1967, Band II, pp. 89-95. (Riedito in *Struttura e architettura*, 1967, 1971).

L'inserzione del nuovo nel vecchio. Internationaler Kongress für Kunstgeschichte in Bonn 1964, Berlin, 1967, Band III, pp. 318-322. (Riedito in *Struttura e architettura*, 1967, 1971).

Filippo Juvarra. Conferenza tenuta nell'Aula Magna dell'Università di Messina, 9 ottobre 1966. (Pubblicata in *Struttura e architettura*, 1967, 1971).

La cupola dello Juvarra a S. Andrea a Mantova e un precedente siciliano, in AA.VV., *Scritti di storia dell'arte in onore di Edoardo Arslan*, Milano, 1966, pp. 813-816. (Riedito in *Struttura e architettura*, 1967, 1971).

La salvaguardia dei valori figurativi tradizionali del paesaggio italiano in relazione alla tutela idrogeologica del territorio. Relazione svolta al convegno sul tema *Le scienze della natura di fronte agli eventi idrogeologici* (Accademia Nazionale dei Lincei, Roma, 8-10 novembre 1967, pubblicato negli Atti del convegno, Roma 1968. (Riedito in *Il patrimonio insidiato*, 2001, con il titolo *Valori figurativi del paesaggio italiano*).

Struttura e architettura. Relazione svolta nella seduta ordinaria dell'Accademia Nazionale dei Lincei, Roma, 8 aprile 1967. (Pubblicata in *Struttura e architettura*,1967, 1971).

Sulla cronologia degli affreschi della Chiesa Superiore di Assisi. Atti del Congresso Internazionale per la celebrazione del VII centenario della nascita di Giotto, 24 settembre-l ottobre 1967, De Luca, Roma, 1971, pp. 61-66.

Codice e struttura nel Borromini. Studi sul Borromini, Atti del Convegno promosso dall'Accademia Nazionale di San Luca, Roma MCMLXVII, De Luca, Roma, 1970, Vol. I, pp. 175-195. (Pubblicato con il titolo *Borromini*, in *Struttura e architettura*,1967, 1971).

La fotografia, come sia da considerare, «Ulisse / I Problemi di Ulisse», fasc. LXI, novembre 1967, pp. 25-32. (Dal volume *Le due vie*, Laterza, Bari, 1966).

Structure de la télévision, «Revue Internationale de Philosophie», n. 81, 1967, pp. 348-357. (Traduit par Paul Philippot).

Codice e struttura nelle arti figurative con un corso monografico sul Brunelleschi, Università degli Studi di Roma, anno accademico 1967-1968, Bulzoni, Roma, 1968.

La curva della cupola di San Pietro. Conferenza tenuta nella seduta del 21 aprile 1968, Roma, Accademia Nazionale dei Lincei, 1968, Quaderno n. 123, pp. 3-19. (Ripubblicata in *Momenti del marmo*, in AA.VV., *Scritti per i duecento anni dell'Accademia di Carrara*, Bulzoni, Roma, 1969, pp. 63-80 e in *Struttura e architettura*, ed. ampliata 1971).

Giorgio Morandi. Conferenza tenuta all'Istituto di storia dell'arte dell'Università di Parma, 30 maggio 1968. (Pubblicata con il titolo *Morandi a poca distanza in Morandi lungo il cammino*, Rizzoli, Milano, 1970, e in *Scritti sull'arte contemporanea*, 1976).

Sulla nozione di codice nella critica d'arte, «Rivista di estetica», Fasc. III, settembre-dicembre 1968, pp. 321-331.

L'attività giovanile di Gian Lorenzo Bernini. Appunti tratti dalle lezioni di Cesare Brandi, anno accademico 1968-1969, Università degli Studi di Roma, Bulzoni, Roma, 1969.

Come si salva una città antica. Orazione ufficiale di apertura del *Quarto Congresso di Antichità e d'Arte*, Casale, Palazzo Langosco, 20-24 aprile 1969, pp. 17-26. (Riedito con il titolo *Come si salva una città antica (Casale Monferrato) in Il patrimonio insidiato*, 2001).

Considerazioni sulla spazialità in Bramante pittore e in Bramante architetto. Atti del Congresso Internazionale di Studi Bramanteschi, Milano-Urbino-Roma, 1970, De Luca, Roma, 1974. (Già pubblicato in *Struttura e architettura*, ed. ampliata 1971).

Cellini scultore, «Il Veltro», nn. 3-4, Roma, 1971, pp. 347-352.

Parola e immagine in televisione. Intervento alla Tavola Rotonda di Venezia, 29-31 marzo 1971, Rai Radiotelevisione Italiana, Servizio Rilevazioni Internazionali, pp. 10-12, 90-91.

Interpretazione dell'architettura giapponese. Conferenza tenuta nella seduta dell'Accademia Nazionale dei Lincei del 29 gennaio 1972.

Due proposte per Giuseppe Bottani, in AA.VV., *Studi di Storia dell'Arte in onore di Valerio Mariani*, Napoli, 1972, pp. 255-257.

L'epistéme caravaggesca. Conferenza tenuta all'Accademia Nazionale dei Lincei in occasione del Colloquio «Caravaggio e i caravaggeschi», Roma, 12 febbraio 1973.

I significati della luce nell'Angelico. Conferenza tenuta al Centro Internazionale d'Arte della Fondazione Esperienza, Roma, Piazza della Minerva, 19 febbraio 1973.

Discorso per Manzù. In occasione della inaugurazione della mostra «Manzù a Bergamo», 25 aprile 1977. (Pubblicato in «L'Approdo Letterario», Eri Edizioni Rai Radiotelevisione Italiana, Roma, dicembre 1977, pp. 10-18, e in *Scritti sull'Arte contemporanea* II, 1979).

Lettura dell'architettura cistercense. Prolusione alle «Giornate di studio» dell'Istituto di Storia dell'Arte dell'Università di Roma, 17-21 maggio 1977. (Pubblicato in *I Cistercensi e il Lazio*, Multigrafica Editrice, Roma, 1978, pp. 1-9). (Riedito in *Tra Medioevo e Rinascimento*, 2006).

Il Duomo di Siena e il Duomo di Orvieto. Conferenza tenuta alla British Academy di Londra, novembre 1977. Pubblicato in «Palladio», a. XXVIII, f. ¼, 1979, pp. 7-22. (Riedito in *Tra Medioevo e Rinascimento*, 2006).

Il giardino di Pietra. «Atti del Simposio sull'architettura di Noto», 1977, a cura di Corrado Fianchino, EPT, Siracusa 1979, pp. 77-88.

La fine dell'avanguardia, «Ulisse / I Problemi di Ulisse», ed. Sansoni, Firenze, maggio 1978, pp. 101-104. (Riedito con il titolo *Ancora la fine dell'avanguardia*, in *Scritti sull'arte contemporanea* II, 1979).

L'ultimo Burri. Conferenza tenuta in occasione della mostra di Burri al Museo di Capodimonte, Napoli, maggio-settembre 1978. (Pubblicata in «Prospettive nel mondo», Firenze, novembre 1978. Ripubblicata in *Scritti sull'arte contemporanea* II, 1979).

Il principio formale di Giorgione. Comunicazione al Convegno Internazionale di studi per il V centenario della nascita di Giorgione, Castelfranco Veneto, 30 maggio 1978.

Il non-finito nell'ultimo Cézanne. Scritto in occasione della mostra «Cézanne les dernières années (1895-1906)» al Grand Palais di Parigi e pubblicato in *Scritti sull'arte contemporanea* II, 1979; ripubblicato in AA.VV., *Scritti in onore di Giovanni Macchia*, Mondadori, Milano, 1983.

Discorso per i 70 anni di Giacomo Manzù, Roma, Campidoglio, 14 dicembre 1978. Pubblicato in *Giacomo Manzù. Esposizione per le celebrazioni del suo settantesimo anno*, Firenze, Accademia delle Arti del Disegno, Giunti Barbèra, Firenze, 1979.

Cecchi e le arti figurative. Comunicazione al Convegno di studi su Emilio Cecchi, Firenze, Gabinetto G. P. Vieusseux, 28-29 aprile 1979. Pubblicato negli Atti del Convegno.

L'Eneide di Guttuso. Discorso pronunciato in Campidoglio, Roma, 30 aprile 1980. In *Discorsi pronunciati in Campidoglio da Natalino Sapegno e Cesare Brandi il 30 aprile 1980 per la presentazione dell'Eneide tradotta da Filippo Maria Pontani e illustrata da Renato Guttuso*, Edizioni dell'Elefante, Roma [s.a.].

Dal Gotico al Rinascimento: Filippo Brunelleschi. Lezioni, Aracne, Roma 2004, pp. 173, ill.

La scultura italiana del primo Quattrocento: corso monografico dell'anno 1975-76, tenuto dal prof. Cesare Brandi, Aracne, Roma 2004, pp. 221, ill.

Contributi, schede critiche e recensioni
评论与综述方面的贡献

Barna e Giovanni d'Asciano, «La Balzana», n. 2, Siena, 1928, pp. 19-36. (Riedito in *Pittura a Siena nel Trecento*, 1991).

Gli affreschi di Monticiano, con 21 illustrazioni, «Dedalo», Anno XI, Fasc. XI, 1931, pp. 709-734.

Die Verkündigung in S. Pietro a Ovile zu Siena, «Mitteilungen des Kunsthistorischen Institutes in Florenz», III (1919/32), n. 4/5, VI, Januar, 1931, No. 4/5, pp. 322-348.

Affreschi inediti di Pietro Lorenzetti, «L'Arte», XXXIV, Fasc. IV, 1931, pp. 332-347. (Riedito in *Pittura a Siena nel Trecento*, 1991).

A proposito di una felice ricostruzione della celebre Madonna di Guido da Siena, «Bullettino Senese di Storia Patria», Nuova Serie, Anno II, 1931, Fasc. II, pp. 77-80.

Una crocifissione medita di Luca di Tommé a Montepulciano, «Bullettino Senese di Storia Patria», Nuova Serie, Anno II, 1931, Fasc. I, pp. 17-18. (Riedito in *Pittura a Siena nel Trecento*, 1991).

Reintegrazione di Bartolo di Fredi, «Bullettino Senese di Storia Patria», Nuova Serie, Anno II, 1931, Fasc. III, pp. 206-210. (Riedito in *Pittura a Siena nel Trecento*, 1991).

Francesco Vanni, «Art in America», XIX, 1931, pp. 63-85.

An unpublished Reliquary of Francesco di Vannuccio, «Art in America», December 1931, pp. 38 e seg.

Musikanten und Spieler des Rutilio Manetti, «Zeitschrift für Bildende Kunst», II, 1931, pp. 41-45.

Nasini Giuseppe Nicola, Thieme-Becker, *Künstler Lexikon*, Leipzig, vol. XXV, 1931, pp. 348-349.

Nasini Tommaso, Thieme-Becker, *Künstler Lexikon*, Leipzig, vol. XXV, 1931, p. 349.

Nasini Nicola, Thieme-Becker, Künstler Lexikon, *Leipzig*, vol. XXV, 1931, p. 350.

Nastagio di Guasparre, Thieme-Becker, *Künstler Lexikon*, Leipzig, vol. XXV, 1931, p. 351.

Nello di Giacomino, Thieme-Becker, *Künstler Lexikon*, Leipzig, vol. XXV, 1931, p. 387.

Neroni Bartolomeo, Thieme-Becker, *Künstler Lexikon*, Leipzig, vol. XXV, 1931, p. 393.

Niccolò di Buonaccorso, Thieme-Becker, *Künstler Lexikon*, Leipzig, vol, XXV, 1931, p. 431.

Niccolò di Naldo, Thieme-Becker, *Künstler Lexikon*, Leipzig, vol. XXV, 1931, pp. 435-436.

Niccolò da Siena, Thieme-Becker, *Künstler Lexikon*, Leipzig, vol. XXV, 1931, p. 439.

Minor Simonesque Master, di C. H. Weigeit, «Bullettino Senese di Storia Patria», 1931, III, pp. 245-246. (Recensione).

La pittura senese del'300, di C. H. Weigeit, «Bullettino Senese di Storia Patria», 1931, I, pp. 55-57. (Recensione).

Ugolino Lorenzetti e il Maestro di Ovile, di A. Péter, «Bullettino Senese di Storia Patria», 1931, III, pp. 346-347. (Recensione).

Cronaca Bibliografica - Arte: B. Berenson, *Quadri senza casa. Il Quattrocento Senese*, I-II; P. Bacci, *Francesco di Valdambrino*; H. Heydenreich, *Ueber Oreste Vannocci Biringucci*; C. H. Weigelt, *Der Zug zum Kreuz des Giovanni di Paolo*; R. Van Marle, *Ancora quadri senesi;* V. Lazereff, *Duccio and Thirteenth Century Greek Ikons*; E. Berti Toesca, *Due dipinti sconosciuti del Sodoma;* M. Salmi, *Nuove opere di Guido Palmerucci*; R. Van Marle, *I quadri italiani della raccolta del Castello di Rohocz*; E M. Perkins, *Pitture senesi poco conosciute*, «Bullettino Senese di Storia Patria», 1931, II, pp. 248-249, 327-329. (Recensioni).

Ein Polyptychon des Antonio Veneziano, «Mitteilungen des Kunsthistorischen Institutes in Florenz», III (1919/32), Juiy, 1931, n. 6/7, pp. 441-444.

Die sienesische Malerei des vierzehnten Jahrhunderts, di C. H. Weigeit, «Leonardo», 1931, II, pp. 533-534. (Recensione).

Genèse et résurrection de la Pinacothèque de Sienne, «Forme», 1932, XXIII, pp. 234-235.

Pacchia Girolamo, Thieme-Becker, *Künstler Lexikon*, Leipzig, vol. XXVI, 1932, p. 114.

Pacchiarotti Giacomo, Thieme-Becker, *Künstler Lexikon*, Leipzig, vol. XXVI, 1932, pp. 115-116.

Gli ultimi sprazzi del '500 a Siena, di E. Mirolli, «Bullettino Senese di Storia Patria», 1932, II, pp. 210-213. (Recensione).

Cronaca bibliografica: H. Voss, *L'Opera giovanile di Rutilio Manetti*; C. Ricci, *Di alcuni dipinti di Vincenzo Tamagni*; P. della Pergola, *Frammenti di una predella del Sodoma in Ungheria*, «Bullettino Senese di Storia Patria», 1932, III, pp. 223-225. (Recensioni).

Opere sconosciute d'arte Toscana, di U. Procacci, «Bullettino Senese di Storia Patria», 1932, IV, pp. 383-386. (Recensione).

Francesco di Vannuccio e Paolo di Giovanni Fei, «Bullettino Senese di Storia Patria», 1933, I, pp. 25-42.

Una Madonna del 1262 ed ancora il problema di Guido da Siena, «L'Arte», XXXVI,1933, Fasc. I, pp. 3-13.

La réorganisation de la Pinacothèque de Sienne, «L'Art et les artistes», n. 133, Janvier 1933, pp. 109-115.

Saper vedere, di Matteo Marangoni, «Il Convegno», n. 6-7, 25 settembre 1933, pp. 216-221. (Recensione).

Pisani Giovanni Paolo, Thieme-Becker, *Künstler Lexikon*, Leipzig, vol. XX¬VII, 1933, pp. 93-94.

Disegni inediti di Domenico Beccafumi, «Bollettino d'arte», XXVII, 1934, pp. 350-369.

Disegni inediti di Francesco di Giorgio, «L'Arte», XXXVII, 1934, Fasc. I, pp. 45-47. (Riedito in *Tra Medioevo e Rinascimento*, 2006).

Ricostruzione di un'opera giovanile di Giovanni di Paolo, «L'Arte», XXVII, 1934, Fasc. VI, pp. 462-481.

Die Stilentwicklung des Simone Martini, «Pantheon», 1934, 8 August, München, App. 225-230.

Nuovi affreschi bolognesi del Trecento nella Pinacoteca di Bologna, «Bollettino d'arte», XXVIII, 1935, pp. 364-376.

Officina ferrarese, «L'Italia letteraria», n. 40, 6 ottobre 1935. (Recensione).

Mostra del Correggio (disegni), Catalogo, Parma, Officina Grafica Gresching, 1935.

Per Domenico Beccafumi, «La Critica d'Arte», I, 1935-1936, pp. 281-282.

The First Version of Filippo Lippi's Assumption, «The Burlington Magazine», LXVII, 1935, pp. 30-35.

Italienische Ausstellungen, 1935: I. *Ausstellung der Rimineser Malerei in Trecento*; II. *Die Correggio-Ausstellung zu Parma*, «Pantheon», 1935, 9 September, München, pp. 295-299.

Die Ausstellung des Settecento in Bologna, «Pantheon», 1935, 10 Oktober, p. 348.

Un «Cenacolo» di Vitale scoperto nel Convento di San Francesco a Bologna, «Bollettino d'arte», XXIX, 1936, pp. 448-457.

Il crocifisso di Giunta Pisano in S. Domenico a Bologna, «L'Arte», XXXIX, 1936, pp. 7 1-91.

Aggiunta alle conclusioni su alcuni discussi problemi della pittura riminese del Trecento, «La Critica d'Arte», II, 1937, pp. 143-144.

La cappella rupestre del Monte Paradiso, Memorie, pubblicate a cura dell'Istituto Storico Archeologico F.E.R.T. e della Regia Deputazione di Storia Patria per Rodi, vol. III, 1938, pp. 9-18.

Il Carrà di Longhi, «Meridiano di Roma», n. 33, Roma, 14 agosto 1938, p. III. (Recensione).

Su alcuni giovani. Afro, Mafai; Manzù, Mirko, «Le Arti», febbraio-marzo 1939, pp. 287-293. (Riedito in *Scritti sull'arte contemporanea*, 1976).

Maccari, «Le Arti», febbraio-marzo 1939, pp. 300-302.

La carta della scuola, «Le Arti», Fasc. IV, aprile-maggio 1939, pp. 287-293.

De Chirico metafisico al «Milione», «Le Arti», dicembre-gennaio 1939-1940, pp. 118-121. (Riedito in *Scritti sull'arte contemporanea*, 1976).

Mafai all'Arcobaleno, «Le Arti», II, 1939, p. 44.

La mostra del paesaggio italiano a Bergamo, «Le Arti», II, 1939, p. 43.

Lettera alla redazione, «La Critica d'Arte», IV, 1939, p. 32.

L'Italia all'esposizione di San Francisco, «Panorama», I, 1939, pp. 66-67.

Le Mostre degli antichi capolavori italiani a Chicago e a New York, «Le Arti», aprile-maggio 1940, pp. 272-274.

Disegni di Fontana, «Le Arti», ottobre-novembre 1940, p. 62.

Le scene, «Le Arti», dicembre 1940-gennaio 1941, pp. 127-128. (Recensione delle scene di Orfeo Tamburi per il balletto *La camera dei disegni* di Casella e di quelle di Renato Guttuso per la *Histoire du soldat di Strawinsky*).

Su AlvaroPirez, Relazioni storiche fra l'Italia e il Portogallo, Roma, Reale Accademia d'Italia, 1940.

Una Mostra di Manzù, «Le Arti», febbraio-marzo 1941, pp. 202-204.

Ultimo Tosi, «Le Arti», aprile-maggio 1941, pp. 279-280.

Sul Crocefisso di Sant'Alberto, «Le Arti», aprile-maggio 1941, pp. 273 -274.

Modelli nello studio di Mafai, «Primato», I, 1942, p. 32.

Morandi incisore, «Comunità», 6 ottobre 1946, Roma, p. 12. (Riedito in *Morandi lungo il cammino*, Rizzoli, Milano, 1970).

Péleo Bacci, «Bollettino d'arte», gennaio-marzo 1950, pp. 52-53.

Morandi Early Development, «Mandrake», London, vol. II, December 1949-April 1951, pp. 40-45.

Esquisse de la peinture moderne, «L'Age Nouveau», nn. 63-64-65, 1951, Paris, pp. 161-168.

L'ultimo Picasso, «Nuovi Argomenti», 5, 1953, Roma, pp. 148-164.

Picasso fra due epoche, «La Biennale di Venezia», nn. 13-14, 1953, pp. 23-26.

Cimabue e Duccio, «Epoca», VII, 1955, pp. 49-66.

Rococò e barocchetto, «L'Architettura», 2, 1955, pp. 217-223.

Il problema delle esposizioni, «Ulisse / I Problemi di Ulisse», Fasc. XXVII, Sansoni, Firenze, 1957, pp. 1383-1391.

Nota sulla via Appia, «Italia Nostra», I, 1957, p. 3.

Umor nero per Rembrandt, «Palatina», III, 1959, Parma, pp. 23-26.

Appunti per un ritratto di Morandi, «Palatina», IV, 1960, Parma, pp. 36-45. (Riedito in Ritratto di *Morandi*, All'insegna del pesce d'oro, Milano 1960; *Morandi lungo il cammino*, Rizzoli, Milano, 1970; *Scritti sull'arte contemporanea*, 1976; *Morandi*,1990).

L'Arte e lo Sport, «L'Approdo Letterario», luglio-settembre 1960, Eri Edizioni Rai Radiotelevisione Italiana, Roma, pp. 95-96.

Una mostra di Manzù a St. Gallen, «Segnacolo», luglio-agosto 1960, Bologna, pp. 44-46.

Il Maestro del Paliotto di S. Giovanni Battista a Siena, in AA.VV., *Scritti di Storia dell'Arte in onore di Mario Salmi*, vol. I, De Luca, Roma, 1961, pp. 351-361. (Riedito in *Pittura a Siena nel Trecento*, 1991).

Una sinopia di Simone Martini, in AA.VV., *Scritti di Storia dell'Arte in onore di Roberto Longhi, Arte antica e moderna*, Sansoni, Firenze, 1961, pp. 17-20. (Riedito in *Pittura a Siena nel Trecento*, 1991).

Raffaello e Bramante, «L'Approdo Letterario», 14/15, 1961, Eri Edizioni Rai Radiotelevisione Italiana, Roma, pp. 129-132.

I viaggi politici delle opere d'arte, «Italia Nostra», ottobre-dicembre 1962, pp. 1-3.

Significato dell'informale, «Arte e cultura contemporanee», Sansoni, Firenze, 1964, pp. 653 -675.

Pienza e Manzù, «L'Approdo Letterario», marzo 1974, Eri Edizioni Rai Radiotelevisione Italiana, Roma, pp. 52-54. (Riedito in *Aria di Siena*, 1987, 2006).

La situazione archeologica, «Ulisse / I Problemi di Ulisse», Fasc. LVII, aprile 1966, Sansoni, Firenze, pp. 9-15 (numero su *L'avvenire dell'archeologia*).

[Contributo], in *Arte popolare moderna*, Cappelli, Bologna 1968, pp. 119-120. Intervento tenuto al XV Convegno Internazionale Artisti, Critici e Studiosi d'Arte, sul tema «Arte popolare moderna», in concomitanza con il II Colloquio Internazionale di Estetica sperimentale (16-19 settembre 1966, Rimini, S. Marino, Verucchio, Cattolica, Ferrara).

Soluzioni politiche e non tecnocratiche per i beni culturali. Relazione introduttiva al XII Congresso di «Italia Nostra», Roma, febbraio 1969. (Pubblicata in «Cronache parlamentari siciliane», Palermo, 2,1969, pp. 151-154).

Commissione Franceschini Commissione Papaldo: anno zero, «Futuribili», 30-31, gennaio-febbraio 1971, Roma, pp. 44-52. (Riedito in *Il patrimonio insidiato*, 2001, con il titolo *Anno zero*).

Un candelabro dipinto da Lippo Vanni, «Abegg-Stiftung», Bern, 1975, p. 17. (Riedito in *Pittura a Siena nel Trecento*, 1991).

Jacopo della Quercia, Catalogo della mostra *Jacopo della Quercia nell'arte del suo tempo*, Siena, Palazzo Pubblico, 24 maggio – 12 ottobre 1975, Centro Di, Firenze 1975, pp. 10-14. (Riedito in *Tra Medioevo e Rinascimento*, 2006).

A Gentile da Fabriano at Athens, «The Burlington Magazine», June 1978, pp. 385-386.

Modiglioni Amedeo, Enciclopedia Universale Unedi, volume IX, Milano (già pubblicato in *Scritti sull'arte contemporanea*, 1976).

Morandi Giorgio, Enciclopedia Universale Unedi, volume IX, Milano.

Presentazioni di libri
为各种著作所作的序言

Le Ville di Palermo. Testo di Gioacchino Lanza Tomasi. Introduzione di Cesare Brandi, Edizioni «Il Punto», Palermo, 1965.

Piazze d'Italia. Introduzione di Cesare Brandi. Saggio storico-urbanistico di Franco Mancuso, Touring Club Italiano, Milano, 1971. (Riedito *in Terre d'Italia*, 1991, 2006).

Tuscania. Cultura ed espressione artistica di un centro medievale. Testo di Ioselita Serra Raspi. Presentazione di Cesare Brandi, Banco di Santo Spirito e ERI, 1971.

Villa Madama. Testo di R. Lefevre. Introduzione di Cesare Brandi, Editalia, Roma, 1973.

Giacomo della Porta, un architetto tra Manierismo e Barocco. Testo di Valeriano Tiberia, con una nota di Cesare Brandi, Bulzoni, Roma, 1974.

Funzione militare, architettura e urbanistica dell'Ottocento a La Spezia. Testo di Amelio Fama. Presentazione di Cesare Brandi, Banca Toscana, Firenze, 1975.

Pascali. Testo di Vittorio Rubiu. Presentazione di Cesare Brandi, De Luca, Roma, 1976.

Palazzi di Lecce. Testo di Michele Paone. Presentazione di Cesare Brandi, Congedo Editore, Lecce, 1979.

Palazzo Pubblico di Siena. Vicende costruttive e decorazione. A cura di Cesare Brandi, Monte dei Paschi di Siena, 1983.

La Puglia. A cura di Francesco Varzi. Presentazione di Cesare Brandi, Editalia, Roma, 1983.

Spoleto. Argomenti di storia urbana. A cura di Guglielmo De Angelis D'Ossat e Bruno Toscano. Presentazione di Cesare Brandi, Banca Popolare di Spoleto, 1985. (*Riedito in Terre d'Italia*, 1991, 2006, con il titolo *Immagine di Spoleto*).

Perugia, in Perugia. Immagini del XIX secolo dagli Archivi Alinari. Con uno scritto di Cesare Brandi, Fratelli Alinari Editrice, Firenze, 1985. (Riedito in *Terre d'Italia*,1991, 2006).

Puglia, in Puglia. Immagini del XIX secolo dagli Archivi Alinari. Con uno scritto di Cesare Brandi, Fratelli Alinari Editrice, Firenze, 1985. (Riedito in *Terre d'Italia*,1991, 2006).

Presentazioni di mostre
为各种展览所作的序言

Toti Scialoja, Società Amici dell'Arte, Torino, 8-23 marzo 1941.

«Quattro artisti fuori strada». Ciarrocchi - Sadun - Scialoja - Stradone, Galleria del Secolo, Roma, marzo 1947. (Riedito in *Scritti sull'arte contemporanea*, 1976).

Toti Scialoja, Galleria dei Barberi, Roma, maggio 1951.

Giacomo Manzù. Catalogo della XXVIII Biennale di Venezia, 1956.

Burri, Galleria Marlborough, Roma, dicembre 1962 - gennaio 1963.

Afro, Catherine Viviano Gallery, New York, February 26 - March 23, 1963.

Giacomo Manzù. Catalogo della XXXII Biennale di Venezia, 1964.

Premio Marzotto. Mostra di pittura contemporanea comunità europea, Valdagno 1964.

Augusto Perez. Catalogo della XXXIII Biennale di Venezia, 1966.

Pascali, Galleria Alexandre Iolas, Milano, novembre 1967. (Riedito in *Scritti sull'arte contemporanea*, 1976).

Mostra di Filippo Paladini. Catalogo a cura di Maria Grazia Paolini e Dante Bernini. Saggio introduttivo di Cesare Brandi, Palazzo dei Normanni, Palermo, maggio-settembre 1967.

Terza Rassegna d'Arte del Mezzogiorno. Sculture a Palazzo Reale, Napoli, 28 dicembre 1967 - 28 gennaio 1968.

Morandi, Galerie Krugier, Genève, Octobre 1968.

Mario Ceroli, Palais des Beaux-Arts, Bruxelles, 1969.

Afro, Galleria Editalia «Qui Arte Contemporanea», Roma, 14 marzo - 14 aprile 1973. (Riedito in *Scritti sull'arte contemporanea*, 1976).

Giorgio Morandi, Galleria Nazionale d'Arte Moderna, Roma, 18 maggio - 22 luglio 1973. (Riedito in *Morandi*, 1990).

Alberto Burri. Opere Grafiche, Galleria 2RC, Roma, 1973. (Riedito in *Scritti sull'arte contemporanea*, 1976).

Perù Precolombiano, Istituto Italo-Latino Americano, Roma, 1975/76.

Sadun, Ente Premi Roma, Palazzo Barberini, dicembre 1976 - gennaio 1977.

L'oro degli Sciti, Palazzo Ducale, Venezia, settembre-novembre 1977.

Giacomo Manzù. Il Muro dell'Odissea, Studio d'Arte A2, Roma, dicembre 1977. (Ripubblicati in *Scritti sull'arte contemporanea* II, 1979).

Rutilio Manetti. Catalogo a cura di Alessandro Bagnoli. Prefazione di Cesare Brandi, Palazzo Pubblico, Siena, 15 giugno - 15 ottobre 1978.

Immagini del vecchio Minturno. Disegni di Franco Cardillo, Azienda Autonoma Soggiorno e Turismo, Minturno, luglio 1978.

Renato Guttuso, Marlborough Fine Arts, London, 1-24 March 1979. (Riedito in *Scritti sull'arte contemporanea* II, 1979).

La collezione Burri a Palazzo Albizzini, in «Collezione Burri», Fondazione Palazzo Albizzini, Città di Castello 1981.

Adamo ed Eva di Mario Sironi, L'Attico Esse Arte, Roma, 1981.

Roma Amor (Scipione, Mafai, Stradone, Omiccioli, Ciarrocchi, Francalancia, Gentilini, Guttuso, Liveri, Donghi). Con un testo di Cesare Brandi, L'Attico Esse Arte, Roma, 1981.

Stradone (Roma 1947 di Cesare Brandi), L'Attico Esse Arte, Roma, 1982.

Carlo Quaglia. Presentation de Cesare Brandi et Vittorio Rubiu, Musée de l'Athénée, Genève, 1982.

Piero Sadun. La materia e il segno (Ricordo di Piero di Cesare Brandi), Galleria La Salita, Roma, 1982.

Dialoghi nell'arte. Presentazione di Cesare Brandi, Palazzo Ducale di Gubbio, 1984.

Giacomo Manzù (Manzù a Firenze di Cesare Brandi), Villa del Poggio Imperiale, Firenze, 1986. Cantini Edizioni d'Arte, Firenze.

Saggi e contributi su: estetica, viaggi, restauro, radio e TV, varie
在美学、旅行、修复、电台与电视以及其他方面所写文章与贡献

Opere di estetica
美学著作

Dialoghi di Elicona I. Carmine o della pittura, Enrico Scialoja Editore, Roma, 1945, pp. 284; seconda edizione, Vallecchi, Firenze, 1947, pp. 328 (con due saggi su Duccio e Picasso), 25 ill.; terza edizione, Einaudi, Torino, 1962, pp. 221, 5 tavv. a colori, 70 ill.; quarta edizione, Editori Riuniti, Roma, 1992, pp. LVIII-252. Prefazione di Luigi Russo. *

Dialoghi di Elicona III-IV. Arcadio o della Scultura. Eliante o dell'Architettura, Einaudi, Torino, 1956, pp. 255, 169 ill.; Archadiosì perì glyptikis, Nefeli, Atene, 1983. *

Dialoghi di Elicona II. Celso o della Poesia, Einaudi, Torino, 1957, pp. 336; seconda edizione, Editori Riuniti, Roma, 1991, pp. XXIX-349. Prefazione di Emilio Garroni. *

Segno e immagine, Il Saggiatore, Milano, 1960, pp. 199, 12 tavv. a colori, 24 in bianco e nero; seconda edizione a cura di Luigi Russo, Aesthetica edizioni, Palermo, 1986. *

Le due vie, Laterza, Bari, 1966, pp. 195; Les deux voies de la critique (suivi d'un choix de textes de Cesare Brandi. Introduction et traduction de l'italien par Paul Phiippot. Notes traduites par Thierry Lenain), Marc Vokar Editeur, Bruxelles, 1989, pp. 283. *

Teoria generale della critica, Einaudi, Torino, 1974, pp. 392; prima edizione nei «Reprints» Einaudi, 1975; *Teoria generala a criticii*, Editura Univers, Bucaresti, 1985, pp. 471 (traducere de Mihail B. Costantin); seconda edizione a cura di Massimo Carboni, Editori Riuniti, Roma, 1998, pp. 274. *

Poesie e libri di viaggio
诗歌与游记

Poesie, Giuliani editore, Siena 1935, pp. VI-73. Prefazione di Giuseppe Raimondi.

Voce sola, Edizioni della Cometa, Roma, 1939, pp. 84.

Elegie, Vallecchi, Firenze, 1942, pp. 91.

Viaggio nella Grecia antica, Vallecchi, Firenze, 1954, pp. 148, 34 ill.; seconda edizione ampliata, Editori Riuniti, Roma, 1990, pp. 196; terza edizione, Editori Riuniti, Roma, 2001, pp. 206. Prefazione di Enzo Siciliano. *

Città del deserto, Mondadori, Milano, 1958, pp. 218, 24 ill.; seconda edizione, Editori Riuniti, Roma, 1990, pp. XIV-185. Prefazione di Geno Pampaloni; terza edizione, Editori Riuniti, Roma, 2001, pp. 191. *

Pellegrino di Puglia, Laterza, Bari, 1960, pp. 240, con 78 fotografie di Angelo Ambrosini; seconda edizione, 1977, con 121 fotografie di Enzo Crea; terza edizione, 1979, con disegni originali di Renato Guttuso. *

Verde Nilo, Leonardo da Vinci Editrice, Bari, 1963, pp. 172, 49 ill.; seconda edizione, Editori Riuniti, Roma, 1991, pp. 165; terza edizione, Editori Riuniti, Roma, 2001, pp. 190. Prefazione di Franco Marcoaldi. *

Martina Franca, Guido Le Noci Editore, Milano, 1968, pp. 232, 12 tavv. a colori; seconda edizione, Edizioni del «Gruppo Taranto», Taranto, 1987, pp. 130, 46 il. Con uno scritto d'apertura di Dino Buzzati. *

A passo d'uomo, Bompiani, Milano, 1970, pp. 271. Nuova edizione [con varianti, sostituzioni e inediti], Editori Riuniti, Roma 2004, pp. 224. A cura di Vittorio Rubiu, Prefazione di Elisabetta Rasy. *

Budda sorride, Einaudi, Torino, 1973, pp. 84, 23 ill.; seconda edizione, Editori Riuniti, Roma, 2001, pp. 99. Prefazione di Alberto Arbasino. *

Persia mirabile, Einaudi, Torino, 1978, pp. 129, 23 ill.; seconda edizione, Editori Riuniti, Roma, 2002, pp. 125. Prefazione di Fabio Sargentini. *

Diario cinese, Einaudi, Torino, 1982, pp. 123, 22 ill.; seconda edizione, Editori Riuniti, Roma, 2002, pp. 111. Prefazione di Achille Bonito Oliva. *

Umbria vera, a cura di Vittorio Rubiu, Edizioni della Cometa, Roma, 1986, pp. 123. *

Aria di Siena: i luoghi, gli artisti, i progetti, a cura di Roberto Barzanti, Editori Riuniti, Roma, 1987, pp. 234, 19 ill.. Nuova edizione riveduta e ampliata, Protagon, Siena 2006, pp. 254. *

Sicilia mia, Sellerio, Palermo, 1989, pp. 185. Introduzione di Marcello Carapezza; seconda edizione, 1992. *

Terre d'Italia, Editori Riuniti, Roma, 1991, pp. XII-623, 38 ill. Prefazione di Giulio Carlo Argan. Seconda edizione a cura di Vittorio Rubiu, Prefazione di Vittorio Sgarbi, Bompiani, Milano 2006, pp.XV, 637. *

Viaggi in Oriente, Editori Riuniti, Roma, 1993, pp. XV-163 (comprende ***Budda sorridee Persia mirabile***). Prefazione di Valerio Magrelli.

Così andai al Sud, Alfredo Guida Editore, Napoli, 1998, pp. 125. Prefazione di Raffaele La Capria.

Come un'autobiografia, pagine scelte a cura di Vittorio Rubiu, Edizioni della Cometa, Roma, 1998, pp. 228.

Pellegrino di Puglia. Martina Franca, Editori Riuniti, Roma, 2002, pp. 236. Prefazione di Massimo Onofri. (un capitolo è riedito in *Il restauro*, 1994, 2005, con il titolo *Il campanile di Trani*).

Il Restauro
修复类著述

Teoria del restauro. Lezioni raccolte da Licia Vlad Borrelli, Joselita Raspi Serra, Giovanni Urbani, con bibliografia generale dell'autore, Roma, 1963, Edizioni di Storia e Letteratura, pp. 158, 40 tavv. (Nuova edizione nel 1977, Einaudi, Torino, con l'aggiunta della Carta del restauro del 1972); versione spagnola, Alianza Editorial, Madrid, 1988, 1999, pp. 149 (traduzione di Maria Angeles Toajas Roger); versione rumena, Editura Meridiane, Bucarest, 1996, pp. 227 (traduzione di Ruxandra Balaci, prefazione di Dan Mohanu); versione cèca, Thicà Byzanc, Praga, 2000, pp. 142 (traduzione di Jiři Špaček, prefazione di Jaroslav J. Alt); versione francese, Centre de Monuments nationaux/Monum, Editions du patrimoine, Parigi, 2000, pp. 207 (traduzione di Colette Déroche, prefazione di Georges Brunel); versione greca, Ellenika Grammata, Atene, pp. 223, 17 ill. (traduzione di Ivi Gabrielides, prefazione di Nikos Zias); versione portoghese, Ateliè Editorial, Cotia, Sao Paulo, 2004, (traduzione in portoghese e cura di Beatriz Mugayar Kuehl); versione inglese, Nardini Firenze, 2005, (traduzione in inglese di Cynthia Rockwell; revisione di Dorothy Bell, a cura di Giuseppe Basile). *

L'inaugurazione del R. Istituto Centrale del Restauro, «Le Arti», IV, f. 1, ottobre-novembre 1941, pp. 51-53. (Riedito in Il restauro, 1994, 2005).

I restauri della Basilica Superiore di Assisi, «Le Arti», IV, f. 3, febbraio-marzo 1942, pp. 216-222.

Gli Otto dipinti acquistati dallo Stato per la R. Pinacoteca di Siena restaurati ed esposti presso l'istituto Centrale del Restauro, «Le Arti», IV, f. 5-6, giugno-settembre 1942, pp. 367-371. (Riedito parzialmente in Il restauro, 1994, 2005, con il titolo *La Presentazione al Tempio di Giovanni di Paolo e una mostra di restauri d'arte senese*).

Tre dipinti di Antonello da Messina restaurati ed esposti presso l'istituto Centrale del Restauro, «Le Arti», V, f. 2, dicembre 1942 – gennaio 1943, pp. 90-93. (Le schede sono confluite nella *Mostra dei dipinti di Antonello da Messina*, 1942. Una delle schede è riedita in *Il restauro*, 1994, 2005, con il titolo *Il Trittico di S. Gregorio di Antonello da Messina*).

Mostra dei dipinti di Antonello da Messina, Istituto Centrale del Restauro, Catalogo a cura di Cesare Brandi, Roma, novembre-dicembre, 1942. (Una delle schede è riedita in *Il restauro*, 1994, 2005, con il titolo *L'Annunciazione di Antonello da Messina*).

Mostra dei frammenti ricostruiti di Lorenzo da Viterbo, Ministero della Pubblica Istruzione, Roma, 1946. (Riedito parzialmente in *Il restauro*, 1994, 2005, con il titolo *La ricostruzione degli affreschi di Lorenzo da Viterbo*).

L'Istituto Centrale del Restauro in Roma e la ricostruzione degli affreschi,«Phoebus», 1946, Vol. I, pp. 165-172.

L'Institut Central de la Restauration à Roma, «L'Amour de l'art», XXVI, 1946, pp. 233-236.

Ricomposizione e restauro della Pala del Carmine di Pietro Lorenzetti, «Bollettino d'arte», XXIII, 1948, pp. 68-72.

V Mostra di Restauri, Istituto Centrale del Restauro, Catalogo, Roma, marzo 1948. (Le schede relative alle opere d'arte medioevali e moderne sono di Cesare Brandi; quelle per l'arte classica di Michelangelo Cagiano de Azevedo). (Due delle schede sono riedite in *Il restauro*, 1994, 2005, con il titolo *Il Seppellimento di Santa Lucia del Caravaggio e La Pala Pesaro di Giovanni Bellini*).

Restauro, Enciclopedia Italiana di Scienze, Lettere e Arti. Istituto della Enciclopedia Italiana fondata da Giovanni Treccani, Roma, 1949, pp. 698-701.

VII Mostra di Restauri, Istituto Centrale del Restauro, Catalogo, Roma, marzo 1949. Prefazione di Cesare Brandi.

The Cleaning of Pictures in Relation to Patina, Varnish and Glazes, «The Burlington Magazine», July 1949, pp. 183-188. (Ripubblicata in *Teoria del restauro*, 1963, 1977).

The Restoration of the «Pietà» of Sebastiano del Piombo, «Museum», III, n. 3, pp. 207-219 (anche in francese). (Riedito in italiano in Il restauro, 1994, 2005, con il titolo *Il restauro della Pietà di Sebastiano del Piombo*).

Il fondamento teorico del restauro, «Bollettino dell'Istituto Centrale del Restauro», I, 1950, n. 1, pp. 5-12. Testo della prolusione al corso di Teoria e storia del restauro tenuto presso la Scuola di perfezionamento in Storia dell'arte medievale e moderna dell'Università di Roma, Facoltà di Lettere e Filosofia, anno accademico 1948-49. (Riedito in G. La Monica, Ideologie e prassi del restauro, Palermo 1974; e in *Il restauro*, 1994, 2005). (Riscritto in una diversa versione per la *Teoria del restauro*, 1963, 1977).

Sui problemi dei supporti: telai per dipinti trasportati dalla tavola e per affreschi strappati, «Bollettino dell'Istituto Centrale del Restauro», I, 1950, n. 1, pp. 13-18.

Trasporti di affreschi su cemento e su eternit, «Bollettino dell'Istituto Centrale del Restauro», I, 1950, pp. 18-19.

Il ristabilimento dell'unità potenziale dell'opera d'arte, «Bollettino dell'Istituto Centrale del Restauro», 1950, n. 2, pp. 3-9. (Ripubblicato in *Teoria del restauro*, 1963, 1977).

Postilla al restauro della Pala del Bellini di Pesaro e del Gozzoli del 1456 della Pinacoteca di Perugia, «Bollettino dell'Istituto Centrale del Restauro», 1950, n. 2, pp. 57-62.

Nota sui marmi del Partenone, «Bollettino dell'Istituto Centrale del Restauro», 1950, n. 3-4, pp. 3-8.

Some Factual Observation about Varnishes and Glazes, «Bollettino dell'Istituto Centrale del Restauro», 1950, n. 3-4, pp. 9-29. (Ripubblicato in *Teoria del restauro*, 1963, 1977).

The Weayer Report on the Cleaning of Pictures in the National Gallery, di I. R. H. Weayer, G. D. Stout, P. Coremans, «Bollettino dell'Istituto Centrale del Restauro», 1950, n. 3-4, pp. 145-148. (Recensione).

Il restauro della Madonna di Coppo di Marcovaldo nella Chiesa dei Servi di Siena, «Bollettino d'arte», XXXV, 1950, pp. 160-170. (Riedito in Il restauro, 1994, 2005).

Principes de la restauration des oeuvres d'art, «L'Amour de l'art», XXX, 1950, pp. 21-26.

Sugli intonaci del Partenone, «Bollettino dell'Istituto Centrale del Restauro», 1951, n. 5-6, p. 3.

Il restauro dell'«Adoration de l'Agneau Mystique» di Van Eyck, «Bollettino dell'Istituto Centrale del Restauro», n. 5-6, 1951, pp. 9-14.

Sui supporti rigidi per il trasporto degli affreschi, «Bollettino dell'Istituto Centrale del Restauro», n. 5-6, 1951, pp. 15-17.

Restauri caravaggeschi per la Sicilia, «Bollettino dell'Istituto Centrale del Restauro», n. 5-6, 195 1, pp. 61-62.

Inchiesta sull'uso della cera nel restauro, «Bollettino dell'Istituto Centrale del Restauro», n. 7-8, 1951, p. 3.

Consulenza dell'Istituto all'Estero, «Bollettino dell'Istituto Centrale del Restauro», n. 7-8, 1951, pp. 101-103.

Relazioni sul restauro della Madonna di Guido da Siena, «Bollettino d'arte», XXXVI, 1951, pp. 248-260.

Relazione sui dipinti murali di Mattia Preti nella Chiesa di San Giovanni a La Valletta, Malta, «Bollettino dell'Istituto Centrale del Restauro», n. 9-10, 1952, pp. 3-7.

Relazione sullo stato di conservazione e sulle provvidenze di restauro della Decollazione del Battista del Caravaggio in San Giovanni a La Valletta, «Bollettino dell'Istituto Centrale del Restauro», n. 11-12, 1952, pp. 19-21.

Il restauro dell'opera d'arte secondo l'istanza della storicità, «Bollettino dell'Istituto Centrale del Restauro», n. 11-12, 1952, pp. 115-119. (Ripubblicato in *Teoria del restauro*, 1963, 1977).

The Restoration of the St. John Lateran Fresco, «The Burlington Magazine», 1952, p. 218.

Il restauro dell'opera d'arte secondo l'istanza estetica e dell'artisticità, «Bollettino dell'Istituto Centrale del Restauro», n. 13, 1953, pp. 3-8. (Ripubblicato in *Teoria del restauro*, 1963, 1977).

Mostra di dipinti restaurati. Angelico, Piero della Francesca, Antonello da Messina, Istituto Centrale del Restauro, Roma, Palazzo Venezia, marzo 1953. Catalogo.

Sainte Sophie d'Ochrida. La conservation et la restauration dell'édifice et de ses fresques, «Musées et Monuments», IV, 1953, p. 27.

Riguardo all'inchiesta sull'uso della cera nel restauro, «Bollettino dell'Istituto Centrale del Restauro», n. 17-18, 1954, p. 3.

Restauri a Piero della Francesca, «Bollettino dell'Istituto Centrale del Restauro», n. 17-18, 1954, pp. 87-97, e «Bollettino d'arte», XXXIX, 1954, pp. 241-258. (Riedito in *Il restauro*, 1994, 2005).

Breve appendice, «Bollettino dell'Istituto Centrale del Restauro», n. 17-18, 1954, p. 99.

Il restauro e l'interpretazione dell'opera d'arte, «Annali della Scuola Normale Superiore di Pisa», XXIII, 1954, pp. 90-100.

L'Institut Central pour la restauration d'oeuvres d'art à Roma, «Gazette des Beaux-Arts», I, 1954, pp. 41-52.

Chiarimenti sul «Buon Governo» di Ambrogio Lorenzetti, «Bollettino dell'Istituto Centrale del Restauro», n. 21-22, 1955, pp. 3-10, e «Bollettino d'arte», XL, 1955, pp. 119-123.

Note sulle tecniche dei mosaici parietali in relazione al restauro e alle datazioni,«Bollettino dell'Istituto Centrale del Restauro», n. 25-26, 1956, pp. 3-9.

Cosa debba intendersi per restauro preventivo, «Bollettino dell'Istituto Centrale del Restauro», n. 27-28, 1956, pp. 87-92. (Ripubblicata in *Teoria del restauro*, 1963, 1977).

Archeologia siciliana, «Bollettino dell'Istituto Centrale del Restauro», n. 27-28, 1957, pp. 93-100. (Riedito in *Il restauro*, 1994, 2005).

Il discusso restauro del San Domenico di Siena, «Bollettino dell'Istituto Centrale del Restauro», n. 29-30, 1957, pp. 3-10. (Riedito in *Aria di Siena*, 1987, 2006; e in *Il restauro*, 1994, 2005).

Gli affreschi della cripta di San Lorenzo a S. Vincenzo al Volturno, «Bollettino dell'Istituto Centrale del Restauro», n. 31-32, 1957, pp. 93-96.

Il restauro, «Ulisse / I Problemi di Ulisse», XXVII, 1957, pp. 1383-1391.

Il restauro della pittura antica. Comunicazione tenuta al VII Congresso Internazionale di Archeologia classica, Roma-Napoli, settembre 1958. Pubblicata in «Bollettino dell'Istituto Centrale del Restauro», n. 33, 1958, pp. 3-8. (Ripubblicata in *Teoria del restauro*, 1963, 1977).

Il deperimento degli affreschi nella Basilica di S. Francesco, «Fede e Arte», 12, 1958, pp. 453-455.

Due Pietà di Luca Cambiaso, «Bollettino dell'Istituto Centrale del Restauro», n. 34-35, 1958, p. 117.

Togliere o conservare le cornici come problema di restauro, «Bollettino dell'Istituto Centrale del Restauro», n. 36, 1958, pp. 143-148. (Ripubblicata in *Teoria del restauro*, 1963, 1977).

Schede di restauro, «Bollettino dell'Istituto Centrale del Restauro», n. 36, 1958, pp. 197-202.

Falsificazione, Enciclopedia Universale dell'Arte, Vol. V, Istituto per la collaborazione culturale, Venezia-Roma, Sansoni, Firenze 1958, pp. 312-315.

Restauri inutili, restauri dannosi, «Italia Nostra», II, 1958, pp. 1-2.

Restauro della «Maestà» di Duccio, «Bollettino dell'Istituto Centrale del Restauro», n. 37-40, 1959, pp. 7-13.

Il trattamento delle lacune e la Gestaltpsychologie. Acts of the 20th International Congress of the History of Art, New York, September 1961, pp. 146-151. (Ripubblicata in *Teoria del restauro*, 1963, 1977).

Restauro, in Enciclopedia Universale dell'Arte, Vol. XI, Istituto per la collaborazione culturale, Venezia-Roma, Sansoni, Firenze, 1963, pp. 322-332. (Riedito in *Il restauro*, 1994, 2005, con il titolo *Il restauro*).

Museografia, Mostre e Restauro, in Atti del Convegno tra Soci Lincei sui tema: *Problemi della tutela del patrimonio artistico, storico, bibliografico e paesistico*, Roma, Accademia Nazionale dei Lincei, 1970, pp. 77-92.

Restauro e indagini scientifiche, in Congresso internazionale Applicazione dei metodi nucleari nel campo delle opere d'arte (Roma-Venezia, 24-29 maggio 1973), Atti dei convegni lincei 11, Accademia Nazionale dei Lincei, Roma 1976. (Riedito in *Il restauro*, 1994, 2005).

Il Chiostro di Cefalù. «Atti della tavola rotonda sul Duomo di Cefalù», Cefalù, 30-31 agosto 1977. (Riedito in *Il patrimonio insidiato*, 2001).

Restauro, voce in *Enciclopedia Italiana di Scienze, Lettere e Arti*, Istituto della Enciclopedia Italiana fondata da Giovanni Treccani, Roma 1981, *IV Appendice 1961-1978*, vol. PL-Z, pp. 210-211.

Argan e il restauro, in Il pensiero critico di Giulio Carlo Argan, ("Studi in onore di Giulio Carlo Argan", vol. III), Multigrafica, Roma 1985, pp. 33-36. (Riedito parzialmente in *Il restauro*, 1994, 2005).

[*Intonaci, colore e coloriture nell'edilizia storica*], prolusione a *Intonaci colore e coloriture nell'edilizia storica*, atti del convegno di studi (Roma, 25-27 ottobre 1984), «Bollettino d'arte», Supplemento al n. 35-36, Istituto poligrafico e Zecca dello Stato - Libreria dello Stato, Roma 1986, parte I, pp. 6-8. (Riedito in *Il restauro*, 1994, 2005).

Il restauro. Teoria e pratica, a cura di Michele Cordaro, Editori Riuniti, Roma, 1994, pp. XXXVIII-337, 40 tavv. in bianco e nero; seconda edizione 1996. Riedizione con una postfazione di Giuseppe Basile, Editori Riuniti, Roma 2005. *

In situ. La Tuscia 1946-1979; restauri, interventi, ricordi, a cura di Paolo Antinucci, Edizioni Sette Città, Viterbo, 1996, pp. 186, 16 tavv. a colori.

Il patrimonio insidiato. Scritti sulla tutela del paesaggio e dell'arte, a cura di Massimiliano Capati, Editori Riuniti, Roma, 2001, pp. 487.

RAI. Terzo Programma
为意大利广播电视公司 3 频道所撰稿件 [1]

Il piano regolatore di Bologna, 1956. Rai - Terzo programma. (Pubblicato in *Il patrimonio insidiato*, 2001, con il titolo Bologna 1956).

I Castelli del Parmense, 1956. Rai - Terzo programma.

Urbanistica in Leptis Magna, 1956. Rai - Terzo programma.

Urbanistica delle autostrade, 1956. Rai - Terzo programma. (Pubblicato in *Il patrimonio insidiato*, 2001).

Ancora e sempre del vecchio e del nuovo nelle antiche città italiane, 1956. Rai - Terzo programma. (Pubblicato in *Il patrimonio insidiato*, 2001).

«Italia Nostra» a difesa dei Centri urbani, 1956. Rai - Terzo programma.

Architettura dell'Ottocento, 1957. Rai - Terzo programma.

Archeologia Siciliana, 1957. Rai - Terzo programma. (Pubblicato in «Bollettino dell'Istituto Centrale del Restauro», 27-28, 1956, pp. 93-100).

Il discusso restauro del San Domenico di Siena, 1957. Rai - Terzo programma. (Pubblicato in «Bollettino dell'Istituto Centrale del Restauro», 29-30, 1957, pp. 3-10).

L'Autostrada del Sole e il Piano regolatore di Siena, 1957. Rai - Terzo programma. (Pubblicato in *Aria di Siena*, 1987, 2006; riedito in *Il patrimonio insidiato*, 2001, con il titolo *Siena 1957*).

Il problema delle esposizioni; 1957. Rai - Terzo programma. (Pubblicato in «Ulisse / I Problemi di Ulisse», XXVII, 1957, pp. 1383-1391). (Riedito in *Il patrimonio insidiato*,2001).

Quando un artista muore. Ottone Rosai, 1957. Rai - Terzo programma.

L'esposizione della Collezione Cavellini alla Galleria Nazionale d'Arte Moderna, 1957. Rai - Terzo programma.

Il Piano regolatore di Firenze e il quartiere di Sorgane, 1957. Rai - Terzo programma. (Pubblicato in *Il patrimonio insidiato*, 2001, con il titolo *La questione di Sorgane a Firenze*).

Una mostra di affreschi staccati a Firenze, 1957. Rai - Terzo programma.

Si è inaugurato a Firenze il nuovo ponte dedicato ad Amerigo Vespucci. Ricordo di Fernanda Wittgens. Arte dal Sec. XI al Sec. XVII a Rieti, 1958. Rai - Terzo programma. (*Si è inaugurato a Firenze il nuovo ponte dedicato ad Amerigo Vespucciè* pubblicato in Il patrimonio insidiato, 2001, con il titolo *Il ponte Vespucci a Firenze*).

I dipinti della collezione Solomon R. Guggenheim alla Galleria Nazionale d'Arte Moderna. Arte tedesca dal 1905 ad oggi al Palazzo delle Esposizioni, 1958. Rai - Terzo programma.

Le vedute napoletane della raccolta Lemmerman a Palazzo Reale. Sulle mostre di scultura all'aperto, 1958. Rai - Terzo programma.

I ritrovamenti archeologici della Sperlonga. Europa 1907. La ricostruzione di Rotterdam, 1958. Rai - Terzo programma.

La mostra d'arte sacra a Lucca. Una mostra di Arp a Roma. A Giorgio Morandi il premio internazionale di pittura della Biennale di San Paolo, 1958. Rai - Terzo programma.

Il recupero delle pitture murali, 1958. Rai - Terzo programma.

La ricostruzione del ponte a Santa Trinità. Il padiglione del restauro all'Esposizione Internazionale di Bruxelles. Seicento napoletano a Palazzo Barberini, 1958. Rai - Terzo programma.

La morte di Rouault e di Spazzapan. La raffineria di Castello. Pollock, 1958. Rai - Terzo programma. (*La raffineria di Castello* è pubblicato in *Il patrimonio insidiato*,2001).

50 anni di arte moderna all'Esposizione di Bruxelles. Giovani artisti italiani a Milano. Tre mostre a Roma, 1958. Rai - Terzo programma.

La XXIX Biennale di Venezia. Gli stranieri alla Biennale, 1958. Rai - Terzo programma.

Il nuovo piano regolatore di Roma. 96 acquerelli di Pinelli. La mostra commemorativa di Roberto Meli alla Galleria Nazionale d'Arte Moderna, 1958. Rai - Terzo programma. (*Il nuovo piano regolatore di Roma* è pubblicato in *Il patrimonio insidiato*, 2001, con il titolo Roma 1958).

Il Decennale della Costituzione. La mostra di Arnoldo Ciarrocchi. La Tomba degli Atleti o delle Olimpiadi a Tarquinia. La mostra della Messa degli Artisti, 1958. Rai - Terzo programma.

Mostre romane: Braque ai Premi Roma. Tesori dell'Arte Giapponese a Palazzo Venezia. Michael Sweerts e i Bambocciauti a Palazzetto Venezia, 1958. Rai - Terzo programma.

La donazione De Ciccio a Capodimonte. Due restauri: la Madonna della Clemenza e la Tomba detta delle Olimpiadi, 1958. Rai - Terzo programma.

Umor nero per Rembrandt, 1958. Rai - Terzo programma. (Pubblicato in «Palatina», III, 1959, Parma, pp. 23-26).

70 disegni del Borromini alla Farnesina. La mostra del kimono giapponese a Palazzo Venezia, 1958. Rai - Terzo programma.

Genesi del Rinascimento figurativo, Rai - Terzo programma. «Quaderni del Terzo Programma della Rai», 3, 1961, pp. 205-211.

La crisi del Rinascimento, Rai - Terzo programma. «Quaderni del Terzo Programma della Rai», 3, 1961, pp. 263-270.

Note di viaggio: le isole italiane. 1. Pantelleria. 2. Motya. 3. Ponza. 4. Procida. Rai - Terzo programma. «Quaderni trimestrali», 4, 1964, pp. 225-239. (Riedito con varianti in *A passo d'uomo*, 1970; e in *Terre d'Italia*, 1991, 2006).

Viaggio in Grecia, Rai - Terzo programma. «Quaderni trimestrali», 4, 1965, 313-326. (Riedito in *Viaggio nella Grecia antica*, 1990; e in *Il restauro*, 1994, 2005, con il titolo *I restauri dell'Agorà di Atene*).

Film, programmi e documentari tv
为电影、广播电视节目和纪录片所撰稿件

Donatello in Italia, Documentario Rai-Tv. Regia di Giorgio Ponti. Testo di Cesare Brandi, 1966.

«Ritratto d'autore». Afro - Burri - Capogrossi, Programma Rai-Tv a cura di Franco Simongini. Testo di Cesare Brandi, 1972. (Pubblicato in «L'Approdo Letterario», 61, 1973, pp. 100-104).

Alberto Burri l'avventura della ricerca, Documentario Rai-Tv di Franco Simongini. Testo di Cesare Brandi.

«A tu per tu con l'opera d'arte», Programma Rai-Tv a cura di Franco Simongini. Testo di Cesare Brandi.

13 trasmissioni in onda settimanalmente dal 20 marzo al 12 agosto 1975:

«A tu per tu con l'opera d'arte», 1975, I, *Il Guerriero di Capestrano*. (Edito in *Terre d'Italia*, solo nella riedizione 2006).

«A tu per tu con l'opera d'arte», 1975, II, *I Templi di Paestum*.

«A tu per tu con l'opera d'arte», 1975, III, *Il Trono Ludovisi*.

«A tu per tu con l'opera d'arte», 1975, IV, *Gli stucchi di Cividale*. (Edito in *Terre d'Italia*, solo nella riedizione 2006).

«A tu per tu con l'opera d'arte», 1975, V, *La Cappella Palatina*.

«A tu per tu con l'opera d'arte», 1975, VI, *Il monumento sepolcrale di Margherita di Lussemburgo di Giovanni Pisano*.

«A tu per tu con l'opera d'arte», 1975, VII, *La piazza di Pienza*. (Edito in *Terre d'Italia*, 1991, 2006).

«A tu per tu con l'opera d'arte», 1975, VIII, *Il Tondo Doni di Michelangelo*.

«A tu per tu con l'opera d'arte», 1975, IX, *La Deposizione di Raffaello*.

«A tu per tu con l'opera d'arte», 1975, X, *Il Bacco di Caravaggio*.

«A tu per tu con l'opera d'arte», 1975, XI, *Due vedute veneziane del Canaletto*.

«A tu per tu con l'opera d'arte», 1975, XII, *La Porta della Morte di Giacomo Manzù*.

«A tu per tu con l'opera d'arte», 1975, XIII, *I Sacchi di Alberto Burri*.

Il palazzo dei Consoli di Gubbio, testo per la trasmissione «A tu per tu con l'opera d'arte», Programma Rai-Tv, 1976. (Edito in *Terre d'Italia*, 1991, 2006).

«L'Italia vista dal cielo». Umbria, Regia di Folco Quilici. Testo di Cesare Brandi. Realizzazione Esso Italia, 1976. (Riedito dalla Rai-Tv nel settembre 1978).

Testi per la trasmissione «Le Regioni», a cura di Franco Simongini, Programma Rai-Tv, 1979.

Aosta romana e gli insediamenti preistorici. Testo per il programma «Le Regioni», a cura di Franco Simongini, Programma Rai-Tv, 1979. Edito in *Terre d'Italia*, 1991, 2006.

Il complesso monumentale di S. Orso. Testo per il programma «Le Regioni», a cura di Franco Simongini, Programma Rai-Tv, 1979. Edito in *Terre d'Italia*, 1991, 2006.

Bard. Testo per il programma «Le Regioni», a cura di Franco Simongini, Programma Rai-Tv, 1979. Edito in *Terre d'Italia*, 1991, 2006.

Stupinigi. Testo per il programma «Le Regioni», a cura di Franco Simongini, Programma Rai-Tv, 1979. Edito in *Terre d'Italia*, 1991, 2006.

La via Garibaldi a Genova. Testo per il programma «Le Regioni», a cura di Franco Simongini, Programma Rai-Tv, 1979. Edito in *Terre d'Italia*, 1991, 2006.

La Riviera ligure. Testo per il programma «Le Regioni», a cura di Franco Simongini, Programma Rai-Tv, 1979. Edito in *Terre d'Italia*, 1991, 2006.

Il candelabro Trivulzio del Duomo di Milano. Testo per il programma «Le Regioni», a cura di Franco Simongini, Programma Rai-Tv, 1979. Edito in *Terre d'Italia*, 1991, 2006.

Bramante architetto a Milano. Testo per il programma «Le Regioni», a cura di Franco Simongini, Programma Rai-Tv, 1979. Edito in *Terre d'Italia*, 1991, 2006.

Castelseprio. Testo per il programma «Le Regioni», a cura di Franco Simongini, Programma Rai-Tv, 1979. Edito in *Terre d'Italia*, 1991, 2006.

Bergamo alta. Testo per il programma «Le Regioni», a cura di Franco Simongini, Programma Rai-Tv, 1979. Edito in *Terre d'Italia*, 1991, 2006.

I graffiti della Val Camonica. Testo per il programma «Le Regioni», a cura di Franco Simongini, Programma Rai-Tv, 1979. Edito in *Terre d'Italia*, 1991, 2006.

Riva del Garda. Testo per il programma «Le Regioni», a cura di Franco Simongini, Programma Rai-Tv, 1979. Edito in *Terre d'Italia*, 1991, 2006.

Il centro storico di Trento. Testo per il programma «Le Regioni», a cura di Franco Simongini, Programma Rai-Tv, 1979. Edito in *Terre d'Italia*, 1991, 2006.

Il S. Giorgio Maggiore del Palladio. Testo per il programma «Le Regioni», a cura di Franco Simongini, Programma Rai-Tv, 1979. Edito in *Terre d'Italia*, 1991, 2006.

I Tetrarchi di Venezia. Testo per il programma «Le Regioni», a cura di Franco Simongini, Programma Rai-Tv, 1979. Edito in *Terre d'Italia*, 1991, 2006.

Le tombe scaligere a Verona. Testo per il programma «Le Regioni», a cura di Franco Simongini, Programma Rai-Tv, 1979. Edito in *Terre d'Italia*, 1991, 2006.

Il Gattamelata di Donatello a Padova. Testo per il programma «Le Regioni», a cura di Franco Simongini, Programma Rai-Tv, 1979. Edito in *Terre d'Italia*, 1991, 2006.

La piazza del Duomo a Parma. Testo per il programma «Le Regioni», a cura di Franco Simongini, Programma Rai-Tv, 1979. Edito in *Terre d'Italia*, 1991, 2006.

Quella ched è sovrana. Testo per il programma «Le Regioni», a cura di Franco Simongini, Programma Rai-Tv, 1979. Edito in *Terre d'Italia*, 1991, 2006.

I lungarni a Firenze. Testo per il programma «Le Regioni», a cura di Franco Simongini, Programma Rai-Tv, 1979. Edito in *Terre d'Italia*, 1991, 2006.

Il Laurana a Urbino. Testo per il programma «Le Regioni», a cura di Franco Simongini, Programma Rai-Tv, 1979. Edito in *Terre d'Italia*, 1991, 2006.

La piazza di Ascoli Piceno. Testo per il programma «Le Regioni», a cura di Franco Simongini, Programma Rai-Tv, 1979. Edito in *Terre d'Italia*, 1991, 2006.

Il paliotto di Nicola di Guardiagrele a Teramo. Testo per il programma «Le Regioni»,a cura di Franco Simongini, Programma Rai-Tv, 1979. Edito in *Terre d'Italia*, 1991, 2006.

La fontana delle 99 cannelle a L'Aquila. Testo per il programma «Le Regioni», a cura di Franco Simongini, Programma Rai-Tv, 1979. Edito in *Terre d'Italia*, 1991, 2006.

Termoli. Testo per il programma «Le Regioni», a cura di Franco Simongini, Programma Rai-Tv, 1979. Edito in *Terre d'Italia*, 1991, 2006.

Sepino. Testo per il programma «Le Regioni», a cura di Franco Simongini, Programma Rai-Tv, 1979. Edito in *Terre d'Italia*, 1991, 2006.

Il Lazio. Testo per il programma «Le Regioni», a cura di Franco Simongini, Programma Rai-Tv, 1979. Edito in *Terre d'Italia*, 1991, 2006.

I grandi bronzi ercolanensi e pompeiani. Testo per il programma «Le Regioni», a cura di Franco Simongini, Programma Rai-Tv, 1979. Edito in *Terre d'Italia*, 1991, 2006.

I Sassi di Matera. Testo per il programma «Le Regioni», a cura di Franco Simongini, Programma Rai-Tv, 1979. Edito in *Terre d'Italia*, 1991, 2006. (Riedito in *Il patrimonio insidiato*, 2001).

Metaponto. Testo per il programma «Le Regioni», a cura di Franco Simongini, Programma Rai-Tv, 1979. Edito in *Terre d'Italia*, 1991, 2006 (insieme con un articolo dal medesimo titolo).

La cattedra di Elia a Bari. Testo per il programma «Le Regioni», a cura di Franco Simongini, Programma Rai-Tv, 1979. Edito in *Terre d'Italia*, 1991, 2006.

Il sepolcro di Isabella d'Aragona nel Duomo di Cosenza. Testo per il programma «Le Regioni», a cura di Franco Simongini, Programma Rai-Tv, 1979. Edito in *Terre d'Italia*, 1991, 2006.

Sibari. Testo per il programma «Le Regioni», a cura di Franco Simongini, Programma Rai-Tv, 1979. Edito in *Terre d'Italia*, 1991, 2006.

Ogliastra. Testo per il programma «Le Regioni», a cura di Franco Simongini, Programma Rai-Tv, 1979. Edito in *Terre d'Italia*, 1991, 2006.

Varie
其他

Nota biografica, in *Giorgio Morandi*, testo di Arnaldo Beccaria, Hoepli, Milano, 1939, pp. 17-18.

Une fraise, in *Ricordo di De Pisis* (per iniziativa della Galleria Chiurazzi), Editrice Carlo Colombo, Roma, 1956, pp. 17-18. (Riedito in *L'immagine dell'arte*, a cura di V. Rubiu, Nuova Alfa Editoriale, Bologna, 1989 - Catalogo della mostra).

Una amicizia vera, pugnace, in AA.VV., *Don Giuseppe de Luca* (ricordi e testimonianze, a cura di Mario Picchi), MCMLXIII, Morcelliana, Brescia, pp. 66-68).

Piccolo ricordo del «Coro di morti», in «Quaderni della Rassegna musicale», I, *L'opera di Goffredo Petrassi, Einaudi*, 1964, pp. 101-102.

Siena, una misura lirica, in «Tuttitalia», Enciclopedia dell'Italia antica e moderna, Sansoni, Firenze, 3 marzo 1965, pp. 741-743. (Riedito in *Aria di Siena*, 1987, 2006; e in *Terre d'Italia*, 1991, 2006, con il titolo *Una misura lirica*).

La luce di Asolo, in «Tuttitalia», Enciclopedia dell'Italia antica e moderna, *Le Venezie*, vol. I, Sansoni, Firenze 1964.

Cecchi e le arti figurative (testimonianza su Cecchi raccolta dalla radio il giorno stesso della sua morte), in «L'Approdo Letterario», luglio-settembre 1966, Roma, Eri Edizioni Rai Radiotelevisione Italiana, pp. 9-11.

Omaggio ad Alberto Burri dagli amici, Edizioni Pergolesi, Jesi, 1975.

Cara Italia: Umbria, «Epoca», 11 gennaio 1975. (Inserto). (Riedito in *Terre d'Italia*,1991, 2006, con il titolo *Tenera Umbria*).

La storia, la gloria, la cenere, in AA.VV, *Quale Roma*, De Donato, Bari,1981.

Suoni e profumi di Siena, in «La Balzana», Siena, 1986.

Aurelio Milloss, (Testimonianza), Teatro dell'Opera di Roma, 1986.

Così andai al Sud, in ***Segni, radici, persone. Testimonianze sulla cultura del Sud***, a cura dello Iasm, Caserta, 1985. (Riedito in *Terre d'Italia*, 1991, 2006).

Inediti postumi
遗著

Occorre un piano paesistico per Sibari, testo inedito, senza data, pubblicato in *Il patrimonio insidiato*, 2001.

Il nuovo Concordato, testo inedito, senza data e senza titolo, pubblicato in *Il patrimonio insidiato*, 2001.

Erice: come una fantasia, testo inedito, s.d. Edito in *Terre d'Italia*, 1991, 2006.

Carloforte, testo inedito, 1975. Edito in *Terre d'Italia*, 1991, 2006.

Alghero, testo inedito, 1975. Edito in *Terre d'Italia*, 1991, 2006.

Il maestro di Castelsardo, testo inedito, 1979. Edito in *Terre d'Italia*, 1991, 2006.

La Barbagia, testo inedito, 1975. Edito in *Terre d'Italia*, 1991, 2006.

Da Siena all'abbazia di S. Galgano, testo inedito, s.d. Edito in *Terre d'Italia*, 1991, 2006.

L'isola maggiore del Trasimeno, testo inedito, 1982. Edito in *Terre d'Italia*, 1991, 2006.

Ricordo di Elsa Morante, testo inedito, s.d. Edito in *A passo d'uomo*, Nuova edizione, a cura di Vittorio Rubiu, Prefazione di Elisabetta Rasy, Editori Riuniti, Roma 2004.

[1] 意大利广播电视公司（Radiotelevisione Italiana，简称 RAI）：意大利最大的广播电视公司。——译者注

Articoli su riviste e quotidiani
发表在报纸、杂志中的文章

此处仅列出报刊名称和发表文章的数量。——译者注

«Corriere della Sera» (560)
«Il Punto» (77)
«Cronache» (72)
«L'Immagine» (65)
«Il Resto del Carlino» (44)
«La Fiera Letteraria» (44)
«Bollettino dell'Istituto Centrale del Restauro» (34)
«Corriere della Sera Illustrato» (21)
«Le Arti» (20)
«Bullettino Senese di Storia Patria» (11)
«Bollettino d'arte» (9)
«Il Globo» (7)
«La Critica d'Arte» (7)
«Il Giornale» (6)
«L'Approdo Letterario» (6)
«L'Arte» (6)
«Ulisse / I Problemi di Ulisse» (6)
«La Repubblica» (4)
«Quaderni del Terzo Programma della Rai» (4)
«The Burlington Magazine» (4)
«Corriere d'informazione» (3)
«Italia Nostra» (3)
«Palatina» (3)
«Pantheon» (3)
«Art in America» (2)
«Dedalo» (2)
«Epoca» (2)
«L'Amour de l'art» (2)
«La Balzana»(2)
«Panorama» (2)
«Radiocorriere TV» (2)
«Segnacolo» (2)
«Abegg-Stiftung» (1)
«Annali della Scuola Normale Superiore di Pisa» (1)
«Arcobaleno» (1)
«Art e Dossier» (1)
«Arte e cultura contemporanee» (1)
«Bologna Incontri» (1)
«Chianciano Terme» (1)
«Comunità» (1)
«Corriere del Giorno» (1)
«Fede e Arte» (1)
«Forme» (1)
«Futuribili» (1)
«Gazette des Beaux-Arts» (1)
«Giornale di Sicilia» (1)
«Il Convegno» (1)
«Il manifesto» (1)
«Il Pretorio» (1)
«Il Quattrocento» (1)
«Il Selvaggio» (1)
«Il Veltro» (1)
«L'Age Nouveau» (1)
«Jahrbuch der Preussischen Kunstammlungen» (1)
«L'Architettura» (1)
«L'Art et les artistes» (1)
«L'Espresso» (1)
«L'Italia letteraria» (1)
«L'Ora» (1)
«L'Unità» (1)
«La Biennale di Venezia» (1)
«La Chimera» (1)
«La Sicilia» (1)
«Le Conferenze dell'A.C.I.» (1)
«Leonardo» (1)
«Lo Spettatore Italiano» (1)
«Magna Graecia» (1)
«Mandrake» (1)
«Meridiano di Roma» (1)
«Meridione» (1)
«Mitteilungen des Kunsthistorischen Institutes in Florenz» (1)
«Musées et Monuments» (1)
«Museum» (1)
«Notiziario d'Arte» (1)
«Nuovi Argomenti» (1)
«Nuovo Corriere Senese» (1)
«Palladio» (1)
«Perugia» (1)
«Phoebus» (1)
«Primato» (1)
«Prospettive nel mondo» (1)
«Quaderni della Rassegna musicale» (1)
«Revue Internationale de Philosophie» (1)
«Rinascita» (1)
«Rivista di estetica» (1)
«Zeitschrift für Bildende Kunst» (1)

Principali opere su Brandi e l'Istituto centrale per il restauro
研究布兰迪和中央修复研究院的主要著作

Per Cesare Brandi. Atti del Seminario di Roma (Università La Sapienza, 30.5-1.6.1984), a cura di M. Andaloro, M. Cordaro. D. Gallavotti Cavallero, V. Rubiu, Roma, De Luca, 1988. *

Brandi e l'estetica. Saggi offerti a Cesare Brandi per il suo 80° genetliaco, a cura di L. Russo Palermo, Edizione Università, 1986. *

Cesare Brandi. Teoria e esperienza dell'arte, M. Carboni, Roma, Editori Riuniti, 1992 2° ed. Milano, Jaca Book, 2004 (con bibliografia completa) *

Cesare Brandi, teoria ed esperienza dell'arte. Atti del Convegno di Siena (12-14 novembre 1998) Milano, Silvana Editoriale, 2001. *

Brandi e il restauro. Percorsi del pensiero (con lettere inedite a Enrico Vallecchi) M.I. Catalano, Fiesole, Nardini, 1998.

Le radici della critica di Cesare Brandi, D. Borsa, Milano, Guerini Studio, 2000

Un'èquipe interdisciplinare: L'Istituto centrale del restauro, G. Buzzanca-P. Cinti, in L'emozione e la regola. I gruppi creativi in Europa dal 1850 al 1950, a cura di D. De Masi, Bari, Laterza, 1989, 2-14.

L'Istituto centrale del restauro, G. Basile, in *Istituzioni e politiche culturali in Italia negli Anni Trenta, a cura di V. Cazzato, Roma*, IPZS, 2001, II, 693-749.

图书在版编目（C I P）数据

修复理论 / (意) 切萨雷 · 布兰迪 (Cesare Brandi)
著 ; 陆地编译 . -- 上海 : 同济大学出版社 , 2016.12
（遗产保护译丛 / 伍江主编）
ISBN 978-7-5608-6412-9
Ⅰ . ①修… Ⅱ . ①切… ②陆… Ⅲ . ①文物保护
②文物修整 Ⅳ . ① G264

中国版本图书馆 CIP 数据核字 (2016) 第 136483 号

本书由上海文化发展基金会图书出版专项基金资助出版

国家自然科学基金项目资助 [我国砖石建筑遗产的古锈（patina）保护研究]（51378351）

修复理论

[意] 切萨雷 · 布兰迪 著
陆地 编译

策划编辑 江岱
责任编辑 罗璇
责任校对 徐春莲
装帧设计 孙晓悦
出版发行 同济大学出版社 www.tongjipress.com.cn
（地址 : 上海市四平路 1239 号 邮编 : 200092 电话 : 021-65985622）
经 销 全国各地新华书店
印 刷 上海安枫印务有限公司
开 本 787mm×960mm 1/16
印 张 18.75
字 数 375 000
版 次 2016 年 12 月第 1 版 2019 年 12 月第 2 次印刷
书 号 ISBN 978-7-5608-6412-9
定 价 79.00 元